高等职业教育汽车工程技术系列教材

汽车电气设备

主　编　吴　刚
副主编　贺礼强　朱文亮
主　审　郑汉尚

北京理工大学出版社
BEIJING INSTITUTE OF TECHNOLOGY PRESS

内 容 简 介

本书在介绍必要理论知识的基础上,强化了实训操作内容,使学生通过本课程的学习,在掌握理论知识的同时,会对汽车大部分电气设备线路进行检修。本书包括汽车电气设备基础知识、汽车蓄电池、汽车交流发电机与电压调节器、汽车起动机、汽车点火系统、汽车照明系统的结构与检修、汽车信号系统、汽车仪表系统、汽车辅助电气系统、汽车空调系统和汽车电气新技术应用等11个章节。

本书主要作为职业本科院校汽车工程技术专业的教材,同时还可供新能源汽车工程技术、汽车服务工程等专业教学使用,也可供汽车相关从业人员参考。

版权专有　侵权必究

图书在版编目(CIP)数据

汽车电气设备 / 吴刚主编. —北京:北京理工大学出版社,2020.3（2024.2重印）
ISBN 978-7-5682-8172-0

Ⅰ. ①汽… Ⅱ. ①吴… Ⅲ. ①汽车-电气设备-高等学校-教材 Ⅳ. ①U463.6

中国版本图书馆 CIP 数据核字（2020）第 030414 号

出版发行 / 北京理工大学出版社有限责任公司
社　　址 / 北京市海淀区中关村南大街5号
邮　　编 / 100081
电　　话 / (010) 68914775（总编室）
　　　　　 82562903（教材售后服务热线）
　　　　　 68944723（其他图书服务热线）
网　　址 / http://www.bitpress.com.cn
经　　销 / 全国各地新华书店
印　　刷 / 北京国马印刷厂
开　　本 / 787毫米×1092毫米　1/16
印　　张 / 18.5　　　　　　　　　　　　　　责任编辑 / 高　芳
字　　数 / 435千字　　　　　　　　　　　　文案编辑 / 赵　轩
版　　次 / 2020年3月第1版　2024年2月第4次印刷　责任校对 / 刘亚男
定　　价 / 50.00元　　　　　　　　　　　　责任印制 / 李志强

图书出现印装质量问题,请拨打售后服务热线,本社负责调换

前 言

随着汽车行业的快速发展,汽车人才需求激增。无论是汽车制造企业对汽车研发、制造人才的大量需求,还是汽车后市场对汽车服务型人才的大量需求,都要求高校不断地输送相关的人才。面当前,我国高等院校所培养的大部分人才还是以理论知识学习为主,缺乏实践动手能力,在进入企业一线工作时,往往高不成、低不就。一方面,企业抱怨招不到合适的人才,另一方面毕业生又抱怨没有合适的工作岗位,问题就在于人才培养模式没有跟上社会的发展。本教材创新之处为现代汽车仪表的原理及维修和汽车电气新技术应用章节,完全是与企业联合编制的,有完整的接地气的实训项目,以就业为导向,弘扬工匠精神,突出创新性、技能性、应用性。

《国家中长期教育改革和发展规划纲要(2010—2020年)》中明确指出。要提高人才培养质量,重点扩大应用型、复合型、技能型人才培养规模。培养理论和实操兼具的人才,使之去企业到岗后直接上手或稍加培养即可适应岗位。

本书是为职业本科院校汽车工程技术专业学生编写的教材。在编写过程中,编者不仅参考了国内出版的同类教材和图书,而且参考了国外近几年来出版的汽车电气与电子技术相关书籍,深入企业调研,并对许多技术数据和维修方法进行了具体的测量和实验验证,内容新颖,图文并茂。近年来的汽车新技术在本书中均有体现尤其是汽车仪表系统,增加了电子仪表原理与维修技术,汽车电气新技术应用章节具体分析了汽车新技术维修设备及调试方法等关键技术。

本书由广州华商职业学院吴刚教授主编,成都盘沣科技有限公司贺礼强老师和广州华商职业学院朱文亮老师副主编写,广州华商职业学院郑汉尚老师主审。其中第一和第二章节由朱文亮老师编写,第八章节和第十一章节由贺礼强老师,第三章节到第七章节、第九章和第十章由吴刚教授编写,有丰富的配套教学资源。由于编者水平有限,书中不妥之处在所难免,恳请读者批评指正。

编 者
2021年9月

目 录

第一章　汽车电气设备基础知识 (1)
　　第一节　汽车电气设备的基础知识 (1)
　　第二节　汽车电气设备的特点 (7)
　　第三节　汽车电气设备系统主要组成 (8)
　　实训项目一　组合开关测量实训 (9)
　　实训项目二　连接器的拆装与检测实训 (12)

第二章　汽车蓄电池 (15)
　　第一节　蓄电池概述 (15)
　　第二节　蓄电池的容量及其影响因素 (21)
　　第三节　蓄电池的工作原理 (24)
　　第四节　蓄电池的充电 (25)
　　第五节　蓄电池的使用维护与检测 (30)
　　实训项目一　蓄电池的充电 (34)
　　实训项目二　蓄电池的检测 (35)

第三章　汽车交流发电机与电压调节器 (37)
　　第一节　汽车交流发电机的构造 (37)
　　第二节　汽车交流发电机工作原理 (43)
　　第三节　交流发电机的工作特性 (45)
　　第四节　汽车交流发电机电压调节器 (48)
　　实训项目一　交流发电机与调节器的检修 (59)
　　实训项目二　交流发电机试验 (60)

第四章　汽车起动机 (63)
　　第一节　汽车起动机的基础知识 (63)
　　第二节　起动机的结构、工作原理与特性 (65)
　　第三节　减速起动机 (71)
　　第四节　起动机的检修、试验及维护 (74)
　　实训项目一　汽车起动机空载和制动试验 (85)

实训项目二　解放 CA1092 型汽车起动机控制电路检修 ……………………… (86)
第五章　汽车点火系统 …………………………………………………………………… (89)
　　第一节　汽车点火系统的基本知识 ……………………………………………… (89)
　　第二节　电子点火系统 …………………………………………………………… (101)
　　第三节　微机控制电子点火系统 ………………………………………………… (102)
　　实训项目　分电器的拆装 ………………………………………………………… (111)
第六章　汽车照明系统的结构与检修 …………………………………………………… (116)
　　第一节　汽车照明系统的基础知识 ……………………………………………… (116)
　　第二节　汽车照明系统 …………………………………………………………… (119)
　　第三节　灯光控制电路工作原理 ………………………………………………… (128)
　　第四节　汽车灯光电路的检修 …………………………………………………… (133)
　　实训项目一　汽车照明系统的接线及检修实验 ………………………………… (136)
　　实训项目二　汽车照明系统的检测实验 ………………………………………… (136)
第七章　汽车信号系统 …………………………………………………………………… (139)
　　第一节　汽车信号系统的基础知识 ……………………………………………… (139)
　　第二节　汽车转向灯控制电路 …………………………………………………… (142)
　　第三节　其他信号控制电路 ……………………………………………………… (147)
　　实训任务一　闪光继电器的检测 ………………………………………………… (154)
　　实训任务二　转向灯控制电路接线实训 ………………………………………… (154)
第八章　汽车仪表系统 …………………………………………………………………… (157)
　　第一节　汽车仪表系统的基础知识 ……………………………………………… (157)
　　第二节　传统仪表 ………………………………………………………………… (160)
　　第三节　汽车仪表电路 …………………………………………………………… (162)
　　实训项目　汽车数字仪表的检修 ………………………………………………… (174)
第九章　汽车辅助电气系统 ……………………………………………………………… (176)
　　第一节　汽车雨刮器与风窗玻璃洗涤器 ………………………………………… (176)
　　第二节　汽车电动门窗 …………………………………………………………… (182)
　　第三节　汽车电动座椅 …………………………………………………………… (187)
　　第四节　电动后视镜 ……………………………………………………………… (191)
　　第五节　汽车中控门锁 …………………………………………………………… (193)
　　第六节　汽车音响系统 …………………………………………………………… (201)
　　实训项目一　电动门锁的接线实验 ……………………………………………… (204)
　　实训项目二　电动雨刮器的接线实验 …………………………………………… (205)
　　实训项目三　汽车铁将军防盗器的安装 ………………………………………… (206)
　　实训项目四　汽车音响的安装 …………………………………………………… (210)
第十章　汽车空调系统 …………………………………………………………………… (213)
　　第一节　汽车空调概述 …………………………………………………………… (213)

第二节　汽车空调的制冷系统 …………………………………………………… (216)
　　第三节　汽车空调暖风系统 ……………………………………………………… (223)
　　第四节　通风与空气净化系统 …………………………………………………… (224)
　　第五节　汽车空调的控制系统 …………………………………………………… (225)
　　第六节　汽车空调控制电路原理 ………………………………………………… (232)
　　第七节　汽车空调系统的维修 …………………………………………………… (236)
　　第八节　汽车空调系统的检测 …………………………………………………… (239)
　　第九节　汽车空调系统的故障诊断 ……………………………………………… (244)
　　第十节　电动汽车空调系统的工作原理 ………………………………………… (246)
　　实训项目一　压缩机的检修 ……………………………………………………… (248)
　　实训项目二　空调系统压力的检测 ……………………………………………… (249)
第十一章　汽车电气新技术应用 ……………………………………………………… (253)
　　第一节　汽车总线实验开发系统概述 …………………………………………… (253)
　　第二节　PFAutoCAN 总线仿真开发平台概述 ………………………………… (271)
　　第三节　汽车电控系统电路原理 ………………………………………………… (274)
　　实训项目一　单片机小单元的制作 ……………………………………………… (278)
　　实训项目二　汽车左前电控单元的制作 ………………………………………… (279)
　　实训项目三　左前车门/车灯 ECU 实验 ………………………………………… (281)
参考文献 ………………………………………………………………………………… (287)

第一章 汽车电气设备基础知识

学习目标

- 了解汽车电气设备的基础知识
- 掌握汽车电气设备的电路组成
- 掌握点火开关的电路
- 掌握汽车电气设备的特点

汽车电气设备是汽车先进水平的衡量标准之一。汽车的电子控制技术是随着电子技术的发展和汽车相关法规（油耗法规、排放法规和安全法规）要求的提高而逐步发展起来的。

第一节 汽车电气设备的基础知识

一、汽车电气设备的电路组成

汽车要想获得电源供应的电能，中间的连接装置必不可少。常见的连接装置有汽车用电线、汽车线束、开关装置、保险装置、继电器和连接器等，这些连接装置的选用和装配直接影响到电气设备的运行状况。汽车电气设备电路由电源、连接装置和负载组成。

二、常见的连接装置

1. 汽车用电线

汽车用电线按承受电压的高低分为高压导线和低压导线。

要根据电气设备的负载电流大小来选择导线的截面积，其一般原则为：长时间工作的电气设备可选用实际载流量60%的导线；短时间工作的电气设备可选用实际载流量60%~100%的导线。同时还应考虑电路中的电压降和导线发热等情况，以免影响电气设备的性能和超过导线的允许温度。

为保证一定的机械强度，低压导线截面积一般不小于$0.5~\text{mm}^2$。

汽车 12 V 电系主要电路导线截面积选择的推荐值如表 1-1 所示。

表 1-1　12 V 电系主要电路导线截面积选择的推荐值

汽车类型	标称截面积/mm²	用途
轿车、货车、挂车	0.5	后灯、顶灯、指示灯、仪表灯、牌照灯、燃油表、雨刮器电机
	0.8	转向灯、制动灯、停车灯、分电器
	1.0	前照灯的单线（不接保险器）、电喇叭（3 A 以下）
	1.5	前照灯的电线束（接保险器）、电喇叭（3 A 以上）
	1.5~4	其他连接导线
	4~6	电热塞
	4~25	电源线
	16~95	起动机电缆

为便于安装和检修，汽车用电线采用单色导线和双色导线，双色导线主色为基础色，辅色为环布导线的条色带或螺旋色带，且标注时主色在前，辅色在后。以双色导线为基础选用时，各用电系统的电源线为单色导线，其余为双色导线，双色导线的主色如表 1-2 所示。

表 1-2　双色导线的主色

系统名称	主色	代号	系统名称	主色	代号
电气装置接地线	黑	B	仪表、报警指示和喇叭系统	棕	Br
点火起动系统	白	W	前照灯、雾灯等外部照明系统	蓝	Bl
电源系统	红	R	各种辅助电机及电气操纵系统	灰	Gr
灯光信号系统	绿	G	收/放音机、点烟器等系统	紫	V
车身内部照明系统	黄	Y			

标称截面积大于 1.5 mm² 的双色导线，其主辅颜色的搭配如表 1-3 所示。

表 1-3　主辅颜色的搭配

主色	辅色						
	红（R）	黄（Y）	白（W）	黑（B）	棕（Br）	绿（G）	蓝（Bl）
红（R）	—	○	○	○	—	○	○
黄（Y）	○	○	○	○	△	△	△
蓝（Bl）	○	○	○	○	△	—	—
白（W）	○	○	○	○	○	○	△
绿（G）	○	○	○	○	○	—	○
棕（Br）	○	○	○	○	○	—	—
紫（V）	—	○	○	○	○	○	△
灰（Gr）	○	○	—	○	○	○	○

注：○表示允许搭配的颜色；△表示不推荐搭配的颜色。

2. 汽车线束

为使全车线路规整、安装方便及保护导线的绝缘层，汽车上的全车线路除高压线、蓄电池电缆和起动机电缆外，一般将同区域的不同规格的导线用棉纱或薄聚氯乙烯带缠绕包扎成束，这就是汽车线束，如图1-1所示。

3. 开关装置

开关装置一般包括点火开关和组合开关。

图1-1 汽车线束

1）点火开关

点火开关是汽车电路中最重要的开关，是各条分支电路的控制枢纽，是多挡多接线柱开关。其主要功能是：锁住转向盘转轴（Lock），接通点火仪表指示等（ON或IG），起动挡（ST或Start），附件挡（Acc，主要是收放机专用），如果用于柴油车则增加预热挡（HEAT）。其中起动挡、预热挡因为工作电流很大，开关不宜接通过久，所以这两挡在操作时必须用手克服弹簧力，扳住钥匙，一松手就弹回点火挡，不能自行定位，其他挡均可自行定位。

2）组合开关

组合开关将照明（前照灯、变光）开关、信号（转向、危险警告、超车）开关、雨刮器/清洗器开关（雨刮器又称刮水器）等组合为一体，安装在便于驾驶员操纵的转向柱上，也有安装在大仪表盘上的。轿车组合开关的外形如图1-2所示。

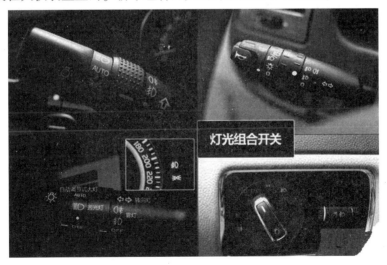

图1-2 轿车组合开关的外形

开关装置一般是水平为接线端（接引出线），垂直为挡位。如转向开关有3个挡位，R为右转向挡位，L为左转向挡位，N为中间挡位；共有3个引出线，1号线为公共端，2号引出线为右转向灯线，3号引出线为左转向灯线。当左转向时，1号和3号引出线导通；

右转向时,1号和2号引出线导通;不转向时挡位为N,1、2、3号引出线均不导通,如图1-3所示。

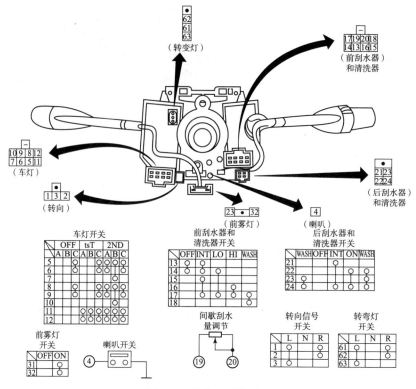

图1-3 转向开关接线端

4. 保险装置

当电路中流过超过规定的过大电流时,汽车电路保险装置能够切断电路,从而防止烧坏电路连接导线和电气设备,并把故障限制在最小范围内。汽车上的保险装置主要有:熔断器(保险丝)、易熔线和断路器,它们的符号如图1-4所示。

图1-4 熔断器、易熔线、断路器的符号

(a) 熔断器;(b) 易熔线;(c) 断路器

1) 熔断器(保险丝)

熔断器(图1-5)为一次性保险装置,电流超过额定电流它就会烧断。熔断器的颜色如表1-4所示。

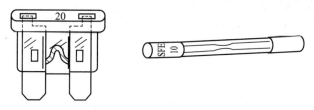

图1-5 熔断器

表 1-4 熔断器常用的颜色

电流/A	3	5	7.5	10	15	20	25	30
颜 色	紫色	褐色	棕色	红色	蓝色	黄色	白色	绿色

（1）熔断器选用原则为

$$熔断器标称值 = 电路的电流值/0.8$$

例如，某电路设计的最大电流为 12 A，应选用标称值 15 A 的熔断器。

（2）熔断器熔断后的应急修理。行驶途中的应急修理，可用细导线代替熔断器，一旦到达目的地或有新熔断器时，应及时换上。

（3）更换熔断器，一定要用与原规格相同的熔断器。汽车上增加用电设备时，不要随意改用容量大的熔断器，最好另外再安装熔断器。

（4）若熔断器熔断，必须找到真正的故障原因，彻底排除隐患。

（5）熔断器支架与熔断器接触不良会产生电压降和发热现象。如发现支架有氧化现象或脏污必须及时清理。

2）易熔线

易熔线是一种大容量的熔断器，用于保护电源电路和大电流电路，瞬间可以通过 300 A 电流（3 s 以内），如图 1-6 所示。

图 1-6 易熔线

易熔线的使用注意事项如下：

（1）绝对不允许换用比规定容量大的易熔线；

（2）易熔线熔断，可能是主要电路发生短路，因此需要仔细检查，彻底排除隐患；

（3）不能和其他导线绞合在一起。

3）断路器

断路器在电路中用于防止有害的过载（额外的电流）。断路器是机械装置，它利用两种不同金属（双金属）的热效应断开电路。如果额外的电流经过双金属带，则双金属带弯曲，触点分开，阻止电流通过；当无电流时，电路断路器冷却而使触点再次闭合，电路导通。断路器是可以重复使用的保护元件，与直流电动机配套使用较多，如图 1-7 所示。

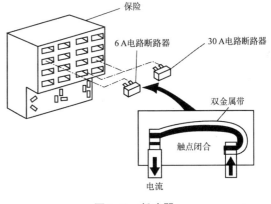

图 1-7 断路器

5. 继电器

1）继电器作用

继电器通过控制磁场实现接通或切断一对或多对触点，从而实现用小电流控制大电流，起到减小控制开关的电流负荷，保护电路中的控制开关的作用，如进气预热继电器、空调继电器、喇叭继电器、雾灯继电器、中间继电器、风窗雨刮器/清洗器继电器、危险报警与转向闪光继电器等，其外形如图1-8所示。

图1-8 继电器外形

2）继电器分类

继电器可分为常开型继电器，常闭型继电器和常开、常闭混合型继电器，双线圈型继电器，多组触点式继电器。继电器的每个插脚都有标号，与中央接线盒正面板的继电器插座的插孔标号相对应。常开型继电器是在线圈不通电情况下，触点是断开状态的继电器；常闭型继电器是在线圈不通电情况下，触点是导通状态的继电器。常见继电器内部如图1-9所示。

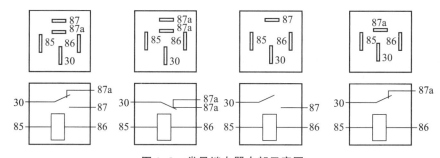

图1-9 常见继电器内部示意图

3）继电器典型电路

要想在原车上安装额外的电子附件，将其简单地接入已有的电路中可能会使保险装置或配线过载。采用继电器扩展可有效解决这一问题，如图1-10所示为继电器扩展电路。

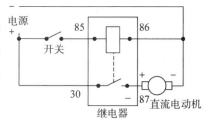

图1-10 继电器扩展电路

6. 连接器

连接器又叫插接器,在现代汽车上使用很普遍。为防止在汽车行驶过程中脱开,连接器均采用闭锁装置。

(1) 连接器的符号和实物示意图如图1-11所示。

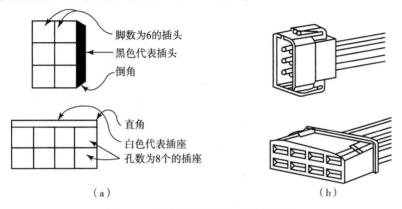

图1-11 连接器的符号和实物示意图

(a) 符号;(b) 实物

(2) 连接器的拆卸方法如图1-12所示。

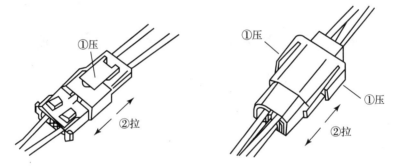

图1-12 连接器的拆卸方法

第二节 汽车电气设备的特点

汽车电气设备具有以下几个特点:单线制、负极搭铁、两个电源、用电设备并联、低压直流供电。

1. 单线制

所谓单线制,就是利用汽车发动机、底盘或车身等金属机件作为各种用电设备的共用连线(俗称搭铁),而用电设备到电源只需另设一根导线。任何一个电路中的电流都是从电源的正极出发,经导线流入用电设备后,通过金属车架流回电源负极而形成回路。

采用单线制不仅可以节省材料(铜导线),使电路简化,而且便于安装和检修,降低故障率。但在一些不能形成可靠的电气回路或需要精确电子信号的回路中,则要采用双线。

2. 负极搭铁

若蓄电池的负极连接到金属机件上，称为负极搭铁；反之，若蓄电池的正极连接到金属机件上，称为正极搭铁。我国标准规定汽车电气设备必须采用负极搭铁。目前世界各国生产的汽车也大多采用负极搭铁方式。

3. 两个电源

两个电源指蓄电池和发电机两个供电电源。蓄电池是辅助电源，在汽车未运转时向有关用电设备供电；发电机是主电源，当发动机运转到一定转速后，发电机转速达到规定的发电转速，开始向有关用电设备供电，同时对蓄电池进行充电。两者互补可以有效地使用电设备在不同的情况下都能正常地工作，同时也延长了蓄电池的供电时间。

4. 用电设备并联

用电设备并联指汽车上的各种用电设备都采用并联方式与电源连接，每个用电设备都由各自串联在其支路中的专用开关控制，互不干扰。

5. 低压直流供电

汽车电气设备采用低压直流供电，柴油车大多采用 24 V 直流供电，汽油车大多采用 12 V 直流供电，有些新型柴油车也采用 12 V 直流供电，现代新型汽车采用 42 V 直流供电。

第三节　汽车电气设备系统主要组成

汽车电气设备系统主要由电源系统、用电设备组成。

1. 电源系统

（1）发电机：发电机为汽车主电源，发电机正常工作时，由发电机向全车用电设备供电，同时给蓄电池充电。发电机有调节器，调节器的作用是使发电机的输出电压保持恒定。

（2）蓄电池：蓄电池的主要作用是发动机起动时向起动机供电，同时辅助发电机向用电设备供电。

2. 用电设备

（1）起动系统：包括直流电动机、传动机构、控制装置，其作用是起动发动机。

（2）点火系统：其任务是产生高压电火花，点燃汽油发动机汽缸内的混合气。

（3）照明系统：包括汽车内外各种照明灯及其控制装置，用来保证夜间行车安全。

（4）信号系统：包括喇叭、蜂鸣器、闪光器及各种行车信号标识灯，为驾驶员在行车时告诉警察、行人和车辆其运行方向、制动、倒车和停车信号，用来保证车辆运行时的人车安全。

（5）仪表及显示系统：包括各种电器仪表（电流表、电压表、机油压力表、温度表、燃油表、车速及里程表、发动机转速表等），监控车辆的一些基本信息。

（6）辅助电气系统：包括电动雨刮器、空调器、低温起动预热装置、收录机、点烟器、玻璃升降器等，满足驾驶员和乘员舒适性要求。

（7）电子控制系统：包括电控燃油喷射装置、电子点火装置、制动防抱死装置、自动变速器、智能前大灯系统、自动悬架系统等，提高车辆性能且节能环保。

实训项目一　组合开关测量实训

1. 实训目的

掌握用万用表检测开关电器的技能，提高动手能力。

2. 实训任务

测量金杯汽车组合开关引脚，画出开关图。

3. 实训器材

万用表、金杯汽车组合开关。

4. 实训内容

(1) 教师带领学生进入实训现场，讲解安全事项。

(2) 教师解说汽车现有的不同灯光开关类型及结构。

(3) 教师指导学生填写报告。

(4) 考核。

5. 实训要求

(1) 上课前学生应阅读实验指导书中相应的部分，明确实验的内容和要求。

(2) 学生根据实验内容阅读教材中的有关章节，弄清基本概念和方法，使实验能顺利完成。

(3) 学生根据实验步骤，填写好实验报告后，交给教师批阅。

6. 实训步骤

学生5人一组，选好组长。做好实训报告记录。

(1) 用万用表测量"A"端子，并画出开关图，如图1-13所示。

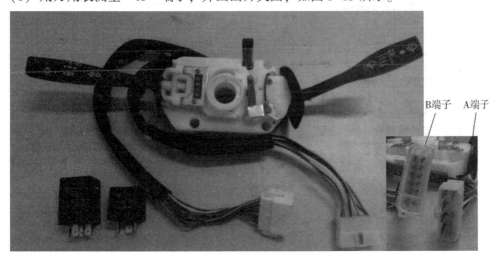

图1-13　组合开关

(2) 用万用表测量 "B" 端子，并画出开关图。

(3) 测量方法：通过引线找出相应的接线端子，做好相应的标记，通过对应的动作开关，分别测量出开关的通断状态，根据几条引线、几个挡位画出开关表格图，如图 1-14 和图 1-15 所示。

①测量 "A" "B" 端子。"A" 端子线的颜色：先标颜色，引脚含义不用填。

图 1-14　A 端子线

"B" 端子线的颜色：先标颜色，引脚含义不用填。

绿/紫 —— （P+小灯）	红 —— P	棕 —— 小灯	白/绿 闪光器 L+	浅蓝 —— 复位	橙/蓝 —— 高速
浅绿 闪光器 B+	橙 R转向	灰 L转向	粉 喇叭线	蓝 低速	紫 喷水

图 1-15　B 端子线

②测量危险报警器开关。根据危险报警器开关引出线画出危险报警器开关图，有 2 个挡位，6 条引出线，如图 1-16 所示。图 1-17 为危险报警器开关电路图。

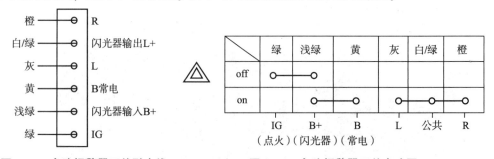

图 1-16　危险报警器开关引出线　　图 1-17　危险报警器开关电路图

③测量雨刮器开关。根据雨刮器开关引出线画出雨刮器开关图，有 5 个工作挡位，6 条引出线，如图 1-18 所示。

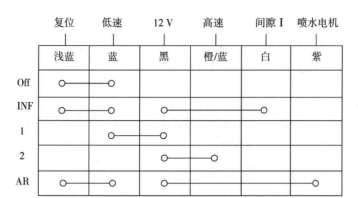

图1-18 雨刮器开关电路图

④测量灯光开关。根据灯光开关引出线[图1-19（a）]画出相应的灯光开关电路图，实物如图1-19（b）所示，灯光开关电路图如图1-20所示。

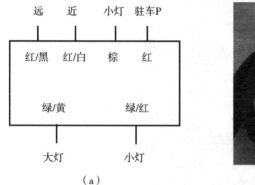

（a）

（b）

图1-19 灯光开关引出线和实物图

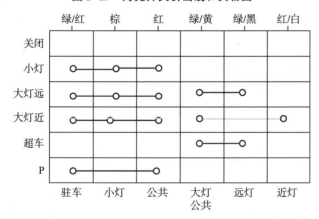

图1-20 灯光开关电路图

实训项目二　连接器的拆装与检测实训

1. 实训目的

要求掌握连接器（图1-21）拆装与检测的技能，提高动手能力。

2. 实训任务

拆装连接器引脚，测量连接器引脚。

3. 实训器材

万用表、尖针、金杯汽车组合开关连接器。

图1-21　连接器

4. 实训内容

（1）教师带领学生进入实训现场，讲解安全事项。

（2）教师解说汽车现有的不同连接器类型及结构。

（3）教师指导学生填写报告。

（4）考核。

5. 实训要求

（1）上课前学生应阅读实验指导书中相应的部分，明确实验的内容和要求。

（2）学生根据实验内容阅读教材中的有关章节，弄清基本概念和方法，使实验能顺利完成。

（3）学生根据实验步骤，填写好实验报告后，交给教师批阅。

6. 实训步骤

1）连接器拆卸

连接器拆卸的步骤为：

(1) 断开蓄电池；
(2) 从其配对的一半元件上断开连接器；
(3) 压下黄色接头上的锁止凸舌，以松开端子；
(4) 用专用工具压端子并将导线从连接器上拆下；
(5) 修理或更换端子。

连接器的拆卸如图1-22所示。

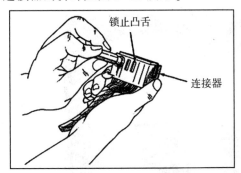 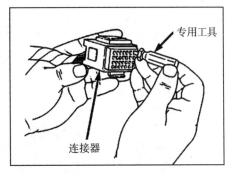

图1-22　连接器的拆卸示意图

2）连接器安装

连接器安装的步骤为：

(1) 使锁止凸舌复位；
(2) 将拆下的导线插入修理插头原来的插孔中；
(3) 重复插入连接器上的每根导线，确保所有导线都插入正确的插孔中（连接器引出线的识别，参见相关电路图）；
(4) 在重新组装连接器时，锁止凸舌必须放到锁定位置，以防端子脱出；
(5) 将连接器连接到其配对的一半元件中；
(6) 连接蓄电池并测试所有受影响的系统。

3）连接器检测

在检查线路的电压或导通情况时，不必脱开连接器，只用万用表两探针插入连接器尾部的线孔内进行检查即可。

本章小结

1. 汽车电气设备电路由电源、熔断器、开关、继电器、导线、负载等组成。

2. 汽车采用单色导线和双色导线。

3. 继电器可以实现自动接通或切断一对或多对触点，完成用小电流控制大电流，可以减小控制开关的电流负荷，保护电路中的控制开关。

4. 汽车上的保险装置主要有：熔断器、易熔线和断路器。

5. 汽车电气设备具有以下几个特点：单线制、负极搭铁、两个电源、用电设备并联、低压直流供电。

6. 汽车电气设备系统主要由电源系统、用电设备组成。

复习思考题

1. 本章主要有哪些内容？
2. 继电器起什么作用？如何检测其引脚？
3. 汽车电气系统有什么特点？
4. 图1-23中有哪些汽车室内电器？

图1-23 汽车室内电器部分图

第二章 汽车蓄电池

学习目标

- 了解汽车蓄电池的分类与功用
- 掌握铅蓄电池的结构组成及选用
- 了解蓄电池的容量概念及影响因素
- 掌握铅蓄电池的正确充电方法
- 掌握铅蓄电池的正确维护与检测方法

汽车蓄电池是汽车的供电装置,它不仅给起动机提供起动电流,还要给汽车的用电设备提供电源,是汽车的辅助电源。

第一节 蓄电池概述

一、蓄电池的分类

蓄电池是一种化学电源,靠其内部的化学反应来储存电能或向用电设备供电。目前燃油汽车上使用的蓄电池主要有3大类:铅酸蓄电池(以下简称铅蓄电池)、碱性蓄电池和新型蓄电池。汽车蓄电池如图2-1所示。

图2-1 汽车蓄电池

(1) 铅蓄电池：根据用途和容量的不同可分为起动用蓄电池、固定用蓄电池、铁路客车用蓄电池、摩托车用蓄电池等。

(2) 碱性蓄电池：根据电极材料不同可分为镉镍蓄电池、铁镍蓄电池、锌银蓄电池等。

(3) 新型蓄电池：可分为燃料电池、锌-空气电池、钠-硫电池等。同时，由于人们对燃油汽车排放要求的提高和能源危机的冲击，各国正在不断探索和研制电动汽车，其主要的动力源为新型高能蓄电池。

铅蓄电池由于结构简单、价格便宜、内阻小、可以短时间供给起动机强大的起动电流而被广泛采用。铅蓄电池又可以分为普通铅蓄电池、干荷电铅蓄电池、湿荷电铅蓄电池和免维护铅蓄电池等。

各种铅蓄电池的特点见表2-1。

表2-1 铅蓄电池的特点

类 型	特 点
普通铅蓄电池	新蓄电池的极板不带电，使用前需按规定加注电解液并进行初充电，初充电的时间较长，使用中需要定期维护
干荷电铅蓄电池	新蓄电池的极板处于干燥的已充电状态，电池内部无电解液。在规定的保存期内，只需按规定加入电解液，静置20~30 min即可使用，使用中需要定期维护
湿荷电铅蓄电池	新蓄电池的极板处于已充电状态，蓄电池内部带有少量电解液。在规定的保存期内，只需按规定加入电解液，静置20~30 min即可使用，使用中需要定期维护
免维护铅蓄电池	使用中不需维护，可用3~4年而不需补加蒸馏水，极桩腐蚀极少，自放电少

二、蓄电池的功用

蓄电池的功用如下。

(1) 起动发动机时，蓄电池向起动系统和点火系统供电。

(2) 当发动机低速运转，发电机电压低于蓄电池的充电电压时，由蓄电池向用电设备供电。

(3) 当发动机以中、高速运转，发电机电压高于蓄电池的充电电压时，蓄电池将发电机的剩余电能储存起来。

(4) 当发电机过载时，蓄电池协助发电机向用电设备供电。

(5) 蓄电池还可以吸收电路中的瞬时过电压，保持汽车电气系统电压的稳定，保护电子元件。

三、铅蓄电池的结构

铅蓄电池一般由3个或6个单格电池串联而成，如图2-2所示。

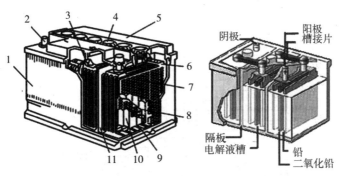

1—壳体；2—极桩；3—单格电池连接条；4—加液孔螺塞；5—电池盖；
6—极板连接条；7—负极板；8—正极板；9—壳体底部凸肋；10—隔板；11—单格电池隔板。

图 2-2　铅蓄电池的结构

1. 极板

极板（见图 2-3）是铅蓄电池的核心部分，蓄电池充、放电的化学反应主要是依靠极板上的活性物质与电解液进行的。极板分为正极板和负极板，均由栅架和活性物质组成。

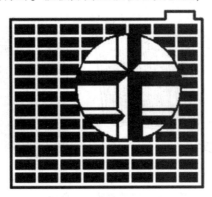

图 2-3　铅蓄电池极板

栅架的作用是固结活性物质。栅架一般由铅锑合金铸成，具有良好的导电性、耐蚀性和一定的机械强度。为了降低铅蓄电池的内阻，改善铅蓄电池的起动性能，有些铅蓄电池采用了放射形栅架，图 2-4 为桑塔纳轿车铅蓄电池放射形栅架的结构。

图 2-4　桑塔纳轿车铅蓄电池放射形栅架的结构

正极板（见图 2-5）上的活性物质是二氧化铅（PbO_2），呈深棕色；负极板上的活性物质是海绵状的纯铅（Pb），呈青灰色。将活性物质调成糊状填充在栅架的空隙里并进行干燥即形成极板。

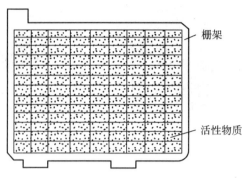

图 2-5 铅蓄电池正极板

将正、负极板各一片浸入电解液中,可获得 2 V 左右的电动势。为了增大铅蓄电池的容量,常将多片正、负极板分别并联,组成正、负极板组,如图 2-6 所示。在每个单格电池中,正极板的片数要比负极板少一片,这样每片正极板都处于两片负极板之间,可以使正极板两侧放电均匀,避免因放电不均匀造成极板拱曲。

1—正极板组;2—正极板连接条;3—隔板;4—负极板连接条;5—负极板组。

图 2-6 铅蓄电池正、负极板组

2. 隔板

隔板插放在正、负极板之间,以防止正、负极板互相接触造成短路。隔板应耐酸并具有多孔性,以利于电解液的渗透。常用的隔板材料有木材、微孔橡胶和微孔塑料等。其中,木质隔板耐酸性较差;微孔橡胶隔板性能最好但成本较高;微孔塑料隔板孔径小、孔率高、成本低,因此被广泛采用。

3. 电解液

电解液在铅蓄电池的化学反应中,起到离子间导电的作用,并参与铅蓄电池的化学反应。电解液由纯硫酸(H_2SO_4)与蒸馏水按一定比例配制而成,其密度一般为 1.24~1.30 g/cm^3。

电解液的密度对铅蓄电池的工作有重要影响,密度大,可减少结冰的风险并提高铅蓄电池的容量;但密度过大,则黏度增加,反而降低铅蓄电池的容量,缩短使用寿命。电解液密度应随地区和气候条件而定。另外,电解液的纯度也是影响铅蓄电池性能和使用寿命的重要因素之一。

4. 壳体

壳体用于盛放电解液和极板组，应该耐酸、耐热、耐震。壳体多采用硬橡胶或聚丙烯塑料制成，为整体式结构，底部有凸起的肋条以搁置极板组。壳内由间壁分成3个或6个互不相通的单格，各单格之间用铅质条串联起来。壳体上部使用相同材料的电池盖密封，电池盖上设有对应于每个单格电池的加液孔，用于添加电解液和蒸馏水，以及测量电解液密度、温度和液面高度。加液孔盖上的通风孔可使铅蓄电池化学反应中产生的气体顺利排出。

四、免维护铅蓄电池

免维护铅蓄电池又称 MF 铅蓄电池，免维护是指在汽车合理使用期间，不需要对蓄电池进行加注蒸馏水、检测电解液液面高度、检测电解液密度等维护作业。

1. 免维护铅蓄电池结构

免维护铅蓄电池由壳体、电池盖、极桩盖、单格电池连接条、极桩、观察窗（内装密度计）、极板连接条、负极板、袋式隔板（包住正极板）、安装蓄电池的下滑面等组成，如图 2-7 所示。

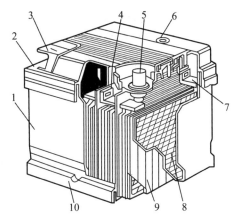

1—壳体；2—电池盖；3—极桩盖；4—单格电池连接条；5—极桩；6—观察窗（内装密度计）；7—极板连接条；8—负极板；9—袋式隔板（包住正极板）；10—安装蓄电池的下滑面。

图 2-7 免维护铅蓄电池结构

2. 免维护铅蓄电池特点

免维护铅蓄电池特点如下。

（1）栅架材料采用铅钙合金，既提高了栅架的机械强度，又减少了蓄电池的耗水量和自放电。

（2）采用了袋式微孔聚氯乙烯隔板，将正极板装在袋式隔板内，既可避免正极板上的活性物质脱落，又能防止极板短路。因此壳体底部不需要凸起的肋条，降低了极板组的高度，增大了极板上方的容积，使电解液贮存量增多。

（3）蓄电池内部安装有电解液密度计，可自动显示蓄电池的存电状态和电解液液面的高低。如果密度计的观察窗呈绿色,表明蓄电池存电充足,可正常使用;若呈深绿色或黑色,表明蓄电池存电不足,需补充充电;若呈浅黄色,表明蓄电池已接近报废,如图2-8所示。

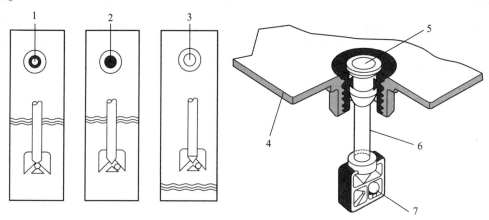

1—绿色(充电程度为65%或更高);2—黑色(充电程度低于65%);3—浅黄色(蓄电池有故障);
4—蓄电池盖;5—观察窗;6—光学的荷电状况指示器;7—绿色小球。

图2-8 蓄电池电解液密度计

(4)采用了新型安全通气装置和气体收集器,在孔盖内部设置了一个氧化铝过滤器,可阻止水蒸气和硫酸气体通过,同时又可以使氢气和氧气顺利逸出。通气塞中装有催化剂钯,可促使氢、氧离子重新结合成水回到蓄电池中。

五、铅蓄电池的静止电动势及型号

1. 铅蓄电池的静止电动势

将铅蓄电池的正、负极板浸入电解液中,正、负极板与电解液相互作用,在正、负极板间就会产生约2.1V的静止电动势。

铅蓄电池的静止电动势 E_j 为

$$E_j = 0.85 + \rho_{25℃} \tag{2-1}$$

式中,E_j 为静止电动势,即开路电压(V);$\rho_{25℃}$ 为基准温度(25 ℃)时,电解液的相对密度(g/cm³)。

注意,实测电解液的相对密度,应转换成25 ℃时电解液的相对密度,转换关系式为

$$\rho_{25℃} = \rho_t + 0.000\,75(t - 25) \tag{2-2}$$

式中,ρ_t 为实测电解液相对密度(g/cm³);t 为实测电解液温度(℃)。

因为铅蓄电池工作时,电解液密度总是在1.12~1.30 g/cm³之间变化,所以每个单格电池的电动势也相应地在1.97~2.15 V之间变化。

2. 铅蓄电池的型号

铅蓄电池的型号按 JB/T 2599—2012《铅酸蓄电池名称、型号编制与命名办法》确定,由以下几部分组成:

| 串联的单格电池数 | — | 蓄电池的类型 | — | 蓄电池的特征 | — | 额定容量 |

一般将铅蓄电池的型号分为三部分,如表2-2所示:如6-QA-60代表6个单格电池串联的额定电压12 V、额定容量为60 A·h的起动型干荷电铅蓄电池。

表2-2 铅蓄电池的型号

第一部分	第二部分		第三部分	
串联的单格电池数	铅蓄电池的类型	铅蓄电池的特征	铅蓄电池的额定容量	铅蓄电池的特殊性能
用阿拉伯数字表示	用大写的汉语拼音字母表示,如: Q 表示起动用铅蓄电池 N 表示内燃机车用铅蓄电池 M 表示摩托车用铅蓄电池	用大写的汉语拼音字母表示,如: A 表示干荷电铅蓄电池 H 表示湿荷电铅蓄电池 W 表示免维护铅蓄电池 B 表示薄型极板铅蓄电池 无字母表示普通铅蓄电池	20 h 率的额定容量,单位为 A·h,单位略去不写	用大写的汉语拼音字母表示,如: G 表示高起动率 D 表示低温性能好 S 表示塑料槽

第二节 蓄电池的容量及其影响因素

一、蓄电池的容量

蓄电池容量 C 等于放电电流 I_f 与放电时间 t_f 的乘积:

$$C = I_f \cdot t_f$$

1. 额定容量

GB/T 5008.1—2013《起动用铅酸蓄电池 第1部分:技术条件和试验方法》规定,将充足电的新蓄电池,在电解液温度为(25±5)℃的条件下,以20 h率的放电电流(即 $0.05C_{20}$ 安培)连续放电至单格电池平均电压降到1.75 V时,输出的电量称为蓄电池的额定容量,用 C_{20} 表示,单位为 A·h。

例:3-Q-90型蓄电池以4.5A($0.05C_{20}=0.05×90=4.5$ A)的电流连续放电至单格电池平均电压降到1.75 V时,若放电时间大于等于20 h,则其容量 $C = I_f \cdot t_f \geq 90$ A·h,达到了额定容量,为合格产品;若放电时间小于20 h,则其容量低于额定容量,为不合格产品。

2. 储备容量

GB/T 5008.1—2013《起动用铅酸蓄电池 第1部分:技术条件和试验方法》规定,蓄电池在（25±2）℃的条件下，以 25 A 恒流放电至单池平均电压降到 1.75 V 时的放电时间，称为蓄电池的储备容量，单位为 min。

储备容量表达了在汽车充电系统失效时，蓄电池具有能为照明和点火系统等用电设备提供 25 A 恒流的能力。

3. 起动容量

起动容量表征了蓄电池在发动机起动时的供电能力，是检验蓄电池质量的重要指标之一。起动容量受温度影响很大，故又分为低温起动容量和常温起动容量两种。

（1）低温起动容量：电解液在 -18 ℃时，以 3 倍额定容量数值的电流持续放电至单格电池电压下降至 1 V 时所放出的电量。持续时间应在 2.5 min 以上。

（2）常温起动容量：电解液在 30 ℃时，以 3 倍额定容量数值的电流持续放电至单格电池电压下降至 1.5 V 时所放出的电量。持续时间应在 5 min 以上。

二、影响蓄电池容量的因素

1. 结构因素

蓄电池极板的表面积越大，极板片数越多，参加反应的活性物质就越多，容量就越大。另外，极板越薄，活性物质的多孔性越好，则电解液向极板内部的渗透越容易，活性物质利用率就越高，输出容量也就越大。

2. 使用因素

1）放电电流

蓄电池的放电特性是指完全充电的蓄电池以 20 h 率的放电电流连续恒流放电，其端电压 U_f 和 25 ℃时的电解液密度 $\rho_{25℃}$ 随放电时间 t_f 而变化的特性。以 6-QA-105 型蓄电池为例，放电电路如图 2-9 所示。在以 20 h 率的放电电流连续放电过程中，每隔一定时间测量蓄电池的端电压和电解液密度 ρ_t。并换算成单格电池电压和 $\rho_{25℃}$。便得到如图 2-10 所示的 6-QA-105 型蓄电池的放电特性曲线。

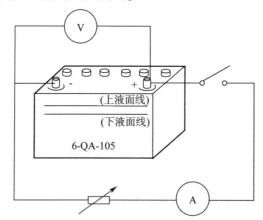

图 2-9　6-QA-105 型蓄电池放电电路

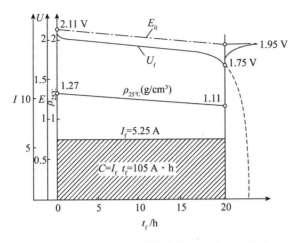

图 2-10　6-QA-105 型蓄电池的放电特性曲线

由于放电过程中电流是恒定的，单位时间内所消耗的硫酸量是相同的，所以 $\rho_{25℃}$ 沿直线下降，且每下降 $0.04\ g/cm^3$，蓄电池放电约为额定容量的 25%。

放电过程中，由于蓄电池存在内阻压降，所以实测蓄电池的端电压 U_f 总小于蓄电池的电动势 E_0，即

$$U_f = E_0 - I_f R_n$$

式中，I_f 为放电电流，A；R_n 为蓄电池内阻，Ω。

放电过程中，蓄电池的端电压是变化的，它随放电过程中电动势的减小而降低。

蓄电池放电终了的特征是：

(1) 电解液密度降低到最小许可值；

(2) 单格电池的端电压降至放电终了电压（以 20 h 率的放电电流放电，单格电池终了电压为 1.75 V）。

蓄电池允许放电终了电压与放电电流有关，放电电流越大，放电时间越短，允许的放电终了电压越低，见表 2-4。

表 2-4　蓄电池的放电率与终了电压的关系

放电情况	放电率	20 h	10 h	3 h	30 min	5 min
	放电电流/A	$0.05C_{20}$	$0.1C_{20}$	$0.25C_{20}$	C_{20}	$3C_{20}$
单格电池终了电压/V		1.75	1.70	1.65	1.55	1.5

放电电流越大，蓄电池的容量就越小，如图 2-11 所示。当放电电流增大时，化学反应速度加快，$PbSO_4$ 堵塞孔隙的速度也越快，导致极板内层大量的活性物质不能参与反应，蓄电池输出电流时，电解液密度迅速下降，导致蓄电池的端电压也迅速下降，因而缩短了放电时间。因此在实际使用中必须严格控制起动时间，每次起动的时间不应超过 5 s，且连续两次起动之间的时间间隔不应少于 15 s。

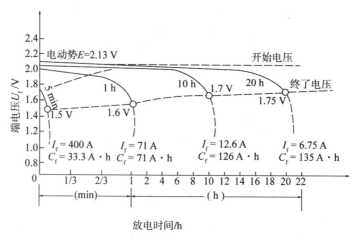

图 2-11 蓄电池放电电流

2）电解液温度

电解液温度越高，蓄电池容量越大，如图 2-12 所示。

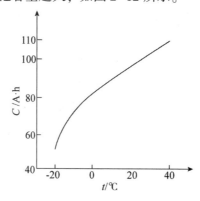

图 2-12 蓄电池电解液温度与容量的关系

3）电解液密度

适当提高电解液的密度，可加快电解液的渗透速度，提高蓄电池的电动势和容量。但电解液密度过大，又将导致黏度增加，内阻增大，反而使蓄电池容量降低。

第三节 蓄电池的工作原理

蓄电池由正极板（PbO_2）和负极板（海绵状 Pb）浸入电解液（H_2SO_4 的水溶液）中而形成，其内部的化学反应是可逆的。根据"双硫化理论"，蓄电池放电时，两极板上的活性物质与电解液发生作用后都转变成了硫酸铅（$PbSO_4$），电解液密度下降；而充电时，两极板上的 $PbSO_4$ 又分别恢复为原来的 PbO_2 和 Pb，电解液密度回升，略去中间化学反应过程，可用下列化学式表示。

（正极板）（电解液）（负极板）　（正极板）（电解液）（负极板）

$$PbO_2 + 2H_2SO_4 + Pb \underset{充电}{\overset{放电}{\rightleftharpoons}} PbSO_4 + 2H_2O + PbSO_4$$

负极板处有少量的 $PbSO_4$ 溶入电解液中，离解为 Pb^{2+} 和 SO_4^{2-}，即

$$PbSO_4 \rightleftharpoons Pb^{2+}+SO_4^{2-}$$

Pb^{2+} 在电源的作用下获得 $2e^-$ 变为 Pb，沉附在负极板上，而 H^+ 则与电解液中的 SO_4^{2-} 结合，生成 H_2SO_4，即

$$Pb^{2+}+2e^- \longrightarrow Pb$$
$$SO_4^{2-}+2H^+ \rightleftharpoons H_2SO_4$$

负极板上的总反应为

$$PbSO_4+2e^-+2H^+ \longrightarrow Pb+H_2SO_4$$

正极板处，也有少量 $PbSO_4$ 溶入电解液中，离解为 Pb^{2+} 和 SO_4^{2-}，Pb^{2+} 在电源的作用下失去 $2e^-$ 变为 Pb^{4+}，Pb^{4+} 又和电解液中的 H_2O 离解出来的 OH^- 结合，生成 $Pb(OH)_4$，$Pb(OH)_4$ 又分解为 PbO_2 和 H_2O，而 SO_4^{2-} 又与电解液中的 H^+ 结合生成 H_2SO_4。

$$PbSO_4 \rightleftharpoons Pb^{2+}+SO_4^{2-}$$
$$Pb^{2+}-2e^- \longrightarrow Pb^{4+}$$
$$4H_2O \rightleftharpoons 4H^++4OH^-$$
$$Pb^{4+}+4OH^- \rightleftharpoons Pb(OH)_4 \rightleftharpoons PbO_2+2H_2O$$
$$SO_4^{2-}+2H^+ \rightleftharpoons H_2SO_4$$

正极板上的总反应为

$$PbSO_4-2e^-+4H_2O \longrightarrow H_2SO_4+PbO_2+2H_2O+2H^+$$

可见，在充电过程中，正、负极板上的 $PbSO_4$ 将逐渐恢复为 PbO_2 和 Pb，电解液中的 H_2SO_4 成分逐渐增多，H_2O 逐渐减少，电解液密度上升，当正负极板上的 H_2SO_4 全部转变为 PbO_2 和 Pb 时，充电过程结束。

充电终期，电解液密度将升到最大值，且会引起水的电解。蓄电池充电时要保证气流畅通和充电室通风。

第四节 蓄电池的充电

一、充电设备

蓄电池是直流电源，必须用直流电源对其进行充电。充电时，充电电源的正极接蓄电池的正极，充电电源的负极接蓄电池的负极。

汽车上的充电设备是由发动机驱动的交流发电机，充电间的充电设备多采用硅整流充电机、晶闸管整流充电机和智能充电机等，如图 2-13 所示。

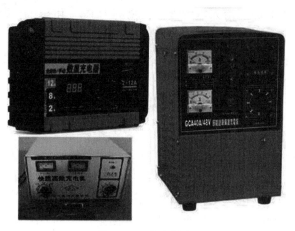

图 2-13 充电设备

二、充电方法

1. 恒压充电

恒压充电是指充电过程中,充电电源电压保持恒定的充电方法。恒压充电的接线方法如图 2-14 所示。

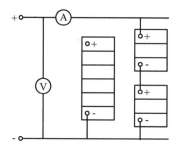

图 2-14 蓄电池恒压充电的接线方法

若充电电压过高,将导致过充电;充电电压过低,将导致充电不足。一般单格电池充电电压选为 2.5 V。

如图 2-15 所示,在恒压充电初期,充电电流较大,4~5 h 内即可达到额定容量的 90%~95%,因而充电时间较短,而且不需要照管和调整充电电流,适用于补充充电。由于充电电流不可调节,所以不适用于初充电和去硫化充电。

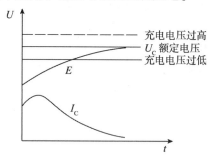

图 2-15 蓄电池恒压充电的电流与时间的关系

2. 恒流充电

恒流充电指充电电流保持恒定的充电方法，广泛用于初充电、补充充电和去硫化充电等，其接线方法如图 2-16 所示。

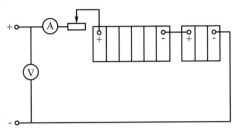

图 2-16　蓄电池恒流充电的接线方法

为缩短充电时间，恒流充电过程通常分为两个阶段。第一阶段采用较大的充电电流，使蓄电池的容量得到迅速恢复，当蓄电池电量基本充足，单格电池电压达到 2.4 V，开始电解水产生气泡时，转入第二阶段，将充电电流减小一半，直到电解液密度和蓄电池端电压达到最大值且在 2~3 h 内不再上升，蓄电池内部剧烈冒出气泡时为止。蓄电池恒流充电电压如图 2-17 所示。

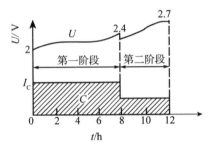

图 2-17　蓄电池恒流充电时电压与时间的关系

恒流充电的适应性强，可任意选择和调整充电电流的大小，有利于保持蓄电池的技术性能和延长使用寿命，其缺点是充电时间长，要经常调节充电电流。

3. 脉冲快速充电

脉冲快速充电必须用脉冲快速充电机进行，蓄电池脉冲快速充电的电流如图 2-18 所示。

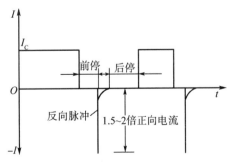

图 2-18　蓄电池脉冲快速充电的电流

脉冲快速充电的过程是：先用大小为额定容量大小80%～100%的大电流I_C进行恒流充电，使蓄电池的容量在短时间内充为额定容量的50%～60%；当单格电池电压升至2.4 V，开始冒气泡时，由充电机的控制电路自动控制，开始脉冲快速充电。

三、充电种类

1. 初充电

初充电指对新的或更换极板后的蓄电池进行的第一次充电，其操作步骤是：

（1）按蓄电池制造厂的规定和本地区的气温条件，加注一定密度的电解液（加注前，电解液温度不得超过30 ℃），放置4～6 h，使极板浸透，并调整液面高度至规定值；

（2）将蓄电池的正、负极分别与充电机的正、负极相连；

（3）采用恒流充电法充电时，第一阶段充电电流大小为额定容量大小的1/15，待电解液中有气泡冒出、单格电池电压达2.4 V时，转入第二阶段，将充电电流减小一半，直至蓄电池充足电为止。

充电过程中应注意测量电解液的温度，当温度超过40 ℃时，应将充电电流减半；如温度继续上升达45 ℃时，应停止充电，待冷却至35 ℃以下时再充电。

（4）充好电的蓄电池应检查电解液的密度，如不符合规定，应用蒸馏水或1.4 g/cm^3的稀硫酸进行调整，并调整液面高度至规定值。调整后，再充电2 h，直到电解液密度符合规定为止。

2. 补充充电

补充充电是指对使用中的蓄电池在无故障的前提下，为保持或恢复其额定容量而进行的正常的保养性充电。

一般汽车用蓄电池应每隔1～2个月从车上拆下来进行一次补充充电，使用中，如发现下列现象之一，则必须及时进行补充充电：

（1）电解液相对密度降至1.15 g/cm^3以下；

（2）冬季放电量超过25%，夏季超过50%；

（3）前照灯灯光比平时暗淡，起动无力；

（4）单格电池电压降到1.70 V以下。

补充充电可采用恒压充电法或恒流充电法。

汽车上蓄电池的充电采用恒压充电法充电，充电间多采用恒流充电法充电。

采用恒流充电法进行补充充电时，应先用大小为额定容量大小1/10的充电电流进行充电，当单格电池电压达到2.4 V以上时，将充电电流减小一半，直至蓄电池充足电为止。

3. 间歇过充电

间歇过充电是为了避免使用中的蓄电池极板硫化的一种预防性充电，汽车用蓄电池应每隔三个月进行一次间歇过充电。

间歇过充电的充电方法是：先按补充充电的方法将蓄电池充足电，停歇1 h后，再以减半的充电电流值进行过充电至沸腾，再停歇1 h后，重新接入充电，如此反复，直到蓄电池刚接入充电就立即沸腾为止。

4. 循环锻炼充电

循环锻炼充电是铅蓄电池为防止极板钝化而进行的保养性充电。铅蓄电池使用中常处于部分放电的状况，参加化学反应的活性物质有限，为避免活性物质长期不工作而收缩，每隔三个月进行一次循环锻炼充电。

循环锻炼充电的充电方法是：先按照补充充电或间歇过充电方法将铅蓄电池充足电，再用 20 h 率的放电电流连续放电至单格电池电压降为 1.75 V，其容量降低不得大于额定容量的 10%，否则应进行充、放电循环，直至容量达到额定容量的 90% 为止，方可使用。

5. 去硫化充电

去硫化充电是消除蓄电池极板轻度硫化的一种排故性充电，其充电方法和步骤如下：

（1）将铅蓄电池按 20 h 率的放电电流放电至单格电池电压降为 1.75 V；

（2）倒出电解液，用蒸馏水反复冲洗几次，然后加入蒸馏水至规定的液面高度，用初充电第二阶段充电电流进行充电，当电解液密度增大到 1.15 g/cm^3 时，再将电解液倒出，加入蒸馏水，继续充电，反复多次，直至电解液密度不再上升；

（3）换用正常密度的电解液，按初充电方法将蓄电池充足电；

（4）用 20 h 率的放电电流放电，检查容量，若其输出容量可达额定容量的 80% 以上，则可装车使用，若达不到，则应更换蓄电池或修理。

四、铅蓄电池的充电终了特征

充电时，铅蓄电池的正、负极分别与直流电源的正、负极相连，当充电电源的端电压高于蓄电池的电动势时，在电场的作用下，电流从铅蓄电池的正极流入，负极流出，这一过程称为充电。铅蓄电池充电过程是电能转换为化学能的过程。

充电时，正、负极板上的 $PbSO_4$ 还原成 PbO_2 和 Pb，电解液中的 H_2SO_4 增多，密度上升。当充电接近终了时，$PbSO_4$ 已基本还原成 PbO_2 和 Pb，这时，过剩的充电电流将电解水，使正极板附近产生 O_2 从电解液中逸出，负极板附近产生 H_2 从电解液中逸出，电解液液面高度降低。因此，铅蓄电池需要定期补充蒸馏水。

故铅蓄电池充电终了的特征是：

（1）电解液中有大量气泡冒出，呈沸腾状态；

（2）电解液的密度和铅蓄电池的端电压上升到规定值，且在 2~3 h 内保持不变。

五、铅蓄电池的放电终了特征

当铅蓄电池的正、负极板浸入电解液中时，在正、负极板间就会产生约 2.1 V 的静止电动势，此时若接入负载，在电动势的作用下，电流就会从铅蓄电池的正极经外电路流向铅蓄电池的负极，这一过程称为放电，铅蓄电池的放电过程是化学能转变为电能的过程。

放电时，正极板上的 PbO_2 和负极板上的 Pb 都与电解液中的 H_2SO_4 反应生成 $PbSO_4$，沉附在正、负极板上。电解液中 H_2SO_4 不断减少，密度下降。

故铅蓄电池放电终了的特征是：

(1) 单格电池电压降到放电终了电压；

(2) 电解液密度降到最小许可值。

放电终了电压与放电电流的大小有关。放电电流越大，允许的放电时间就越短，放电终了电压也越低。

第五节　蓄电池的使用维护与检测

一、蓄电池的储存

1) 新蓄电池的储存

未启用的新蓄电池，其加液孔盖上的通气孔均已封闭，不要捅破。储存蓄电池时应注意以下几点：

(1) 存放室温为 5~30 ℃，干燥、清洁、通风；

(2) 不要受阳光直射，离热源距离不小于 2 m；

(3) 避免与任何液体和有害气体接触；

(4) 不得倒置或卧放，不得叠放，不得承受重压；

(5) 新蓄电池的存放时间不得超过 2 年。

2) 暂时不用的蓄电池的储存

暂时不用的蓄电池采用湿储存方法，即先充足电，再把电解液密度调为 1.24~1.28 g/cm^3，液面调至规定高度，然后将通气孔密封。存放期不得超过半年，期间应定期检查。若容量降低 25%，则应立即补充充电，交付使用前也应先充足电。

3) 长期停用的蓄电池的储存

长期停用的蓄电池采用干储存方法，即先将充足电的蓄电池以 20 h 率的放电电流放完电，然后倒出电解液，用蒸馏水反复冲洗多次，直至水中不呈酸性，晾干后旋紧加液孔盖，并将通气孔密封，存放条件与新蓄电池相同。

二、蓄电池的使用与维护

1. 启用新蓄电池

启用新蓄电池时，首先擦净外表面，旋开加液孔盖，疏通通气孔，注入新电解液，静置 4~6 h 后，调节液面高度到规定值，按初充电规范进行充电后即可使用。

干荷电铅蓄电池在规定存放期（一般为 2 年）内，启用时可直接加入规定密度的电解液，静置 20~30 min 后，校准液面高度，即可使用。若超期存放或保管不当损失部分容量，应在加注电解液后经补充充电方可使用。

2. 蓄电池的拆装

(1) 拆装、移动蓄电池时，应轻搬轻放，严禁在地上拖拽。

(2) 蓄电池型号和车型应相符，电解液密度和高度应符合规定。

(3) 安装时，蓄电池要固定在托架上，塞好防振垫。

(4) 极桩涂上凡士林或润滑油，防腐防锈。极桩卡子与极桩要接触良好。

(5) 蓄电池搭铁极性必须与发电机一致。

(6) 接线时先接正极后接负极，拆线时相反，以防金属工具搭铁造成蓄电池短路。

3. 蓄电池的维护

蓄电池的维护要注意以下几点。

(1) 保持蓄电池外表面的清洁干燥，及时清除极桩和电缆卡子上的氧化物，并确定蓄电池极桩上的电缆连接牢固。

清洗蓄电池时，最好从车上拆下蓄电池，用苏打水溶液冲洗整个壳体，然后用清水冲洗蓄电池并用纸巾擦干。对于蓄电池托架，可先用腻子刀刮净厚腐蚀物，然后用苏打水溶液清洗托架，之后用水冲洗并干燥，待托架干燥后，漆上防腐漆。对于极桩和电缆卡子，可先用苏打水溶液清洗，再用专用清洁工具进行清洁，清洗后在电缆卡子上涂上凡士林或润滑油防止腐蚀。

注意：清洗蓄电池之前，要拧紧加液孔盖，防止苏打水进入蓄电池内部。

(2) 保持加液孔盖上通气孔的畅通，定期疏通。

(3) 定期检查并调整电解液液面高度，液面过低时，应补加蒸馏水。

(4) 汽车每行驶 1 000 km 或夏季行驶 10~15 d、冬季行驶 5~6 d，应用密度计或高率放电计检查一次蓄电池的放电程度，当冬季放电超过 25%，夏季放电超过 50% 时，应及时将蓄电池从车上拆下进行补充充电。

(5) 根据季节和地区的变化及时调整电解液的密度。冬季可加入适量的密度为 1.40 g/cm³ 的电解液，以调高电解液的密度（一般比夏季高 0.02~0.04 g/cm³ 为宜）。

(6) 冬季向蓄电池内补加蒸馏水时，必须在蓄电池充电前进行，以免水和电解液混合不均而引起结冰。

(7) 冬季蓄电池应经常保持在充足电的状态，以防电解液密度降低而结冰，引起外壳破裂、极板弯曲和活性物质脱落等故障。

三、蓄电池的技术状态检测

1. 外部检查

(1) 检查蓄电池封胶有无开裂和损坏，极桩有无破损，壳体有无泄漏，否则应修理或者更换。

(2) 疏通加液孔盖的通气孔。

(3) 清洁蓄电池外壳，并用钢丝刷或极柱接头清洗器清洁极桩和电缆卡子上的氧化物，清洁后涂抹一层凡士林或润滑油。

2. 检测蓄电池电解液液面高度

检测蓄电池电解液液面高度有以下两种方法。

(1) 玻璃管测量法。工具：内径为 3~5 mm 的玻璃管。液面高度标准值为 10~15 mm。

（2）观察液面高度指示线法。正常液面高度应介于两线之间，液面过低时，应加入蒸馏水补充。

如图 2-19 所示为检测蓄电池电解液液面高度的方法。

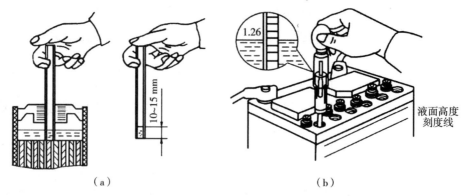

图 2-19 检测蓄电池电解液液面高度的方法
（a）玻璃管测量法；（b）观察液面高度指示线法

3. 检测蓄电池电解液密度

电解液密度的大小，是判断蓄电池容量的重要标志。检测蓄电池电解液密度时，蓄电池应处于稳定状态。蓄电池充、放电或加注蒸馏水后，应静置半小时后再测量。

（1）用吸式密度计检测电解液密度，测得的密度值应用标准温度（+25 ℃）予以校正（同时测量电解液温度），如图 2-20 所示。

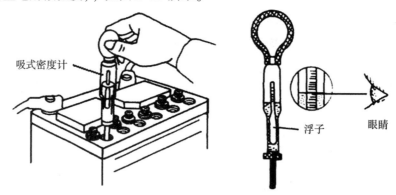

图 2-20 检测蓄电池电解液密度

通过对各个单格电池电解液密度的检测，可以确定蓄电池是否失效。如果单格电池之间的密度相差超过 0.05 g/cm^3，则该蓄电池失效。

（2）放电程度的判断。电解液密度与放电程度的关系是：密度每下降 0.01 g/cm^3 相当于蓄电池放电 6%，当判定蓄电池在夏季放电超过 50%，冬季放电超过 25% 时不宜再继续使用，应及时进行补充充电，否则会使蓄电池过早损坏。

4. 蓄电池端电压的测量

测量蓄电池端电压时，蓄电池应处于稳定状态，蓄电池充、放电或加注蒸馏水后，应静置半小时后再测量。蓄电池端电压可用万用表的电压挡测量，将万用表的红、黑表笔分别与蓄电池的正、负极相接即可。

蓄电池端电压可以反映蓄电池的存电程度，它们之间的关系见表2-5。

表2-5　蓄电池端电压与存电程度的关系

存电程度/%	100	75	50	25	0
蓄电池端电压/V	>12.6	12.4	12.2	12	<11.9

高率放电计是模拟起动机工作状态，检测蓄电池容量的仪表。它由一个电压表和一个负载电阻组成。由于在检测时，蓄电池对负载电阻的放电电流可达100 A以上，所以高率放电计能比较准确地判定蓄电池的容量和基本性能，是目前普遍使用的检测仪表。它分为两种，一种为批量蓄电池高率放电计，另一种为小型手持式高率放电计，如图2-21所示。以12 V蓄电池为例，高率放电计的使用方法为：将高率放电计的正、负放电针分别压在蓄电池的正、负极柱上，保持15 s，若电压保持在9.6 V以上，说明性能良好；若电压稳定在11.6～10.6 V，说明存电充足；若电压迅速下降，说明蓄电池已经损坏。

图2-21　蓄电池高率放电计

注意：此项测量不能连续进行，必须间隔1 min后才可以再次检测，以防止蓄电池损坏。

5. 随车起动测试

在起动系统正常的情况下，以起动机作为试验负荷。拔下分电器中央高压线并搭铁，将万用表置于电压挡，红、黑表笔分别接在蓄电池正、负极柱上，接通起动机15 s，读取万用表读数，对于12 V蓄电池，电压应不低于9.6 V，如图2-22所示。

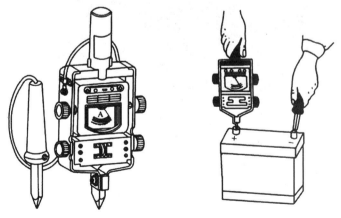

图2-22　高率放电计测量方法

实训项目一　蓄电池的充电

1. 实训目的

掌握蓄电池初充电、补充充电的充电方法。

2. 实训器材

蓄电池 1 个,充电机 1 台,玻璃杯、玻璃棒、密度计、温度计各 1 个,蒸馏水、浓硫酸(密度 1.835 g/cm^3)适量。

3. 实训内容及步骤

(1) 电解液的配制:根据当地的气温条件,选择合适的电解液密度。配制电解液时,先用耐酸的容器装蒸馏水,然后将浓硫酸慢慢注入水中,同时用清洁的玻璃棒搅拌,使其混合均匀,测量其密度和温度,若不符合要求,适当调整,直至合格为止。

(2) 蓄电池的初充电:现在汽车普遍采用干荷电铅蓄电池,所以初次使用只需按规定加足电解液后,静置 30 min 即可装车使用。

(3) 蓄电池的补充充电:首先清除蓄电池脏污和极柱上的氧化物,拧下加液孔盖,疏通通气孔。将充电机与蓄电池相连,正极连接蓄电池正极,负极连接蓄电池负极,选择合适的电压和电流进行补充充电,如图 2-23 所示。

图 2-23　蓄电池的补充充电

4. 注意事项

(1) 严格遵守各种充电方法的操作规范。

(2) 处于寒冷天气的蓄电池在充电之前,需检查电解液是否结冰,不可对结冰的蓄电池进行充电,否则会引起爆炸。

(3) 充电前,需检查电解液的液面高度,电解液不足时,不得充电。

（4）充电过程中应注意测量电解液的温度，当温度超过 40 ℃时，应将电流减半；当温度继续升高达 45 ℃时，应停止充电，待冷却至 35 ℃以下时再充电。也可采用风冷或水冷的方法来降温。

（5）初充电应连续进行，不可长时间间断。

（6）室内充电时，应旋下加液孔盖，使氢气和氧气能顺利排出。

（7）充电室要安装通风设备，在充电过程中，通风设备应不停地工作，以排出有害气体，以避免发生爆炸及损害操作人员的健康。

（8）充电室要严禁烟火。

实训项目二　蓄电池的检测

1. 实训目的

掌握蓄电池的检测方法，通过检测，判断被测蓄电池有无故障。

2. 实训器材

蓄电池 1 个，发动机 1 台，万用表、吸式密度计、温度计、高率放电计、钢丝刷、玻璃管各 1 个，蒸馏水、凡士林、润滑油适量。

3. 实训内容及步骤

（1）外部检查。

（2）检测蓄电池电解液液面高度。

（3）检测蓄电池电解液密度。

（4）蓄电池端电压的测量。

（5）高率放电计的使用。

（6）负荷试验检测。

本章小结

1. 蓄电池是一种化学电源，靠其内部的化学反应来储存电能或向用电设备供电。

2. 铅蓄电池又可以分为普通铅蓄电池、干荷电铅蓄电池、湿荷电铅蓄电池和免维护铅蓄电池等。

3. 当发动机以中、高速运转，发电机电压高于蓄电池的充电电压时，蓄电池将发电机的剩余电能储存起来。

4. 铅蓄电池正极板上的活性物质是二氧化铅（PbO_2），呈深棕色；负极板上的活性物质是海绵状的纯铅（Pb），呈青灰色。

5. 电解液由纯硫酸（H_2SO_4）与蒸馏水按一定比例配制而成，其密度一般为 1.24 ~ 1.30 g/cm^3。

6. 蓄电池是直流电源，必须用直流电源对其进行充电。充电时，充电电源的正极接蓄电池的正极，充电电源的负极接蓄电池的负极。

7. 蓄电池的拆装：拆线时先拆负极，再拆正极；接线时先接正极后接负极，以防金属工具搭铁造成蓄电池短路。

复习思考题

1. 蓄电池是主要电源还是辅助电源？
2. 蓄电池有什么作用？
3. 免维护铅蓄电池有什么优点？
4. 蓄电池充电有哪几种方法？
5. 如何检查蓄电池的放电程度？
6. 蓄电池电解液液面过低应如何处理？
7. 为什么要控制汽车的起动时间和两次起动的间隔时间？

第三章 汽车交流发电机与电压调节器

学习目标

- 了解汽车交流发电机的基础知识
- 掌握汽车交流发电机电路组成
- 掌握交流发电机的电路
- 掌握汽车交流发电机及电压调节器的检修

汽车蓄电池不具备长期给电气系统供电的能力,所以汽车电源除蓄电池外还有发电机,发电机由发动机通过皮带轮带动运转,将机械能转变成电能。发动机正常工作时向除起动机以外的所有用电设备供电,并向蓄电池充电,以补充蓄电池起动所消耗的电能。

第一节 汽车交流发电机的构造

一、交流发电机分类

交流发电机可按总体结构、整流器结构、搭铁型式、励磁方式和通风、冷却方式进行分类,如图 3-1 所示。

图 3-1 交流发电机

1. 按总体结构分类

按总体结构不同,交流发电机可分为:
(1)普通交流发电机;
(2)整体式交流发电机;
(3)无刷交流发电机;
(4)带泵交流发电机。

2. 按整流器结构分类

按整流器结构不同,交流发电机可分为:
(1)六管交流发电机;
(2)八管交流发电机;
(3)九管交流发电机;
(4)十一管交流发电机。

3. 按搭铁型式分类

按搭铁型式不同,交流发电机可分为:
(1)内搭铁型交流发电机;
(2)外搭铁型交流发电机。

4. 按励磁方式分类

按励磁方式不同,交流发电机分为励磁式交流发电机和永磁式交流发电机两种,其中励磁式交流发电机应用较多。

5. 按通风、冷却方式分类

按通风、冷却方式不同,交流发电机分为开启式交流发电机和封闭式交流发电机两种。

二、交流发电机的构造

自交流发电机在汽车上使用以来,虽然其局部结构有所改进,但基本都是由定子、转子、整流器和端盖4部分组成,整体式交流发电机的不同点是在基本结构的基础上增加了电压调节器,且都采用集成电路调节器。整体式交流发电机结构如图3-2所示。

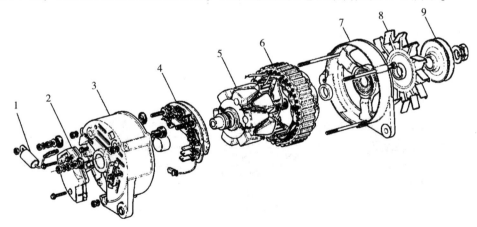

1—电刷;2—电刷弹簧压盖;3—后端盖;4—硅二极管;5—转子总成;6—定子总成;7—前端盖;8—风扇;9—皮带轮。

图3-2 整体式交流发电机结构

1. 转子

汽车交流发电机为三相同步交流发电机,其转子的功用是产生磁场。转子由两块爪极、磁场绕组、铁芯和滑环组成(见图3-3),转子轴上压装着两块爪极,爪极被加工成鸟嘴形状,爪极空腔内装有励磁绕组和磁轭。

滑环由两个彼此绝缘的铜环组成,压装在转子轴上并与轴绝缘,两个滑环分别与励磁绕组的两端相连。

当给两滑环通入直流电时,励磁绕组中就有电流通过,并产生轴向磁场,使爪极一块被磁化为N极,另一块被磁化为S极,从而形成6对(或8对)相互交错的磁极,如图3-4所示。当转子转动时,就形成了旋转的磁场。

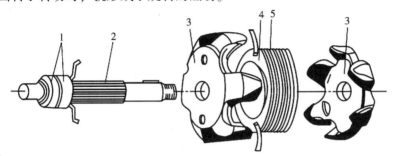

1—滑环;2—轴;3—爪极;4—磁轭;5—磁场绕组。

图3-3 交流发电机的转子结构

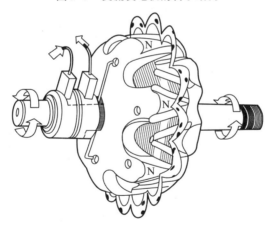

图3-4 交流发电机的转子总成

2. 定子

定子的功用是产生交流电。定子安装在转子的外面,和交流发电机的前后端盖固定在一起,当转子在其内部转动时,引起定子绕组中磁通量的变化,定子绕组中就产生交变的感应电动势。定子由定子铁芯和定子绕组(线圈)组成,如图3-5所示。

定子铁芯是由相互绝缘的内圆带嵌线槽的环状硅钢片(厚度一般为0.5~1 mm)叠合铆接或焊接而成;定子绕组有三组线圈,对称地嵌放在定子铁芯的槽中,这种定子绕组叫三相绕组。三相绕组的连接方式有星形连接和三角形连接两种,如图3-5(a)、(b)所示,都能产生三相交流电。

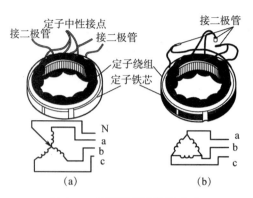

图 3-5 三相绕组的连接方式

(a) 星形连接；(b) 三角形连接

三相绕组（见图 3-6）的结构应符合如下要求：

（1）每相绕组串联的线圈个数与磁极对数相等；

（2）每个线圈的匝数都相同，节距（指每个线圈的两个有效边之间所间隔的距离，通常用定子槽数表示）与极距（指相邻异性磁极中心线之间的距离，通常也用定子槽数表示）相等；

（3）三相绕组结构相同，三个首端在定子铁芯槽内的排列分别相隔120°电角度（一对磁极构成一个磁场周期，即360°电角度）。

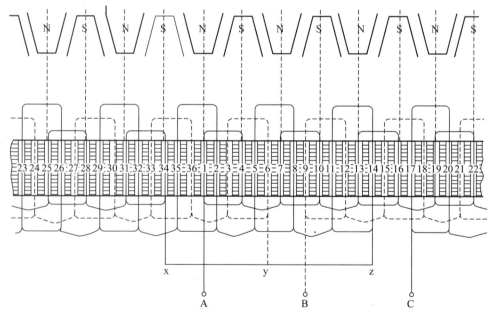

图 3-6 三相绕组的展开图

3. 整流器

交流发电机的整流器的作用是将三相定子绕组（以下简称定子绕组）产生的交流电变换为直流电。整流器由整流二极管和二极管的散热板组成。散热板要求散热性要好，有的背面铸有散热筋。元件板有正、负元件板之分，负元件板也可直接用发电机后端盖代替。

正元件板用于安装三只正二极管，负元件板或后端盖用于安装三只负二极管。二极管的安装有压装式和焊接式，引出线为正极的二极管为正二极管，引出线为负极的二极管为负二极管。

正、负元件板固定在后端盖上，正元件板与后端盖绝缘，正、负二极管的引出线分别接于正元件板的三个绝缘接线柱上。正元件板通过螺栓引至后端盖外部（与后端盖绝缘），作为发电机的正极，用"b""+""a"或"电枢"表示。负元件板与后端盖相连，作为发电机的负极，用"E"或"-"表示。

奥迪与桑塔纳等轿车用交流发电机整流器总成的结构如图3-7所示，实物如图3-8所示。

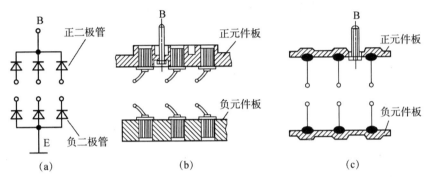

图3-7 整流器总成的结构
(a) 原理图；(b) 二极管压装式；(c) 二极管焊接式

图3-8 整流器总成实物

4. 端盖与电刷组件

交流发电机的后端盖上装有电刷组件。电刷组件由电刷、电刷架和电刷弹簧组成，端盖一般分两部分（前端盖和后端盖），起支承转子、定子、整流器和电刷组件的作用，如图3-9所示。

电刷的作用是将电源通过滑环引入励磁绕组。两个电刷分别装在电刷架的孔内，借助弹簧压力与滑环保持接触。电刷和滑环的接触应良好，否则会因为电流过小，导致发电机发电不足。

图 3-9 电刷组件

5. 交流发电机装配后的内部

交流发电机励磁绕组通过两只电刷（F 和 E）和外电路相连，根据电刷和外电路的搭铁型式不同，交流发电机分为内搭铁型交流和外搭铁型交流两种，交流发电机装配后的内部电路如图 3-10 所示。

（1）内搭铁型交流发电机：励磁绕组的一端经负电刷（E）引出后和后端盖直接相连（直接搭铁）的发电机称为内搭铁型交流发电机，如图 3-10（a）所示。

（2）外搭铁型交流发电机：励磁绕组的两端（F 和 E）均和端盖绝缘的发电机称为外搭铁型交流发电机，如图 3-10（b）所示。

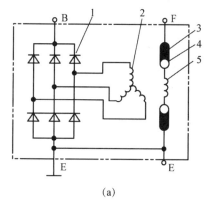
(a)

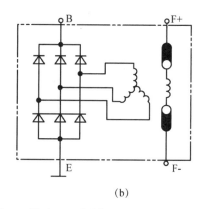
(b)

1—整流二极管；2—电枢绕组；3—电刷；4—滑环；5—励磁绕组。

图 3-10 交流发电机装配后的内部电路

(a) 内搭铁型交流发电机；(b) 外搭铁型交流发电机

三、交流发电机的型号

我国汽车行业标准 QC/T 73—1993《汽车电气设备产品型号编制方法》规定，汽车交流发电机的型号组成如图 3-11 所示，图中代号含义如下。

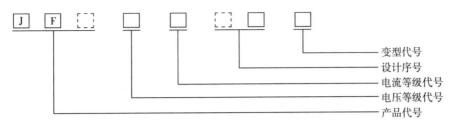

图 3-11 汽车交流发电机的型号代号含义

（1）产品代号：交流发电机的产品代号为 JF、JFZ、JFB、JFW 四种，分别表示交流发电机、整体式交流发电机、带泵交流发电机和无刷交流发电机（字母"J""F""Z""B"和"W"分别为"交""发""整""泵"和"无"的汉语拼音的第一个大写字母）。

（2）电压等级代号和电流等级代号：分别用 1 位阿拉伯数字表示。

（3）设计序号：按产品设计先后顺序，用 1~2 位阿拉伯数字表示。

（4）变型代号：交流发电机以调整臂位置作为变型代号。从驱动端看，在中间不加标记；在右边时用 Y 表示；在左边时用 Z 表示。

表 3-1 电压等级代号

电压等级代号	1	2	3	4	5	6
电压等级/V	12	24	—	—	—	6

表 3-2 电流等级代号

电流等级代号	1	2	3	4	5	6	7	8	9
电流等级/A	0~19	20~29	30~39	40~49	50~59	60~69	70~79	80~89	90

如 JFZ1342 表示整体式交流发电机，参数为：电压为 12 V，电流为 30~39 A，第 4 次设计，第 2 次改型。

第二节 汽车交流发电机工作原理

由交流发电机的结构特点可知，当点火开关接通时，磁场绕组中就有电流流过，流经磁场绕组的电流称为磁场电流。由右手定则可知，磁场电流在转子铁芯中就会产生轴向磁通量，磁力线穿过的路径称为导磁回路或磁路，如图 3-12 所示，其磁路为铁芯→N 极→

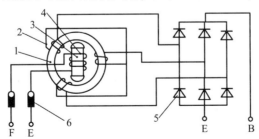

1—定子铁芯；2—定子绕组；3—转子；4—励磁绕组；5—整流二极管；6—电刷。

图 3-12 交流发电机发电原理示意图

转子与定子间的气隙→定子→定子与转子间的气隙→S极→铁芯。转子磁极制作成鸟嘴形,可使定子绕组感应产生的交流电动势近似于正弦曲线波形。

1. 二极管的导通原则

(1) 正二极管导通原则。因为3只正二极管(VD_1、VD_3、VD_5)的正极分别接在交流发电机定子绕组的始端(U、V、W)上,它们的负极又连接在一起,所以3只正二极管的导通原则是:在某一瞬间,正极电位最高者导通。

(2) 负二极管的导通原则。因为3只负二极管(VD_2、VD_4、VD_6)的负极分别接在发电机三相绕组的始端,它们的正极又连接在一起,所以3只负二极管的导通原则是:在某一瞬间,负极电位最低者导通。

2. 整流过程

根据上述正、负二极管的导通原则,交流发电机整流器的整流过程如下(见图3-13)。

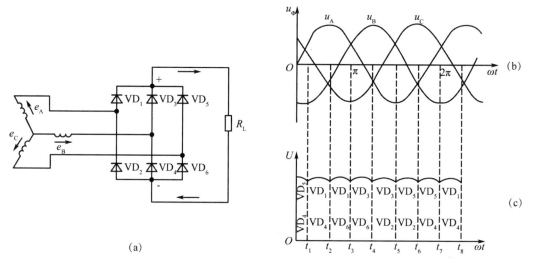

图3-13 三相桥式整流电路中的电压波形

(a) 三相桥式整流电路;(b) 三相交流电压波形;(c) 整流后的电压波形

在$t=0$到t_1时间内,W相电位最高,V相电位最低,所以二极管VD_5、VD_4获得正向电压而导通。

在$t_1 \sim t_2$时间内,U相电位最高,V相电位最低,所以二极管VD_1、VD_4获得正向电压而导通。

在$t_2 \sim t_3$时间内,U相电位最高,而W相电位变为最低,所以二极管VD_1、VD_6获得正向电压而导通。

在$t_3 \sim t_4$时间内,二极管VD_3、VD_6导通,V、W相之间的线电压加在负载电阻上。

6只二极管导通与截止依次循环,周而复始,在负载电阻两端就可得到一个比较平稳的直流脉动电压,一个周期内有6个纹波。

星形连接的定子绕组有的从中性点引出来中心抽头,其接线柱称为中性点接线柱,标记为"N",如图3-14所示。中性点对发电机外壳(即搭铁)之间的电压为U_N(中性点电压),中性点电压的瞬时值是一个三次谐波电压,等于发电机直流输出电压的一半,即:

$U_N = \frac{1}{2}U$。

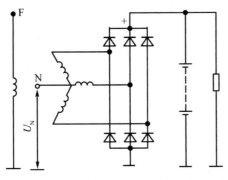

图3-14 带有中心抽头的发电机

第三节 交流发电机的工作特性

一、交流发电机的特性

汽车交流发电机(以下简称发电机)的特点是转速变化范围大,因此一般以转速为标准,表示各参数的关系。发电机的特性主要体现发电机整流后的直流电压、输出电流与转速之间的相互关系,包括空载特性、输出特性和外特性。

1. 空载特性

空载特性是指发电机空载时的端电压与转速之间的关系,即$I=0$时,$U=f(n)$的曲线,如图3-15所示。

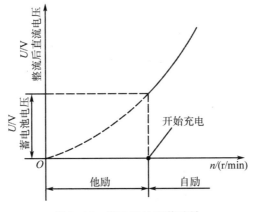

图3-15 发电机的空载特性

2. 输出特性

输出特性也称负载特性，是指发电机向负载供电时，保持输出电压一定（对 12 V 系统的发电机电压规定为 14 V，对 24 V 系统的发电机电压规定为 28 V），输出电流与转速之间的关系，即 U 为常数时，$I=f(n)$ 的曲线，如图 3-16 所示。

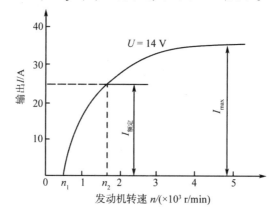

图 3-16 发电机的输出特性

（1）发电机的电枢绕组具有一定的阻抗 Z，而阻抗由相绕组的电阻 r 和感抗 X_L 合成，即

$$Z = \sqrt{r^2 + X_L^2}$$
$$X_L = 2\pi f L$$

（2）发电机输出电流增大，电枢反应加强，引起感应电动势下降。

3. 外特性

外特性是指发电机转速一定时，端电压与输出电流之间的关系，即 n 为常数时，$U=f(I)$ 的曲线，如图 3-17 所示。

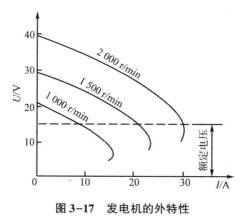

图 3-17 发电机的外特性

二、限流保护原理

当交流发电机转速达到一定值后，输出电流便不再随转速升高而增大，表明汽车用交

流发电机自身具有限制输出电流的能力。可以避免用电设备接通过多、输出电流过大导致发电机过载而损坏。

汽车用交流发电机具有限流保护作用的原因如下：

(1) 定子绕组的阻抗 Z 随转速升高而增大；

(2) 电枢反应增强使磁场削弱。

三、八管交流发电机

1. 中性点输出电压分析

在定子绕组采用星形连接的交流发电机中，其中性点 N 不仅具有直流电压，而且还包含有交流电压成分。其原因是当交流发电机空载时，由于鸟嘴形磁极使磁场分布近似为正弦曲线，从而使三相感应电动势的波形接近于正弦波。

当交流发电机正常工作有电流输出时，由于电枢反应（定子绕组输出电流产生的磁场对磁场电流产生的磁场的影响称为电枢反应）、漏磁、铁磁物质的磁饱和以及整流二极管的非线性特性等因素，将会导致交流发电机内的磁通量分布变为非正弦分布，从而造成交流发电机感应电动势和输出电压的波形产生畸变。为了改善这种交流发电机性能，可以采取八管交流发电机。

2. 八管交流发电机提高输出功率的原理

(1) 当中性点的瞬时电压 u_N 高于输出电压平均值 U 时，二极管 VD_7 导通，从中性点输出的电流如图 3-18 中箭头方向所示。其电流回路为：定子绕组→中性点二极管 VD_7→输出端子"B"→负载和蓄电池→负极管→定子绕组。

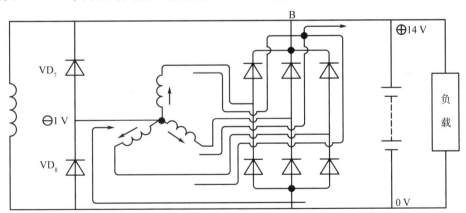

图 3-18 八管交流发电机电路图

(2) 当中性点瞬时电压 u_N 低于 0 V（搭铁电位）时，二极管 VD_8 导通，流过中性点二极管 VD_8 的电流如图 3-18 中箭头方向所示。其电流回路为：定子绕组→正极管→输出端子"B"→负载和蓄电池→中性点二极管 VD_8→定子绕组。

如图 3-19 所示为有、无中性点二极管时某交流发电机输出电流的对比。可见在中高速时，有中性点二极管的交流发电机其输出电流可增加 10%～15%，从而提高了交流发电机的输出功率。

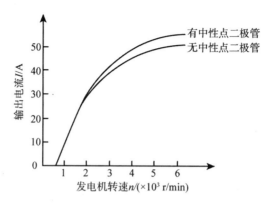

图 3-19　有、无中性点二极管时某交流发电机输出电流的对比

第四节　汽车交流发电机电压调节器

一、交流发电机电压调节器的功用

交流发电机电压调节器（以下简称调节器）的作用是：当发电机转速变化时，自动调节发电机输出电压并使电压保持恒定，防止输出电压过高而损坏用电设备和避免蓄电池过量充电。

二、电压调节方法

各种调节器都是通过调节磁场电流使磁极磁通量改变来控制发电机的输出电压的，电子调节器调节磁场电流的方法是：利用晶体管的开关特性，使磁场电流接通与切断来调节发电机磁场电流。

三、电子调节器分类与型号

随着电子技术的发展，目前交流发电机几乎全部采用电子调节器，其优点是：电压调节精度高、不产生火花、质量轻、体积小、寿命长、可靠性高、电波干扰小。

1. 电子调节器分类

电子调节器按结构可分为分立元件调节器和集成电路调节器两种。
（1）分立元件调节器：利用分立电子元件组成的调节器。
（2）集成电路调节器：利用集成电路（IC）组成的调节器。
电子调节器按搭铁型式可分为内搭铁型调节器和外搭铁型调节器两种。
（1）内搭铁型调节器：与内搭铁型交流发电机配套使用的调节器，控制的是电源正极。
（2）外搭铁型调节器：与外搭铁型交流发电机配套使用的调节器，控制的是电源负极。

2. 交流发电机调节器型号

汽车行业标准 QC/T 73—1993《汽车电气设备产品型号编制方法》规定，汽车交流发电机调节器的型号组成中代号的含义如下。

（1）产品代号：交流发电机调节器的产品代号为 FT、FTD 两种，分别表示发电机调节器和电子发电机调节器（字母"F""T""D"分别为"发""调""电"的汉语拼音第一个大写字母）。

（2）电压等级代号与交流发电机相同。

（3）结构型式代号：调节器的结构型式代号用一位阿拉伯数字表示。

（4）设计序号：按产品设计先后顺序，用 1~2 位阿拉伯数字表示。

（5）变型代号：以汉语拼音大写字母 A、B、C、…顺序表示。

如 FTD-1234 表示电子发电机调节器，参数为 12 V，工作电流为 20~29 A，设计序号为 3，第 4 次改型。

四、电子调节器工作过程

电子调节器有内搭铁型调节器和外搭铁型调节器两种，分别与内搭铁型/外搭铁型发电机配套使用。

1. 外搭铁型电子调节器

1）基本电路

外搭铁型电子调节器有多种型式，其内部电路各不相同，但工作原理可用基本电路工作原理去理解，如图 3-20 所示。

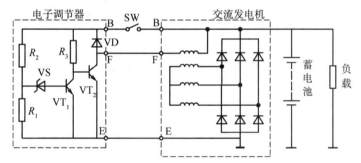

图 3-20　外搭铁型电子调节器

2）工作原理

（1）点火开关 SW 刚接通时，发动机不转，发电机不发电，蓄电池电压加在分压器 R_1、R_2 上，此时因 U_{R_1} 较低不能使稳压管 VS 反向击穿，故 VT_1 截止，VT_1 截止使得 VT_2 导通，发电机磁场电路接通，此时由蓄电池供给磁场电流。随着发动机的起动，发电机转速升高，发电机他励发电，电压上升。

（2）当发电机电压升高到大于蓄电池电压时，发电机自励发电并开始对外蓄电池充电，如果此时发电机输出电压 $U_B<$ 调节器调节上限 U_{B_2}，VT_1 继续截止，VT_2 继续导通，但此时的磁场电流由发电机供给，发电机电压随转速升高迅速升高。

(3) 当发电机电压升高到等于调节上限 U_{B_2} 时,调节器对电压的调节开始。此时 VS 导通,VT_1 导通,VT_2 截止,发电机磁场电路被切断,由于磁场被断路,磁通量下降,发电机输出电压下降。

(4) 当发电机电压下降到等于调节下限 U_{B_1} 时,VS 截止,VT_1 截止,VT_2 重新导通,磁场电路重新被接通,发电机电压上升。

周而复始,发电机输出电压 U_B 被控制在一定范围内,这就是外搭铁型电子调节器的工作原理。

2. 内搭铁型电子调节器

内搭铁型电子调节器基本电路的特点是晶体管 VT_1、VT_2 采用 PNP 型,发电机的励磁绕组连接在 VT_2 的集电极和搭铁端之间,与外搭铁型电路显著不同,但其基本电路工作原理和结构与外搭铁型电子调节器类似,如图 3-21 所示。

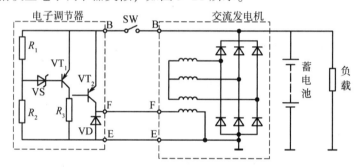

图 3-21 内搭铁型电子调节器

3. 稳压管工作条件

稳压管的导通条件与截止条件如下。

稳压管 VS 导通条件:$U_{R_1}=R_1/(R_1+R_2)$ $U_2 \geqslant U_w+U_{bel}$

稳压管 VS 截止条件:$U_{R_1}=R_1/(R_1+R_2)$ $U_1 < U_w+U_{bel}$

4. 调节器工作过程

调节器工作过程如下。

(1) 接通点火开关 SW,发电机电压 U 低于蓄电池电压时,晶体管 VT_1 截止,晶体管 VT_2 导通,磁场电流 I_f 接通,发电机他励发电(即磁场电流由蓄电池供给)。

(2) 当发电机电压上升到高于蓄电池电压但尚低于调节电压上限值 U_2 时,发电机自励发电(即磁场电流由发电机自己供给)。

(3) 当发电机电压随转速升高而升高到调节电压上限值 U_2 时,VS、VT_1 导通,VT_2 截止,磁场电流切断,发电机电压降低。

(4) 当发电机电压降到调节电压下限值 U_1 时,VS、VT_1 截止,VT_2 导通,磁场电流接通,发电机电压升高。

5. 集成电路调节器信号电压取样方法

集成电路调节器信号电压取样方法有以下 3 种。

(1) 发电机电压取样法。

(2) 蓄电池电压取样法。

(3) 综合电压取样法。

6. 交流发电机与调节器正确使用的注意事项

(1) 汽车交流发电机均为负极搭铁，蓄电池搭铁极性必须与发电机一致。

(2) 发电机运转时，不能短接交流发电机的"B""E"端子（即用试火花的方法）来检查发电机是否发电，否则容易烧坏整流二极管。

(3) 一旦发现发电机不发电或充电电流很小时，就应及时找出原因并排除故障。

(4) 当整流器的6只整流二极管与定子绕组连接时，禁止使用220 V交流电源检查发电机的绝缘情况，否则将会损坏二极管。

(5) 调节器与交流发电机的搭铁型式、电压等级必须一致。

(6) 交流发电机的功率不得超过调节器所能匹配的功率。

(7) 汽车停驶时应断开点火开关，以免蓄电池长时间向磁场绕组放电。

五、九管交流发电机

1. 九管交流发电机结构特点

九管和十一管交流发电机中都有3只功率较小的二极管，专门用来供给磁场电流，所以称为磁场二极管。图3-22所示为九管交流发电机的充电系统电路。图中VD_7、VD_8、VD_9为磁场二极管。

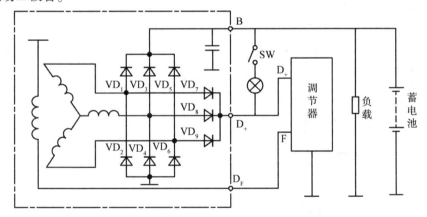

图3-22 九管交流发电机充电系统电路

2. 充电指示灯工作情况

九管交流发电机不仅可以控制充电指示灯来指示蓄电池充电情况，而且能够指示充电系统是否发生故障。

3. 九管交流发电机充电系统工作原理

汽车用交流发电机最常用的是九管交流发电机，也就是具有九个硅二极管的发电机。其中6个硅二极管组成整流器，利用二极管的单向导电性将交流发电机产生的交流电压转变成直流电压,另外 3 个二极管提供通过发电机中的励磁绕组的电流,称为励磁二极管。九管交流发电机不仅可以控制充电指示灯指示蓄电池的充电情况,指示充电系统是否发生故障,还可以在停车时,提醒驾驶员断开点火开关。

由于二极管有 0.6 V 的门槛电压,所以汽车用交流发电机只有在发电机在较高转速的时候才能自己发电,称为自励过程。当发电机的转速较低时,由蓄电池供给电流,称为他励过程。因此,交流发电机发电,要先经过他励过程,再经过自励过程,工作原理如下。

当开关闭合后,首先由蓄电池提供电流,电路为:蓄电池正极→充电指示灯→调节器触点→励磁绕组 R_f→搭铁→蓄电池负极。此时,充电指示灯由于有电流通过,所以灯会亮。

但发动机起动后,随着发电机转速提高,发电机的端电压也不断升高。当发电机的输出电压与蓄电池电压相等时,发电机"B"端子和"D"端子的电位相等,此时,充电指示灯由于两端电位差为 0 而熄灭。指示发电机已经正常工作,励磁电流由发电机自己供给。发电机中三相绕组所产生的三相交流电动势经 6 只二极管整流后,输出直流电,向负载供电,并向蓄电池充电。

当发电机高速运转、充电系统发生故障而导致发电机不发电时,"D"端子无电压输出,所以充电指示灯由于两端电位差增大而发亮,警告驾驶员及时排除故障。九管交流发电机在停车后,蓄电池向充电指示灯继续提供电流,则充电指示灯会一直亮,提醒驾驶员断开点火开关。

六、十一管交流发电机

整流器总成具有 3 只正二极管 VD_1、VD_3、VD_5,3 只负二极管 VD_2、VD_4、VD_6,3 只磁场二极管 VD_7、VD_8、VD_9 和 2 只中性点二极管 VD_{10}、VD_{11} 的交流发电机,称为十一管交流发电机(见图 3-23)。其工作原理同九管交流发电机,但输出功率提高了 10%~15%。

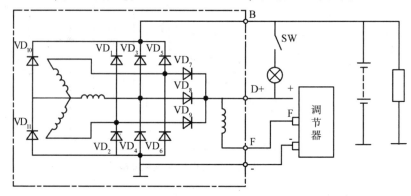

图 3-23 十一管交流发电机充电系统电路(外搭铁型)

七、典型汽车发电机电路

1. 夏利轿车发电机的集成电路调节器

夏利轿车的发电机为整体式交流发电机,调节器为内装式外搭铁型。该调节器有 6 个接线端子,"F""P""E"端子用螺钉直接和发电机连接,"B"端子用螺母固定在发电机的输出端子"B"上,"IG""L"端子用金属线引到调节器的外部接线插座上,如图 3-24 所示。

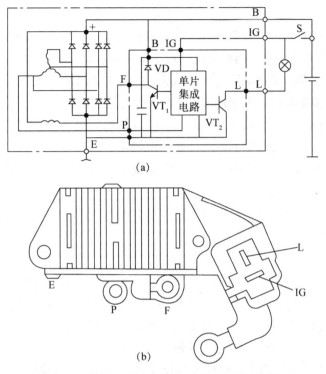

图 3-24 夏利轿车发电机的集成电路调节器
(a) 调节器电路图;(b) 调节器端子图

1) 电压调节过程及充电指示灯控制过程

该调节器是由一块单片集成电路和晶体管等元器件组成的混合集成电路调节器,单片集成电路内部极为复杂。调节器有 6 个接线端子:"P"端子连接发电机的相抽头,是单片集成电路的输入信号,调节器从"P"端子检测到发电机的电压,从而控制晶体管 VT_2 的导通与截止;"IG"端子接点火开关端,也是单片集成电路的信号输入端,"IG"端子经点火开关接至蓄电池,用于检测蓄电池和发电机的电压,从而控制晶体管 VT_1 的导通与截止;"F"端子接磁场绕组端,是调节器的主要控制端;"B"端子接发电机输出端,是电子开关 VT_1 的续流二极管 VD 泄放磁场绕组自感电动势的出口;"L"端子接充电指示灯端,是 VT_2 的受控端;"E"端子为搭铁线端子。

当接通点火开关,发电机未运转时,蓄电池电压经点火开关加到发电机的"IG"端子和调节器的"IG"端子,单片集成电路检测出该电压,给 VT_1 的基极一个高电平,使 VT_1 导通,于是磁场电路接通。其电流回路为:蓄电池正极→发电机"B"端子→磁场绕组→调节器"F"端子→VT_1→"E"端子→蓄电池负极。此时发电机未运转,发电机不发电,"P"端子电压为 0,单片集成电路检测出该电压,使 VT_2 导通,于是,充电指示灯亮,指示蓄电池放电。电流回路为:蓄电池正极→点火开关→充电指示灯→调节器"L"端子→VT_2→"E"端子→蓄电池负极。

发动机起动后，发电机发电，定子绕组里出现感应电动势。随着发电机转速升高，输出电压超过蓄电池电压时，"P"端子电压信号使单片集成电路将VT_2基极的高电平变为低电平，VT_2截止，充电指示灯熄灭，指示发电机开始自励发电并向蓄电池充电。

当发电机电压随着转速上升而上升，高于蓄电池电压而低于调节电压时，VT_1继续导通，"B"端子电压继续上升。当发电机的输出电压超过调节电压时，检测点"IG"端子检测到发电机电压，单片集成电路使VT_1截止，磁场电流迅速减小，发电机的输出电压随之下降；当发电机的输出电压低于调节电压时，单片集成电路使VT_1导通，磁场绕组中有电流流过，磁场电路为：发电机"B"端子→磁场绕组→调节器"F"端子→VT_1→"E"端子→发电机负极。磁场绕组得到电流，发电机的输出电压又重新上升。如此，VT_1循环导通与截止，磁场电路循环导通与切断，周而复始，将发电机的输出电压控制在调节电压。

当磁场电流被切断时，磁场电路产生的自感电动势经并联在磁场绕组两端的续流二极管VD通过，保护了晶体管VT_1。

2）自诊断功能

当磁场绕组断路等因素导致发电机不发电时，"P"端子电压为0，集成电路检测到该点电压信号后，将使VT_2一直导通，充电指示灯一直发亮，提醒驾驶员充电系统有故障；或发电机发电电压由于某种原因低于蓄电池电压时，"P"端子电压相应变低，集成电路检测到该点电压信号后，也使VT_2一直导通，充电指示灯一直发亮，提醒驾驶员充电系统有故障；如果发电机"B"端子接线柱上的导线断路，集成电路检测点"IG"端子检测不到发电机输出电压信号，但有"P"端子信号，集成电路使VT_2一直导通，充电指示灯一直发亮，提醒驾驶员充电系统有故障。

3）电压保护功能

当输入信号端"IG"端子与蓄电池的接线有断路故障，集成电路检测点"IG"端子检测不到发电机输出电压信号时，集成电路还可以根据"P"端子的电压信号控制VT_1的导通与截止，将发电机的输出电压控制在13.6~14.3 V，防止发电机输出电压失去控制。

2. 广州本田轿车交流发电机的工作原理

广州本田轿车交流发电机为八管外搭铁型交流发电机，调节器为内装式外搭铁型，由发动机电脑控制，如图3-25所示，B为发电机输出接线柱，S、FR为去电脑开关，L为接充电指示灯，LG为去点火开关。

在汽车电路中有一个负载检测仪，检测电路中总电流负载大小，将信号输入到电脑，调节器将发电机电压信号输入到电脑，电脑根据这两个信号发

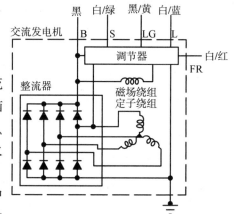

图3-25 广州本田轿车交流发电机

送电信号到调节器，驱动调节器的控制电路工作，适时地接通和断开励磁绕组电流，从而

控制发电机电压。

广州本田轿车交流发电机控制电路如图3-26所示。在发动机起动前,首次将点火开关转至"RUN"位置时,蓄电池电压通过熔断器5加到充电系统指示灯上。该指示灯通过交流发电机的"L"端子搭铁,此时充电系统指示灯点亮。

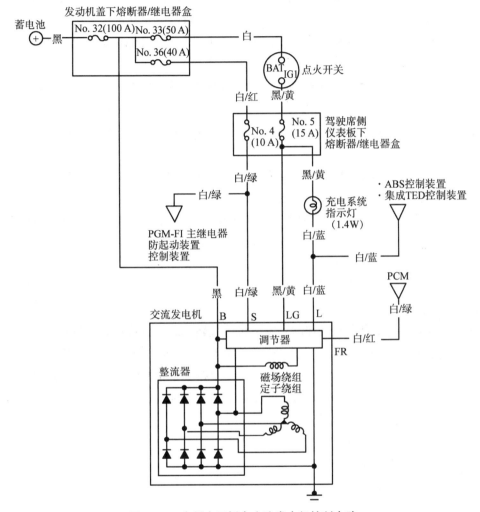

图3-26 广州本田轿车交流发电机控制电路

当发动机怠速及以上转速运转,若交流发电机工作正常,蓄电池电压仍通过熔断器5加在充电系统指示灯上,同时,交流发电机通过"L"端子也供给指示灯电压,故充电系统指示灯两侧电压相等,指示灯熄灭。

当发动机运转后,而交流发电机未对蓄电池充电时,充电系统指示灯通过交流发电机("L"端子)接搭铁,此时,充电系统指示灯点亮,警示驾驶员交流发电机充电不正常。

电负载检测仪测量充电系统总的电负载后,向发动机电脑发送信号,然后由发动机电脑控制电压调节器,当电负载较低时,交流发电机的励磁绕组断开,以减少发动机的机械负载,并提高燃油经济性。

八、充电系统的使用和维护

1. 充电系统使用注意事项

交流发电机与电压调节器的结构简单，维护方便，若正确使用，不仅故障少而且寿命长。若使用不当，则会很快损坏。因此在使用中应注意以下几点：

（1）蓄电池的极性必须是负极搭铁，不能接反，否则，会烧坏发电机或调节器的电子元件；

（2）发电机与蓄电池之间的连接要牢靠，如突然断开，则会产生过电压损坏发电机或调节器的电子元件；

（3）发电机运转时，不能用试火的方法检查发电机是否发电，否则会烧坏整流二极管；

（4）一旦发现交流发电机或调节器有故障，应立即检修，及时排除故障，否则会引起更大故障或蓄电池亏电，致使汽车不能行驶；

（5）为交流发电机配用调节器时，交流发电机的电压等级必须与调节器电压等级相同，交流发电机的搭铁类型必须与调节器搭铁类型相同，调节器的功率不得小于发电机的功率，否则系统不能正常工作；

（6）线路连接必须正确，目前各种车型调节器的安装位置及接线方式各不相同，故接线时要特别注意；

（7）调节器必须受点火开关控制，发电机停止转动时，应将点火开关断开，否则会使发电机的磁场电路一直处于接通状态，不但会烧坏磁场线圈，而且会引起蓄电池亏电；

（8）当发现发电机或调节器有故障需要从车上拆下来检修时，首先关断点火开关及一切用电设备，拆下蓄电池负极电缆线，再拆卸发电机上的导线接头。

2. 充电系统的维护

充电系的维护要注意以下几点：

（1）检查发电机驱动皮带；

（2）检查导线的连接；

（3）检查运转时有无噪声；

（4）检查发电机是否正常发电；

（5）检查蓄电池是否有过充电现象。

九、充电系统电路及故障诊断

以上海帕萨特 B5 为例，介绍其充电系统电路及故障诊断。

1. 工作原理

上海帕萨特 B5 充电系统电路图如图 3-27 所示。当起动发动机时（点火开关在点火位置或起动位置），蓄电池电压通过中央接线盒→点火开关→组合仪表（通过充电系统指示灯）→发电机"D+"端子接线柱→磁场线圈→搭铁，充电系统指示灯亮，指示蓄电池对发电机励磁。

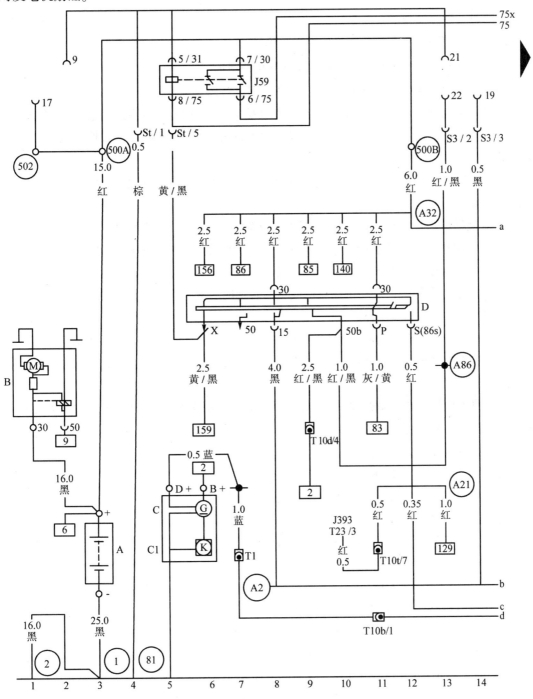

图 3-27 上海帕萨特 B5 充电系统电路图

发动机起动后（怠速及以上转速运转时），交流发电机应能正常发电，蓄电池电压仍通过上述电路加在充电系统指示灯上，同时，交流发电机通过"D+"端子也供给指示灯电压，故充电系统指示灯两侧电压相等，指示灯熄灭。

若发动机怠速及以上转速运转,充电系统指示灯仍发亮,则是警示驾驶员交流发电机充电不正常,需及时维修。

2. 上海帕萨特 B5 充电系统故障检测与维修

上海帕萨特 B5 充电系统故障主要有以下几种情形。

(1) 若接通点火开关,充电指示灯不亮,则进行以下操作。

①可将发电机"D+"端子的蓝色导线的插接拔下并搭铁,若充电系统指示灯仍不亮,故障为:充电系统指示灯线路有断路,或充电系统指示灯本身损坏,需检查线路,排除故障。

②若将发电机"D+"端子的蓝色导线的插接拔下并搭铁,充电系统指示灯仍不亮,可能的故障有:

a. 蓝色导线与发电机"D+"端子接线柱接触不良,需重新接好;

b. 发电机电刷损坏或磨损过短,需拆下发电机检测,更换发电机电刷组件;

c. 发电机转子励磁线圈断路,需拆下发电机检测,更换发电机转子。

(2) 接通点火开关,发动机在怠速或更高转速时,充电系统指示灯不灭,这时则进行以下操作。

①停止发动机运转,可将发电机"D+"端子的蓝色导线的插接拔下并悬空,接通点火开关,若充电系统指示灯仍亮,则故障为:充电系统指示灯线路有短路,检查线路,排除故障。

②若将发电机"D+"端子的蓝色导线的插接拔下并悬空,接通点火开关,若充电系统指示灯熄灭,则可能的故障有:

a. 电压调节器损坏;

b. 发电机定子绕组损坏导致发电机不发电;

c. 电刷磨损或电刷弹簧损坏导致发电机不发电。

维修方法:逐项检查后,修理或更换有关损坏零部件。

(3) 发电机发电量不足,故障现象是用电量大时,输出电压降低,则可能的原因有:

a. 传动带打滑;

b. 电刷和滑环接触不良;

c. 整流器短路或断路;

d. 输出导线与发电机的连接接触不良或导线内阻增大,造成压降过大。

维修方法:检查与调整发电机传动带张紧度,发动机熄火后,在曲轴带轮与发电机带轮中间位置,以拇指向下压传动带,最大挠度应小于 5 mm,如超过此值,需旋松调整支架上的调整螺栓,张紧传动带后再旋紧螺栓,复查张紧度是否达到规定值,如符合,即以 35 N·m 的力矩拧紧调整螺栓;修理或更换损坏的零部件,包括电缆;紧固各导线的连接部位,如接线柱。

(4) 发电机异常声响,则可能的原因有:

a. 传动带磨损或过松,更换或张紧;

b. 发电机轴承或电刷损坏，更换；

c. 转子与定子的铁芯在运转时碰撞，分解发电机，查找原因。

实训项目一　交流发电机与调节器的检修

1. 实训目的

掌握交流发电机与调节器的检修方法。

2. 实训器材

交流发电机1个，调节器1只，12 V/15 W 灯泡一只，常用工具一套，数字万用表一只，0~30 V/5 A 可调直流电源一台。

3. 实训内容及步骤

1）交流发电机的分解

交流发电机的分解步骤如下：

（1）拆下固定电刷组件和调节器总成的两个固定螺钉，取下电刷组件和调节器；

（2）分别用直径为 14 mm 和 8 mm 的套筒扳手拆下"输出"端子和"磁场输出"端子上的紧固螺母；

（3）拆下绝缘架固定螺钉，取下绝缘架；

（4）拆下防干扰电容器固定螺钉，拔下电容器引线插头，取下电容器；

（5）拆下前、后端盖连接螺栓（6个），分离前、后端盖，并使定子与后端盖在一起；

（6）拆下整流器总成固定螺钉（6个），从后端盖上取下整流器与定子总成；

（7）用 30~50 W/220 V 电烙铁焊开定子绕组引线与整流二极管引出电极间的4个焊点使定子总成与整流器总成分离。

2）交流发电机的检修

交流发电机的检修分为以下几种。

（1）磁场绕组的检修（记录数据、写出更换还是可以继续使用）。

（2）定子绕组的检修（记录数据、写出更换还是可以继续使用）。

（3）整流器的检修（记录数据、写出更换还是可以继续使用）。

（4）电刷组件的检修（记录数据、写出更换还是可以继续使用）。

3）电子调节器的检修

电子调节器的检修步骤如下：

（1）将电源电压 U 调到 12 V（28 V 调节器调到 24 V）；

（2）接通开关，若小灯泡发亮，则为外搭铁型调节器，若灯不亮，则该调节器为内搭铁型调节器（写出更换还是可以继续使用）。

4）交流发电机的组装

装复交流发电机各零部件之前，先给轴承填充规定型号的润滑脂（1~3号复合钙钠基润滑脂或2号低温润滑脂），填充量为轴承空间的2/3为宜，若过量则易溢出，溅到滑环上会导致电刷与滑环接触不良。装复发电机的步骤与分解时相反，装复完毕后，用手转动驱动带轮，检查转动是否灵活自如；再用万用表检测各接线端子间的阻值是否符合标准值要求。如无异常，即可进行试验。

实训项目二　交流发电机试验

1. 实训目的

掌握交流发电机空载和满载试验方法。

2. 实训器材

十一管交流发电机1只，汽车电气设备万能试验台1台，数字万用表1只。

3. 实训内容及步骤

1) 试验准备

按电路图要求接好线路，选择发电机实验项目进行试验。

2) 发电机空载试验

调节好发电机转速，并记录数据在下表中。

发电机空载试验数据

序号	蓄电池电压/V	工作电压/V	发电机转速/(r/min)	发电机输出电流/A
1			850	
2			1 000	
3			1 500	
4			2 000	
5			2 500	

结论：

3) 发电机满（半）载试验

调节好发电机转速，并分别记录数据在下表中。

表1　发电机满载试验数据

序号	蓄电池电压/V	工作电压/V	发电机转速/(r/min)	发电机输出电流/A
1			850	
2			1 000	
3			1 500	
4			2 000	
5			2 500	

表2 发电机半载试验数据

序号	蓄电池电压/V	工作电压/V	发电机转速/(r/min)	发电机输出电流/A
1			850	
2			1 000	
3			1 500	
4			2 000	
5			2 500	

结论：

本章小结

1. 交流发电机可按总体结构、整流器结构、搭铁型式、励磁方式和通风、冷却方式进行分类。

2. 交流发电机是汽车的主要电源。

3. 按整流器结构不同，交流发电机可分为六管、八管、九管和十一管交流发电机。

4. 交流发电机分为内搭铁型和外搭铁型两种。

（1）内搭铁型交流发电机：励磁绕组的一端经负电刷（E）引出后和后端盖直接相连（直接搭铁）的发电机。

（2）外搭铁型交流发电机：励磁绕组的两端（F和E）均和端盖绝缘的发电机。

5. JFZ1342表示整体式交流发电机，参数：电压为12 V，电流为30~39 A，第4次设计，第2次改型。

6. 发电机的特性主要研究发电机整流后的直流电压、输出电流与转速之间的相互关系，包括空载特性、输出特性和外特性。

7. 交流发电机电压调节器的功用：当发电机转速变化时，自动调节发电机输出电压并使电压保持恒定，不仅防止输出电压过高而损坏用电设备而且能避免蓄电池过量充电。

复习思考题

1. 画出九管交流发电机电路图，并分析其工作原理。

2. 写出十一管交流发电机不发电的检修方法。

3. 如图3-28所示，若汽车发动机总成左边的皮带松动会有什么影响？

图 3-28 汽车发动机总成

第四章 汽车起动机

学习目标

- 了解汽车起动机的基础知识
- 理解汽车起动机电路组成
- 掌握起动机的电路
- 掌握汽车起动机检修

要使发动机由静止状态过渡到工作状态，必须用外力转动发动机的曲轴，使气缸内吸入（或形成）可燃混合气并燃烧膨胀，工作循环才能自动进行。曲轴在外力作用下开始转动到发动机开始自动地怠速运转的全过程，称为发动机的起动。

发动机起动的方法很多，汽车发动机常用的电动机起动是用电动机作为机械动力，当使电动机轴上的齿轮与发动机飞轮周缘的齿圈啮合时，动力就传到飞轮和曲轴，使之旋转。电动机本身又用蓄电池作为能源。目前绝大多数汽车发动机都采用直流电动机起动。

第一节 汽车起动机的基础知识

一、汽车起动机组成

汽车起动机（以下简称起动机）一般由3部分组成：串励式直流电动机、传动机构（或称啮合机构）和控制装置（即开关）组成。图4-1所示为汽车起动机组成。

(1) 直流串励式电动机，其作用是产生转矩。

(2) 传动机构（或称啮合机构），其作用是：在发动机起动时，使起动机驱动齿轮啮入飞轮齿环，将起动机转矩传给发动机曲轴；而在发动机起动后，使

图4-1 汽车起动机组成

驱动齿轮打滑与飞轮齿环自动脱开。

（3）控制装置（即开关），其作用是接通和切断起动机与蓄电池之间的电路。在有些汽车上，它还具有接入和隔除点火线圈附加电阻的作用。

二、起动机的功用

起动机的功用是：利用起动机将蓄电池的电能转换为机械能，再通过传动机构将发动机拖转起动。

三、起动机的分类

在各种起动机的3个组成部分中，电动机部分一般没有本质的差别，而控制装置的控制方法和传动机构的啮入方式则有很大差异，因此起动机是按控制装置的控制方法和传动机构的啮入方式的不同来分类的。

1）按控制方法的不同，起动机可分为：

（1）机械控制式起动机；

（2）电磁控制式起动机；

2）按传动机构啮入方式不同，起动机可分为：

（1）惯性啮合式起动机；

（2）强制啮合式起动机；

（3）电枢移动式起动机；

（4）齿轮移动式起动机；

（5）同轴式起动机。

3）按其他标准，起动机可分为：磁极为永久磁铁的永磁式起动机，内装减速齿轮的减速起动机等。

四、起动机的型号

汽车行业标准QC/T 731—2005规定起动机的型号由5部分表示，如图4-2所示。

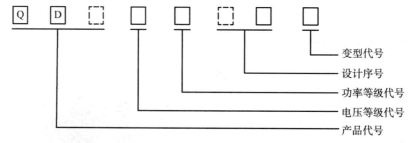

图4-2 起动机的型号

第一部分为起动机产品代号。QDJ表示减速起动机，QDY表示永磁起动机（包括永磁减速起动机），"J" "Y"分别表示"减" "永"。

第二部分为电压等级代号。电压等级：1表示12 V；2表示24 V。

第三部分为功率等级代号,功率等级代号见表4-1。

表4-1 功率等级代号

功率等级	1	2	3	4	5	6	7	8	9
功率/kW	0~1	1~2	2~3	3~4	4~5	5~6	6~7	7~8	8~9

第四部分为设计序号。

第五部分为变型代号。

例如:QDJ125 表示额定电压为 12 V,功率为 1~2 kW,经过第 5 次设计的减速起动机。

第二节 起动机的结构、工作原理与特性

一、起动机的组成与结构

起动机一般由串励式直流电动机、传动机构和控制装置3部分组成。起动机结构如图4-3所示。

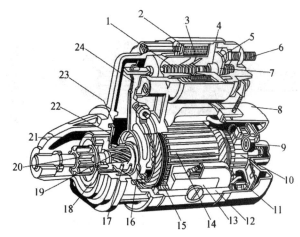

1—回位弹簧;2—保持线圈;3—吸引线圈;4—控制装置壳体;5—触点;6—接线柱;7—接触盘;
8—后端盖;9—电刷弹簧;10—换向器;11—电刷;12—磁极;13—磁极铁芯;14—电枢;15—励磁绕组;
16—移动衬套;17—缓冲弹簧;18—单向离合器;19—电枢轴花键;20—驱动齿轮;21—罩盖;
22—制动盘;23—传动套筒;24—拨叉。

图4-3 汽车起动机结构

1. 串励式直流电动机的结构

现代汽车一般使用串励式直流电动机,这种直流电动机的励磁绕组与电枢绕组串联。主要由电枢、磁极(由磁极铁芯和励磁绕组构成)、电刷及电刷架、壳体及前后端盖等组成,如图4-4所示。

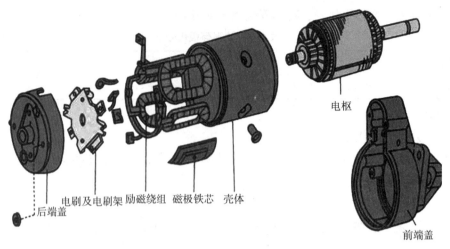

后端盖　电刷及电刷架　励磁绕组　磁极铁芯　壳体　电枢　前端盖

图 4-4　直流电动机的结构

1）电枢总成。电枢用来产生电磁转矩，它由电枢铁芯、电枢绕组、电枢轴及换向器组成，如图 4-5 所示。电枢铁芯由多片互相绝缘的硅钢片叠成；电枢绕组采用很粗的扁铜线用波绕法绕制而成；换向器的铜片较厚，相邻铜片之间用云母片绝缘。

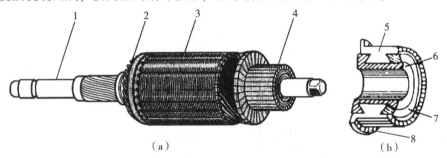

1—电枢轴；2—电枢绕组；3—铁芯；4—换向器；5—换向片；6—轴套；7—压环；8—焊线凸缘。

图 4-5　电枢

(a) 电枢总成；(b) 换向器结构

2）磁极。磁极由磁极铁芯和励磁绕组构成（见图 4-6），其作用是在电动机中产生磁场，磁极铁芯一般由低碳钢制成，并通过螺钉固定在电动机壳体上。磁极一般是 4 个，由 4 个励磁绕组形成两对磁极，并两两相对，常见的励磁绕组一般与电枢绕组串联在电路中，故被称为串励式直流电动机。

 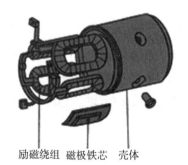

励磁绕组　磁极铁芯　壳体

图 4-6　磁极

3）电刷和电刷架。电刷与电刷架的作用是将电流引入电枢，使电枢产生连续转动。电刷一般用铜和石墨压制而成，不仅有利于减小电阻而且能增加耐磨性。电刷装在电刷架中，借弹簧压力紧压在换向器上，若其与外壳直接相连构成电路搭铁，则称为搭铁电刷；若其与励磁绕组和电枢绕组相连，与外壳绝缘，则称为绝缘电刷。

电刷组件的功用是将直流电引入电枢绕组，结构如图 4-7 所示，主要由电刷、电刷架和电刷弹簧组成。

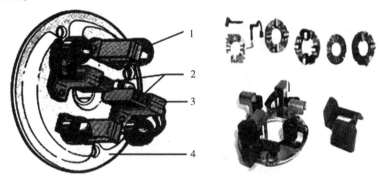

1—电刷弹簧；2—电刷；3—电刷架；4—电刷端盖。
图 4-7　电刷组件的结构

4）前后端盖与轴承。电动机的端盖有前后之分，前端盖用钢板压制而成，内装电刷架；后端盖用灰铸铁或用铝合金铸成，内装电机传动机构，设拨叉座及驱动齿轮行程调整螺钉。它们分别装在机壳的两端，用两个长螺栓与机壳相连。两端盖上都压装着滑动轴承，有些起动机采用滚动轴承。因电枢轴较长，故在后端盖上还装有带滑动轴承的中间支承板，它与后端盖间形成的一个较大空腔用来安装传动机构。

2. 起动机传动机构

起动机的传动机构（见图 4-8）实际上是一个单向离合器。单向离合器的作用是单方向传递转矩，即起动发动机时将起动机的转矩传给发动机曲轴，而当发动机起动后，它又能自动打滑，不使飞轮齿环带动起动机电枢旋转，以免损坏起动机。

单向离合器有滚柱式、摩擦片式、弹簧式、棘轮式等不同型式。其中，摩擦片式单向离合器多用于大功率起动机。

3. 控制装置

起动机控制装置主要作用是控制驱动齿轮和飞轮的啮合与分离；控制电动机电路的接通与切断。常用的控制装置有机械控制式和电磁控制式两种。

图 4-8　起动机的传动机构

1）控制装置结构

控制装置主要由电磁铁机构和电动机开关两部分组成。电磁铁机构由磁力线圈、活动铁芯和固定铁芯组成；控制开关由接触盘、主触点组成，如图 4-9 所示。

磁力线圈由导线粗、匝数少的吸引线圈和导线细、匝数多的保持线圈组成。吸引线圈和保持线圈并联，和励磁绕组串联；保持线圈的一端接在 S 接线柱，另一端直接搭铁。

活动铁芯和固定铁芯安装在一个套筒内。套筒外面安装了有回位弹簧，其作用是使活动铁芯等可移动部件复位。

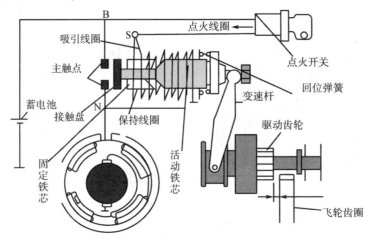

图 4-9 控制装置的结构

固定铁芯不动，活动铁芯可在套筒内作轴向移动。活动铁芯前端固定有推杆，推杆前端安装有接触盘；活动铁芯的后端通过调节螺钉和连接销装在变速杆上，与变速杆上的机件绝缘，起动机不工作时，在回位弹簧的作用下，使接触盘与主触点保持分开状态。

接触盘固定在活动铁芯的前端，两个主触点分别与电动机开关的"N"端子和蓄电池"B"端子接线柱制成一体。

常见的控制装置与铁芯的结构型式分整体式和分离式两种。接触盘与活动铁芯固定在一起的称为整体式控制装置，否则称为分离式控制装置，如图 4-10 所示。

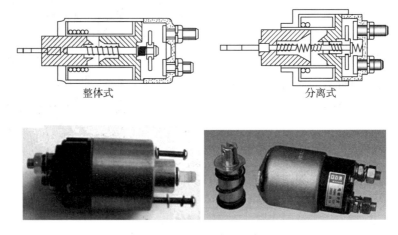

图 4-10 控制装置的类型

2）控制装置工作过程

（1）起动机不工作时。此时驱动齿轮与飞轮齿圈处于脱开位置，控制装置中的接触盘与主触点分开。

（2）当点火开关置于起动挡时。此时蓄电池经起动控制电路向起动机的控制装置通电，其电流回路如下。

吸引线圈电流回路：蓄电池正极→电动机开关"B"端子接线柱→点火开关→控制开关"S"端子接线柱→吸引线圈→电动机开关"N"端子接线柱→电动机磁场绕组→电枢绕组→搭铁→蓄电池负极。

保持线圈电流回路：蓄电池正极→电动机开关"B"端子接线柱→点火开关→控制开关"S"端子接线柱→保持线圈→搭铁→蓄电池负极。

此时，吸引线圈和保持线圈的电流方向相同，由右手定则可知，两线圈产生同方向的磁场，磁化铁芯，使活动铁芯克服回位弹簧的弹力前移，使前端的接触盘与两个主触点接触。与此同时，活动铁芯后端带动拨叉将驱动齿轮推出与发动机的飞轮齿圈啮合。

当驱动齿轮与飞轮齿圈完全啮合时，接触盘已经将主触点接通，起动机的主电路接通，此电路电阻极小，电流可达几百安，电动机产生最大转矩，通过接合状态下的单向离合器传给发动机飞轮。

主开关电路接通后，保持线圈的电流回路不变，活动铁芯在保持线圈电磁力的作用下，保持在啮合位置。此时吸引线圈和附加电阻则由于主触点的接通而被短路，其电流回路变为：蓄电池正极→电动机开关"B"端子接线柱→电动机开关"N"端子接线柱→电动机磁场绕组→电枢绕组→搭铁→蓄电池负极。

（3）断开点火开关时。此时，起动机主电路被切断，保持线圈和吸引线圈串联，其电流回路为：蓄电池正极→电动机开关"B"端子接线柱→接触盘→吸引线圈→保持线圈→搭铁→蓄电池负极。因此时吸引线圈和保持线圈的电流方向相反，产生反方向的磁场，互相抵消，活动铁芯在回位弹簧的作用下迅速回位，使驱动齿轮与发动机的飞轮齿圈脱开啮合，起动机停止工作，起动完毕。

二、直流电动机的工作原理

电磁式起动机的磁场是由磁场线圈通电产生的电磁场，如图4-11（a）所示。如果将通电线圈放入磁场中，并使电流从B边流入、A边流出，如图4-11（b）所示，那么根据左手定则可以判定线圈的A边将向上运动，B边将向下运动。直流电动机就是根据载流导体在磁场中就会受到电磁力作用的原理而工作的，其工作过程如图4-12所示。

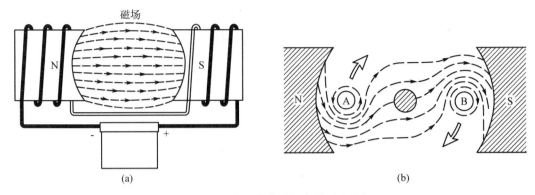

图 4-11 通电导体在磁场中的受力方向
(a) 电磁场的产生;(b) 受力方向

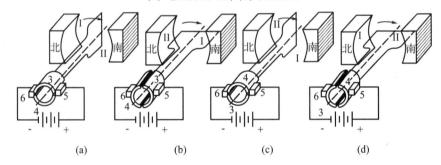

图 4-12 直流电动机工作原理
(a) 静止状态;(b) 顺时针转动;(c) 惯性转过;(d) 顺时针转动

三、起动机工作原理

起动机的工作原理可以通过其主要部件(直流电动机)的工作原理来说明。直流电动机是将电能转变为机械能的设备,它是根据带电导体在磁场中受到电磁力作用的原理为基础而制成的。如图 4-13 (a) 所示,起动时,接通起动开关,起动机电路通电,继电器的吸引线圈和保持线圈通电,产生很强的磁力,吸引活动铁芯右移,并带动驱动杠杆绕其销轴转动,使驱动齿轮移出与飞轮齿圈啮合。与此同时,由于吸引线圈的电流通过电动机的绕组,电枢开始转动,驱动齿轮在旋转中移出,减小冲击。

如果驱动齿轮与飞轮齿圈相对,不能马上啮合,此时弹簧压缩,驱动齿轮转过一个角度后与飞轮齿圈迅速啮合。当活动铁芯移动到使短路开关闭合的位置时,短路线路接通,吸引线圈被短路,失去作用,保持线圈所产生的磁力足以维持活动铁芯处于开关吸合的位置,见图 4-13 (b)。

在发动机发动后,驱动齿轮和直流电动机之间通过单向离合器作用切断动力传递路径;起动完毕后,驱动齿轮与飞轮齿圈自动脱离啮合,起动机保持静止状态,见图 4-13 (c)。

图 4-13 起动机工作过程

第三节 减速起动机

一、减速装置

具有减速装置的起动机称减速起动机。减速装置有外啮合式、内啮合式、行星齿轮式 3 种，如图 4-14 所示。

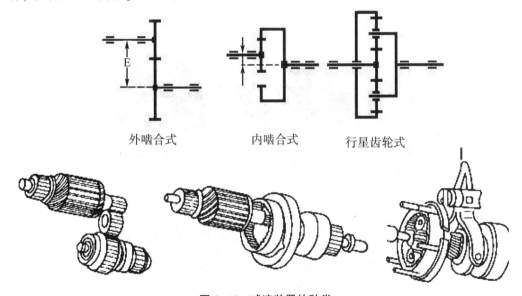

图 4-14 减速装置的种类

（1）外啮合式减速装置，其主动齿轮轴和从动齿轮轴轴线平行，偏心距约为 30 mm，它具有结构简单、工作可靠、噪声小、便于维修等优点，适用于功率较小的起动机。

（2）内啮合式减速装置，它和外啮合式减速装置一样，主动齿轮轴和从动齿轮轴轴线平行，但偏心距较小，约为 20 mm，故工作可靠，但噪声大，一般用于输出功率较大的起动机。

（3）行星齿轮式减速装置，其主动齿轮轴与从动齿轮轴轴线重合，偏心距为 0，有利于起动机的安装，因扭力负载平均分布到几个行星齿轮上，故可采用塑料内齿圈和粉末冶金的行星齿轮，减轻了质量又抑制了噪声，因此应用广泛。

3 种减速装置的性能比较见表 4-2。

表 4-2　3 种减速装置的性能比较

传动方式	外啮合式	内啮合式	行星齿轮传动式
齿轮数量	2	2	5
中心距	$C = m/[2(Z_s + Z_c)]$	$C = m/[2(Z_s - Z_c)]$	0
传动比	$i = Z_s/Z_c$(较小)	$i = Z_s/Z_c$(较大)	$i = 1 + Z_s/Z_c$(较大)
减速比	$1 < j < 5$	$2.5 < j < 5$	$3.8 < j$
噪声	低	高	低
可靠性	高	高	低
备注	Z_s 为主动齿轮的齿数，Z_c 为从动齿轮的齿数，m 为齿轮模数		

二、传动机构及控制装置

1. 减速起动机的传动机构（单向离合器）

如图 4-15 所示，减速起动机仍采用滚柱式单向离合器，结构型式和普通起动机相同，但耐冲击要求提高了。

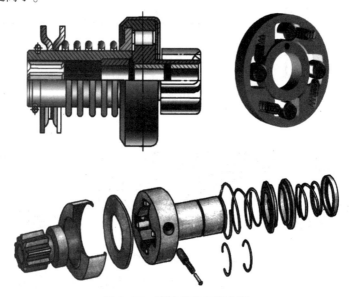

图 4-15　滚柱式单向离合器

2. 减速起动机的控制装置操纵机构

减速起动机的控制装置和普通起动机相同，但其单向离合器的操纵型式有以下两种。

（1）拨叉式

拨叉式单向离合器的操纵型式和普通起动机相同，一般用在行星减速机构上。图 4-16 所示为拨叉式行星减速起动机结构。

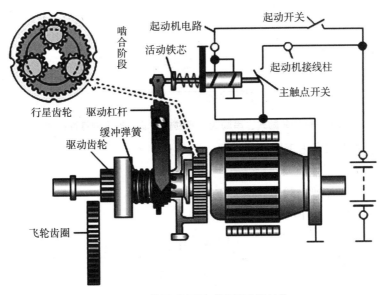

图 4-16 拨叉式行星减速起动机结构

(2) 直动齿轮式

驱动齿轮和活动铁芯装在一起，用在平行轴外啮合式减速机构上。

三、起动机的工作特性

在直流起动机中，按磁场绕组与电枢绕组的连接方式的不同，起动机可分为并励式、串励式和复励式 3 种，如图 4-17 所示。

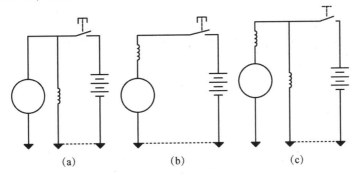

图 4-17 磁场绕组与电枢绕组的连接方式

(a) 并励式；(b) 串励式；(c) 复励式

并励式起动机中由于磁场电流不变，磁通量为常数，电枢电路电阻又很小，所以电枢电流增大使电磁转矩增大时，电动机转速下降并不多，称为硬的机械特性，不适合汽车用；串励式起动机具有软的机械特性，即轻载时转速高，重载时转速低，对起动发动机十分有利，要求与工作机械的联结为刚性或齿轮联结，避免"飞车"；大功率起动机多采用复励式，为防止轻载时转速过高造成"飞车"。图 4-18 为 3 种类型起动机的机械特性比较，可看出串励式起动机的转速 n 随转矩 M 的增加而迅速下降，故具有软的机械特性。

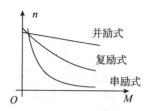

图 4-18 并励式、串励式、复励式起动机的机械特性比较

汽车用的起动机大多为串励式起动机,其特点如下:

(1) 起动转矩大;

(2) 机械特性软(即轻载转速高、重载转速低)。

其外特性曲线如图 4-19 所示。

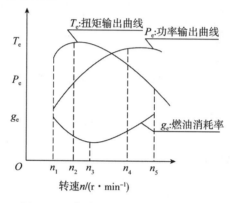

图 4-19 串励式起动机的外特性曲线

第四节 起动机的检修、试验及维护

一、起动机的检修

1. 励磁绕组的检修

励磁绕组的常见故障有接头脱焊,绕组短路、断路或搭铁等。若为接头脱焊故障,则解体后可直接看到;若为绕组搭铁故障,则可用万用表的欧姆挡检测,如图 4-20 所示。将绕组放在电枢检验仪上可检查绕组匝间是否短路。若绕组连接脱焊,应重新施焊;若绕组绝缘不良,应拆除旧绝缘层,重新包扎,并浸漆、烘干。

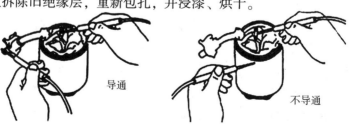

图 4-20 检查励磁绕组是否搭铁

2. 电枢的检修

1）电枢绕组的检修

电枢绕组常见的故障是匝间短路、断路或搭铁，绕组接头与换向器铜片脱焊等。检查绕组是否搭铁，可用万用表欧姆挡检测。检查电枢绕组匝间是否短路可用感应仪。若电枢中有短路，则在电枢绕组中将产生感应电流，钢片在交变磁场的作用下，在槽上振动，由此可判断电枢绕组中的短路故障。电枢绕组若有短路、搭铁故障，则需重新绕制，并浸漆、烘干。

2）起动机电枢总成的检修

（1）检查换向器是否断路（如图4-21所示）。使用欧姆表测量换向器整流子片间的电阻应小于1 Ω。如果不符合标准，应更换起动机电枢总成（以下简称电枢总成）。

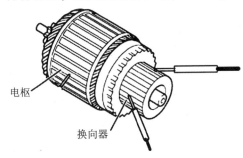

图4-21　检查换向器是否断路

（2）检查换向器是否对搭铁短路（如图4-22所示）。使用欧姆表测量换向器和电枢线圈间的电阻应为10 kΩ或更大。如果不符合标准，应更换起动机电枢总成。

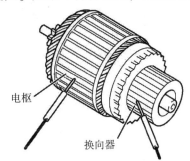

图4-22　检查换向器是否对搭铁短路

（3）检查外观。如果表面脏污或烧坏，应用砂纸（400#）或在车床上修复表面。

（4）换向器径向跳动测量（如图4-23所示）。将换向器放在V形块上，用百分表测量径向跳动。标准径向跳动为0.02 mm，最大径向跳动为0.05 mm。如果径向跳动大于最大值，则更换电枢总成。

（5）用游标卡尺测量换向器直径（如图4-24所示）。标准直径为29.0 mm，最小直径为28.0 mm，如果直径小于最小值，则更换电枢总成。

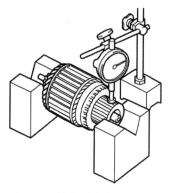
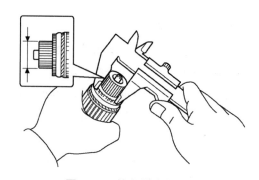

图 4-23 换向器径向跳动测量　　　　图 4-24 换向器直径测量

3）电枢轴的检修

电枢轴的常见故障是弯曲变形。电枢轴径向跳动应不大于 0.15 mm，否则应校直。

3. 电刷与电刷架的检修

检查电刷的高度，一般不应低于标准的 2/3，电刷的接触面积不应少于 75%，并且要求电刷在电刷架内无卡滞现象，否则需进行修磨或更换。用万用表的欧姆挡或试灯法可检查绝缘电刷架的绝缘性。最后用弹簧秤测电刷弹簧的弹力，若不符合要求应予以更换或修理。

4. 检查起动机电刷架总成

起动机电刷架总成的检查（见图 4-25）步骤如下。

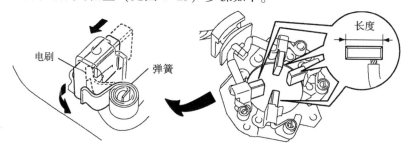

图 4-25 起动机电刷架总成的检查

（1）拆下弹簧卡爪，然后拆下 4 个电刷。

（2）用游标卡尺测量电刷长度。标准长度为 14.4 mm，最小长度为 9.0 mm，如果长度小于最小值，则更换起动机电刷架总成。

（3）检查电刷架（如图 4-26 所示）。

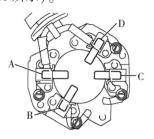

图 4-26 电刷架的检查

5. 测量电刷间的电阻

用欧姆表测量电刷间的电阻。电刷两点间的标准电阻值如表4-3所示。

表4-3 电刷两点间的标准电阻值

测量点	标准电阻值
"A""B"两点	大于等于 10 kΩ
"A""C"两点	大于等于 10 kΩ
"A""D"两点	小于 1 Ω
"B""C"两点	小于 1 Ω
"B""D"两点	大于等于 10 kΩ
"C""D"两点	大于等于 10 kΩ

6. 检查起动机中间轴承离合器总成

（1）检查行星齿轮的轮齿、内齿轮和起动机离合器是否磨损并损坏。如果损坏，则更换齿轮或离合器总成。还要检查行星齿轮是否磨损或损坏。

（2）检查起动机离合器（如图4-27所示）。顺时针转动离合器小齿轮，检查并确认其自由转动。尝试逆时针转动离合器小齿轮，检查并确认其锁止。如有必要，则更换起动机中间轴承离合器总成。

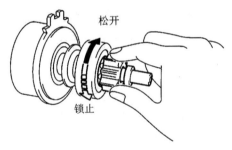

图4-27 检查起动机离合器

7. 单向离合器的检修

单向离合器常见的故障是打滑。可以用扭力扳手检测单向离合器的转矩。若转矩小于规定值，说明单向离合器打滑，应予以更换。对于摩擦片式单向离合器，如果转矩偏小，可以通过调整压环前的垫圈厚度使其达到要求。

8. 控制开关的检修

控制开关的常见故障一般是吸引线圈和保持线圈断路、短路和搭铁，接触盘及主触点表面烧蚀等。线圈有否断路、搭铁可用欧姆表通过测量电阻来检查，如果线圈不良则予以重绕或更换。接触盘及主触点表面烧蚀轻微的可以用锉刀或砂布修整。回位弹簧过弱应予以更换。

二、起动机的试验

1. 空载试验

将起动机夹紧，接通起动机电路，起动机应运转均匀、电刷无火花，其电流表、电压表和转速表上的读数应符合规定值。连接无继电器控制式起动电路，如图 4-28 所示。

注意：每次空载试验不应超过 1 min，以免起动机过热。

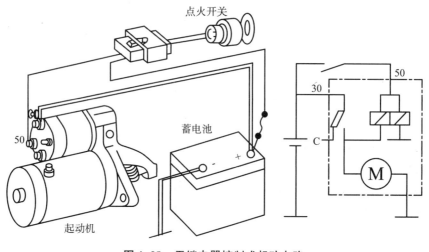

图 4-28　无继电器控制式起动电路

当点火开关未扭到起动挡时，电动机开关未接通，驱动齿轮与飞轮齿圈处于分离状态。

当打开点火开关，并扭转至起动挡时，磁力线圈电路和电动机电路接通。此时，吸引线圈电流回路为：蓄电池正极→熔断器→点火开关（起动挡）→控制开关"50"端子接线柱→吸引线圈→电动机开关的"C"端子接线柱→磁场绕组→正电刷→电枢绕组→搭铁→蓄电池负极。

保持线圈电流回路为：蓄电池正极→熔断器→点火开关（起动挡）→控制开关"50"端子接线柱→保持线圈→搭铁→蓄电池负极。

吸引线圈和保持线圈通过电流后，由于电流方向相同，磁场相加，将活动铁芯吸入。活动铁芯带动啮合器沿电枢轴螺旋齿槽后移，使驱动齿轮与飞轮齿圈啮合。当驱动齿轮与飞轮齿圈接近完全啮合时，活动铁芯便前移至一定位置，使接触盘与主触点接触，电动机开关开始接通；当两齿轮完全啮合时，活动铁芯前移到达极限位置，电动机开关被压紧，使开关可靠接触，电动机旋转，经单向离合器带动发动机起动。

电动机电流回路为：蓄电池正极→电动机开关"30"端子接线柱→接触盘→电动机开关"C"端子接线柱→磁场线圈→正电刷→电枢线圈→负电刷→搭铁→蓄电池负极。当电动机开关"30"端子和"C"端子接通时，吸引线圈被短路，只靠保持线圈的磁力，足以保持活动铁芯在吸入后的位置。

发动机起动后，放松点火开关（它便自动回转一个角度），则电路被切断，起动机停止工作，活动铁芯在弹簧的作用下回位，带动拨叉将打滑的离合器拨回，使驱动齿轮与飞轮齿圈分开。

1）带有起动继电器的起动系统控制电路

当汽车采用较大功率的起动机时，为了减小通过点火开关的电流，从而避免开关烧蚀，常用起动继电器的触点控制大电流，而用点火开关起动挡控制继电器线圈的小电流。其控制电路如图 4-29 所示，工作过程如下：

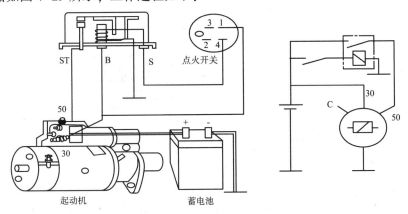

图 4-29 带有起动继电器的起动系统控制电路

当点火开关扭转到起动挡时，蓄电池经点火开关给起动继电器中的磁化线圈供电（电流很小），在电磁吸力的作用下，继电器中的常开触点闭合，这样蓄电池电流经"30"端子接线柱→继电器的触点→起动机控制开关上的"50"端子接线柱→吸引线圈和保持线圈，起动机开始正常工作。

发动机起动后，离合器打滑，只要松开点火开关，即可自动回到点火挡。此时，起动继电器中的电流中断，触点打开，切断起动机主电路，起动机停止工作。

2）带有组合继电器的起动系统控制电路

带有组合继电器的起动系统控制电路，具有安全保护功能，即当发动机起动后，若驾驶员未即时释放起动开关或在行车过程中，由于误操作而接通起动开关时，保证起动机不工作，防止起动机机件被损坏。

组合式继电器多由起动继电器和保护继电器（充电指示继电器）组合而成，如图 4-30 所示。起动继电器中的常开触点用来接通或切断吸引线圈和保持线圈电流电路；继电器电磁线圈电流通路由点火开关控制，经保护继电器常闭触点搭铁。保护继电器（充电指示继电器）具有一对常闭触点，其电磁线圈由发电机中性点供电，以控制充电指示灯的亮灭，显示发电机工作状态，并且自动保护起动电路。

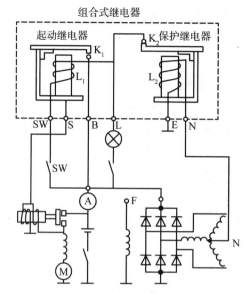

图 4-30 带有组合继电器的起动系统控制电路

带有组合继电器的起动系统控制电路的工作过程如下。

(1) 发动机起动时。此时点火开关扭转到起动挡,起动继电器内部线圈 L_1 通电,在电磁吸力的作用下,常开触点 K_1 吸合。此时起动机主电路接通,起动机正常工作,其电流回路为:蓄电池正极→起动接线柱→继电器"B"端子→触点 K_1→继电器"S"端子→吸引线圈→电动机的磁场绕组→电枢绕组→搭铁→蓄电池负极;↘保持线圈→搭铁→蓄电池负极。

充电指示灯电流回路为:蓄电池正极→点火开关→充电指示灯→继电器"L"端子→触点 K_2→磁轭→搭铁→蓄电池负极,故充电指示灯点亮。

(2) 发动机起动后。此时离合器打滑,点火开关断开,起动继电器内部线圈 L_1 断电,常开触点 K_1 断开,吸引线圈、保持线圈断电,起动机停止工作。同时,由于充电指示继电器线圈 L_2 承受发电机的中性点 N 的电压,使常闭触点 L_2 断开,切断了充电指示灯电路,充电指示灯熄灭。

若此时,驾驶员未即时松开点火开关,缘于常闭触点 L_2 断开,起动继电器内部线圈 L_1 无法形成回路,起动电路被切断。这就避免了单向离合器的磨损和蓄电池电能的消耗。

(3) 起动机误接入时。因发动机起动后,在交流发电机的作用下,充电指示继电器线圈 L_2 总有电压,使常闭触点 K_2 断开,起动机电路不能接通。所以,即使驾驶员出现将点火开关再次打到起动挡的误操作,由于起动继电器内部线圈 L_1 无法形成回路,所以起动机不工作,这就避免了起动机驱动齿轮被打坏的危险。

当发动机工作时,起动机是不能工作的,这一点除了利用发电机的中性点电压控制组合继电器外,大多数汽车采用点火开关锁体控制。当打到 ST(起动)挡时,点火开关是从 OFF(关断)挡→ON(运行)挡→ST 挡,重复打起动挡时,点火开关必须从 OFF 挡开始。即当发动机没有起动着,或发动机自动熄火,需要再次起动发动机时,点火开关必须先回到 OFF 挡,然后才能起动发动机。当发动机运行时(在 ON 挡),锁体向 ST 挡方向是拧不动的。这样即可防止起动系统的误操作，如桑塔纳、奥迪等车型就采用这种方式。

对装有自动变速器的汽车，设有空挡起动开关，只有当变速杆在 P 或 N 位时，此开关才接通，才能起动发动机。

2. 制动试验

在空载试验通过后，通过测量起动机全制动时电流和转矩来检验起动机的性能良好与否。试验在万能试验台上进行，通电后迅速记下电流表、弹簧秤和电压表的读数，其全制动电流和制动转矩应符合规定值。

注意：制动试验要动作迅速，一次试验时间不要超过 5 s，以免烧坏电动机及对蓄电池使用寿命造成不利影响，制动试验及发电机实验台如图 4-31 所示。

图 4-31　制动试验及发电机实验台

三、起动机使用与维护

1）起动机每次起动时间不超过 5 s，再次起动时应间歇 15 s，使蓄电池得以恢复。如果为连续起动，在第三次起动时，应在检查与排除故障的基础上停歇 2 min 以后进行。

2）在冬季或低温情况下起动时，应对蓄电池采取保温措施。

3）发动机起动后，必须立即切断起动机控制电路，使起动机停止工作。

四、起动系统故障诊断及检测

1. 起动机不转

1）故障现象与故障原因

起动时，起动机不转动，可能故障如下。

（1）电源故障。可能原因有：蓄电池严重亏电或极板硫化、短路，蓄电池极桩与线夹接触不良，起动电路导线连接处松动而接触不良等。

（2）起动机故障。可能原因有：换向器与电刷接触不良，励磁绕组或电枢绕组有断路或短路，绝缘电刷搭铁，控制开关线圈断路、短路、搭铁或其触点烧蚀等。

（3）起动继电器故障。可能原因有：起动继电器线圈断路、短路、搭铁或其触点接触不良。

（4）点火开关故障。可能原因有：点火开关接线松动或内部接触不良。

（5）起动系统线路故障。可能原因有：起动线路中有断路、导线接触不良或松脱等。

2）故障诊断方法

（1）检查电源。按喇叭或开大灯，如果喇叭声音小或嘶哑，灯光比平时暗淡，说明电源有问题。

（2）检查起动机。用螺丝刀将起动机控制开关上连接蓄电池和电动机导电片的接线柱短接，如果起动机不转，则说明是电动机内部有故障，应拆检起动机。

（3）检查控制开关。用螺丝刀将控制开关上连接起动继电器的接线柱与连接蓄电池的接线柱短接，若起动机不转，则说明起动机控制开关有故障，应拆检控制开关。

（4）检查起动继电器。用螺丝刀将起动继电器上的"电池"和"起动机"两接线柱短接，若起动机转动，则说明起动继电器内部有故障。否则应再作下一步检查。

（5）检查点火开关及线路。将起动继电器的"电池"与点火开关用导线直接相连，若起动机能正常运转，则说明故障在起动继电器至点火开关的线路中，可对其进行检修。

2. 起动机起动无力

1）故障现象与故障原因

起动时，起动机转速明显偏低甚至于停转，可能的故障如下。

（1）电源故障。可能原因有：蓄电池亏电或极板硫化短路，起动电源导线连接处接触不良等。

（2）起动机故障。可能原因有：换向器与电刷接触不良，控制开关接触盘和主触点接触不良，电动机励磁绕组或电枢绕组有局部短路等。

2）故障诊断方法

如出现起动机运转无力，首先检查起动机电源，如果起动电源无问题，则应拆检起动机，首先检查控制开关接触盘、换向器与电刷的接触情况，其次检查励磁绕组和电枢绕组。

3. 起动机空转

1）故障现象与故障原因

接通起动开关后，只有起动机快速旋转而发动机曲轴不转，这表明起动机电路畅通，故障在于起动机的传动机构和飞轮齿圈等处。

2）故障诊断方法

（1）若在起动机空转的同时伴有齿轮的撞击声，则表明飞轮齿圈牙齿或起动机小齿轮牙齿磨损严重或已损坏，致使不能正确地啮合。

（2）起动机传动机构故障有：单向啮合器弹簧损坏；单向啮合器滚子磨损严重；单向啮合器套管的花键槽锈蚀，这些故障会阻碍小齿轮的正常移动，造成不能与飞轮齿圈准确啮合等问题。

（3）有的起动机传动机构采用一级行星齿轮减速装置，其结构紧凑，传动比大，效率高，但使用中常会出现载荷过大而烧毁卡死；有的采用摩擦片式离合器，若压紧弹簧损坏、花键锈蚀卡滞或摩擦离合器打滑，也会造成起动机空转。

五、起动系电路实例

1. 上海帕萨特 B5

图 4-32 为上海帕萨特 B5 的起动系统电路图，它是一种无继电器控制式起动系统。

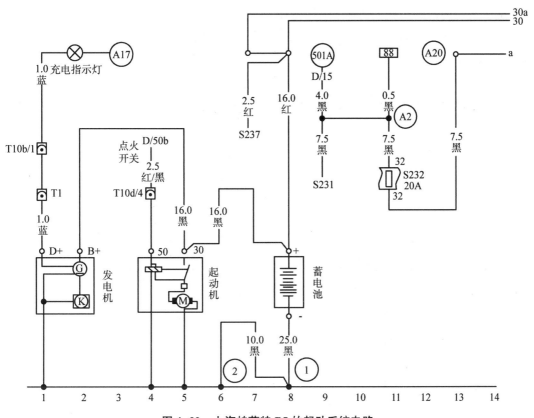

图 4-32　上海帕萨特 B5 的起动系统电路

当把点火开关打到起动挡位置时，起动机的主电路就接通，起动机正常工作，以带动发动机起动。

此时，吸引线圈电流回路为：蓄电池正极→点火开关"D/50b"→控制开关"50"端子接线柱→吸引线圈→电动机→搭铁 5→蓄电池负极。

保持线圈电流回路为：蓄电池正极→点火开关"D/50b"→控制开关"50"端子接线柱→保持线圈→搭铁 4→蓄电池负极。

吸引线圈和保持线圈通过电流后，由于电流方向相同，磁场相加，将活动铁芯吸入，使驱动齿轮与飞轮齿圈啮合。当接近完全啮合时，主电路接通，电动机旋转，经单向离合器带动发动机起动。此时，电动机电流回路为：蓄电池正极→电动机开关"30"端子接线柱→电动机→搭铁 5→蓄电池负极。

发动机起动后，放松点火开关（它便自动回转一个角度），则电路被切断，起动机停止工作，活动铁芯在弹簧的作用下回位，带动拨叉将打滑的离合器拨回，使驱动齿轮与飞轮齿圈分开。

2. 本田雅阁（HONDA）

1）组成

本田雅阁轿车起动系统主要包括蓄电池、起动机和点火开关。起动机为永磁电动机，主要由电枢、永久磁铁和电刷等组成。电动机没有励磁线圈，而是用永久磁铁作磁极，因而消除了绕组内部的功耗、增加了使用寿命。

本田雅阁轿车起动系统控制电路是由起动机断路继电器（PCM 继电器）控制的，如图 4-33 所示。

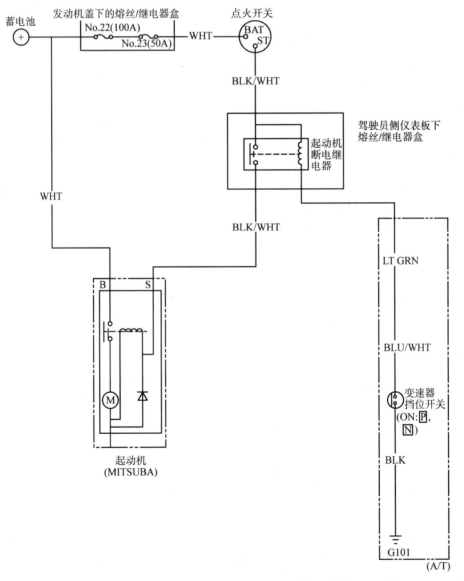

图 4-33 本田雅阁轿车起动系统控制电路

2）工作原理

（1）起动前。此时点火开关处于 OFF 挡位置，离合器互锁开关触点处于断开状态，起动机断路继电器触点也处于断开状态或 A/T 挡位开关处于 N 或 P 位。

（2）起动时。当点火开关置于 START 挡位，且 A/T 挡位开关（自动变速器开关）置空挡位置或离合器互锁开关（手动变速器）闭合时，起动机断路继电器线圈通电，产生电磁吸力，使其触点吸合，这时电压加在吸引线圈上，电磁铁动作，拨叉后移迫使驱动齿轮与飞轮齿圈啮合；同时，接触盘动作，将起动机主电路接通，电流流过电动机的磁场绕组和电枢绕组，起动机运转，并使驱动齿轮和飞轮齿圈啮合，带动发动机运转。

实训项目一　汽车起动机空载和制动试验

1. 实训目的

掌握汽车起动机空载和制动实验的实验方法。

2. 实训器材

汽车 12 V、2 kW 起动机 1 只，汽车电气设备万能试验台 1 台，数字万用表 1 只。

3. 实训内容及步骤

1）试验准备

按线路要求接好电路，选择起动机实验项目进行试验。

2）起动机空载试验

进行起动机空载试验，调节好转速，并记录数据在下表中。

起动机空载试验数据

蓄电池电压/V	起动机转矩	起动机转速/(r/min)	起动机工作电流/A

结论：

3）起动机制动试验

进行起动机制动试验，并记录数据在下表中。

起动机制动试验数据

蓄电池电压/V	起动机转矩	起动机转速/(r/min)	起动机工作电流/A

结论：

实训项目二　解放 CA1092 型汽车起动机控制电路检修

1. 实训目的

掌握解放 CA1092 型汽车起动机控制电路检修方法。

2. 实训器材

解放 CA1092 型汽车起动机，蓄电池，组合继电器，点火开关，点火线圈，点火模块，发电机，充电指示灯，工作台，导线，数字万用表 1 只。

3. 实训内容及步骤

解放 CA1092 型汽车起动机控制电路，如图 4-34 所示。

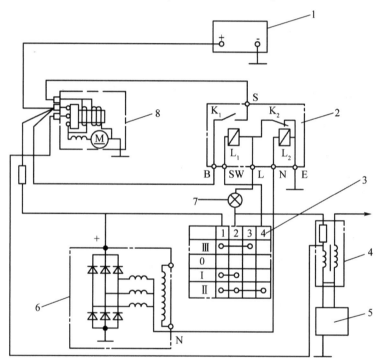

1—蓄电池；2—组合继电器；3—点火开关；4—点火线圈；
5—点火模块；6—发电机；7—充电指示灯；8—起动机。

图 4-34　解放 CA1092 型汽车起动机控制电路

解放 CA1092 型汽车起动机由复合继电器控制，而复合继电器由起动继电器和充电指示灯继电器组成。起动继电器的触点 K_1 常开，充电指示灯继电器的触点 K_2 常闭。其工作原理如下。

（1）起动时，点火开关打到Ⅱ挡，复合继电器中的起动继电器磁化线圈通电，其电流回路如下：蓄电池正极→起动机主接线电路→熔断器→电流表→点火开关→复合继电器"SW"端子接线柱→磁化线圈 L_1→触点 K_2→搭铁→蓄电池负极。

由于磁化线圈 L_1 通电，则 K_1 闭合，接通起动机控制开关电路，起动机正常工作。此时充电指示灯是点亮的。

(2) 发动机起动后，发电机开始发电，发电机中性点电压 U_N 使线圈 L_2 有电流通过，K_2 断开，磁化线圈 L_1 断电，触点 K_1 断开，使起动机控制开关断电，起动机自动停止工作，同时充电指示灯熄灭。

(3) 发动机工作时，由于发电机中性点电压的作用而使触点 K_2 一直断开，这时，即使将点火开关误打到 ST 挡，起动机也不会工作，防止误操作。

实验步骤：

(1) 断开 N 线，观察出现什么现象，分析原因并记录；
(2) 断开 B 线，观察出现什么现象，分析原因并记录；
(3) 断开 SW 线，观察出现什么现象，分析原因并记录；
(4) 断开 L 线，观察出现什么现象，分析原因并记录；
(5) 断开 E 线，观察出现什么现象，分析原因并记录；
(6) 断开 S 线，观察出现什么现象，分析原因并记录；
(7) 断开充电指示灯线路，观察出现什么现象，分析原因并记录。

本章小结

1. 起动机一般由 3 部分组成：直流串励式电动机、传动机构（或称啮合机构）和控制装置（即开关）组成。

2. 直流串励式电动机，其作用是产生转矩。

传动机构（或称啮合机构），其作用是：在发动机起动时，使起动机驱动齿轮啮入飞轮齿圈，将起动机转矩传给发动机曲轴；而在发动机起动后，使驱动齿轮打滑与飞轮齿圈自动脱开。

控制装置（即开关）是用来接通和切断起动机与蓄电池之间的电路。在有些汽车上，还具有接入和隔除点火线圈附加电阻的作用。

3. 起动机的功用是：利用起动机将蓄电池的电能转换为机械能，再通过传动机构将发动机拖转起动。

4. 在直流电动机中，按磁场绕组与电枢绕组的连接方式的不同，可分为串励式、并激式和复激式 3 种，常用串励式。

5. 常见的控制开关与铁芯的结构型式分整体式和分离式两种。

6. 起动机的试验有空载试验和制动试验。

复习思考题

1. 起动系统的作用是什么？
2. 起动系统由哪些部分组成？各起什么作用？

3. 起动机是由哪些部分组成的？各起什么作用？
4. 简述起动机的分类情况。
5. 简述滚柱式单向离合器的工作原理。
6. 起动机为什么采用单向离合器？

第五章 汽车点火系统

学习目标

- 了解汽车点火系统的基本知识
- 掌握汽车点火电路组成
- 掌握汽车点火系统工作原理
- 掌握汽车点火系统故障与排除方法
- 掌握点火电路故障排除方法

对于汽油发动机,吸入气缸内的可燃混合气在压缩终了时由电火花点燃而开始燃烧,燃烧产生的强大压力推动活塞向下运动而做功。为此,在汽油发动机上设有一套能在气缸内产生电火花的系统,称为点火系统。

点火系统的作用是将蓄电池或发电机的低压电转变成高压电,再按照发动机的工作顺序适时将高压电分送给火花塞,产生电火花以点燃可燃混合气。

第一节 汽车点火系统的基本知识

一、点火系统的要求及分类

1. 点火系统的要求

点火系统应在发动机各种工况和使用条件下保证可靠而准确地点火,为此点火系统应满足以下基本要求。

1) 能产生足以击穿火花塞电极间隙的电压

在火花塞电极间隙产生火花时所需要的电压,称为击穿电压。一般来说,电极间隙愈大、气缸内混合气压力愈高、温度愈低,击穿电压愈高。实验证明,当火花塞间隙为 0.5~1 mm,压缩终了气缸内压力为 0.6~0.9 MPa 时,发动机起动时需要的击穿电压为 5 000~8 000 V。发动机在满负荷低转速时需要的高电压应为 8 000~10 000 V 才能跳火。为了保证点火的可靠性,传统点火系统可提供 15 000~20 000 V 的高电压。

2）电火花应具有足够的能量

发动机正常工作时，由于混合气压缩终了的温度已接近其自然温度，因此所需的电火花能量很小（3~5 mJ）。但在起动、怠速、加速、大负荷等工况时，都需要较高的电火花能量。尤其在起动时，由于混合气雾化不良，废气稀释严重，电极温度低，所需电火花能量最高。为了保证可靠点火，点火系统提供的电火花能量通常为50~80 mJ。

3）点火时间应适应发动机的工作状况

首先，点火系统应按发动机的工作顺序进行点火，如东风EQ1092型、解放CA1092型汽车用的六缸发动机，点火顺序为1—5—3—6—2—4；奥迪100型轿车的四缸发动机、桑塔纳轿车的四缸发动机点火顺序均为1—3—4—2，一般直列六缸发动机的点火顺序为1—5—3—6—2—4或1—4—2—6—3—5；四缸发动机的点火顺序一般为1—2—4—3或1—3—4—2；V型八缸发动机的点火顺序为1—8—4—3—6—5—7—2或1—5—4—8—6—3—7—2。

其次，必须在最有利的时刻点火。点火时刻是用点火提前角来表示的。压缩行程中，从点火开始到活塞运行到上止点时曲轴所转过的角度，称为点火提前角。点火提前角过大（即点火过早），由于混合气的燃烧完全是在压缩过程中进行的，气缸内压力急剧上升，在活塞到达上止点之前即达到较大压力，因此给正在上升的活塞一个很大的阻力阻止活塞向上运动，不仅使发动机功率下降，油耗增加，还会引起爆燃，加速机件损坏。如果点火提前角过小（即点火过迟），在活塞到达上止点时才点火，则混合气边燃烧，活塞边下行，即燃烧过程是在容积增大的情况下进行的，不仅导致燃烧压力降低、发动机功率下降，还会引起发动机过热、油耗增加。

一般把发动机发出最大功率或油耗最小的点火提前角，称为最佳点火提前角。发动机在不同工况和不同使用条件下的最佳点火提前角也不相同，影响最佳点火提前角的主要因素是发动机的转速和负荷。

当发动机转速一定时，随着负荷的加大（节气门开度加大），进入气缸的可燃混合气增多，压缩终了时的温度和压力增高，同时上一循环残余废气在缸内混合气中所占比例下降，因而混合气燃烧速度加快。这时，点火提前角应适当减小。反之，发动机负荷减小时，点火提前角应加大。当节气门开度一定时，发动机转速增高，燃烧过程所占的曲轴转角增大，这时应适当增大点火提前角，否则，燃烧会延续到膨胀过程中，造成功率和经济性下降。所以，点火提前角应随转速的增高而适当增大。

此外，最佳点火提前角还与所用汽油的抗爆性、混合气的浓度、发动机压缩比、发动机水温、进气压力及进气湿度等因素有关。

2. 点火系统的分类

发动机点火系统按其组成和产生高压电的方式不同可分为传统点火系统、电子点火系统和微机点火系统。

1）传统点火系统

由断电触点控制点火线圈初级电流，将蓄电池或发电机供给的低压电转变为高压电的点火系统，称为传统点火系统。传统点火系统结构简单、成本低廉，长期以来得到了广泛应用。但随着科学技术的发展，传统点火系统已经被淘汰。

2）电子点火系统

由晶体管控制点火线圈初级电流，将蓄电池或发电机供给的低压电转变为高压电的点火系统称为电子点火系统。电子点火系统也称"晶体管点火系统"或"半导体点火系统"。

3）微机点火系统

由汽车发动机的电子控制单元（以下简称 ECU）通过传感器控制的点火系统称为微机点火系统，具有高可靠性、低油耗、低排放、低噪声等特点，目前在汽车点火电路中得到了广泛应用。

二、传统点火系统

1. 传统点火系统的组成

传统点火系统主要由电源、点火线圈、分电器、点火开关、火花塞、附加电阻及附加电阻短接装置、高低压导线等部件组成。

（1）电源：有蓄电池和发电机。起动时点火系统由蓄电池提供低压电能；起动后，当发电机电压高于蓄电池电压时，点火系统由发电机提供低压电能。

（2）点火线圈：将汽车电源提供的 12 V 低压电转变成能击穿火花塞电极间隙的高压电。

（3）分电器：在发动机凸轮轴驱动下，准时接通和切断点火线圈初级电流，使点火线圈及时产生高压电，并按点火顺序将高压电传送至各缸火花塞；同时能自动和人为地实现对点火时间的调整。其中电容器的作用是减小断电触点火花，提高点火线圈次级电压。

（4）点火开关：控制点火系统低压电路的通断，控制发动机的起动和熄火。

（5）火花塞：将高压电引入燃烧室，产生电火花点燃混合气。

（6）附加电阻短接装置：起动时将附加电阻短接，增大点火线圈初级电流，增强起动时火花塞的跳火能量。

2. 传统点火系统的工作过程

传统点火系统是利用点火线圈的互感原理工作的（见图 5-1），其工作过程是：接通点火开关 ON 挡，当发动机曲轴转动时，分电器中的断电器凸轮在发动机凸轮轴的驱动下也随之旋转，断电器触点交替地闭合和断开。当断电触点闭合时，点火线圈初级绕组通过低压电流，铁芯储存了磁场能，次级回路分布电容储存了电场能。当断电触点断开时，初级绕组断电，磁场的骤然消失，使得次级绕组感应出了高压电动势。由于次级绕组匝数较多，为初级绕组的 80~100 倍，所以次级电压可高达 15 000~20 000 V，配电器按照点火顺序将高压电轮流传送给各工作缸火花塞跳火。发动机工作时，该过程周而复始地进行。若要发动机停止工作，只要将点火开关由 ON 挡转到 OFF 挡，切断初级电路即可。图 5-1 中实线箭头为低压电流方向，虚线箭头为高压电流方向。

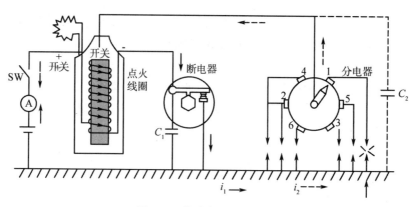

图 5-1 传统点火系统电路

三、点火工作电流的流程与点火测试

1. 普通点火系统高、低压电流的工作流程

1）正常工作（起动后）时电流的流程

初级电流在触点闭合时形成，以发电机、蓄电池为低压电源，以附加电阻及点火线圈初级绕组为负载形成回路。

次级电流在触点从闭合到张开瞬间存在（张开后初级、次级电流均不存在），以点火线圈次级绕组为高压电源，以火花塞电极气隙为负载形成回路。

2）起动时电流的流程

触点闭合时，点火线圈初级电流经附加电阻短路开关形成回路。

触点张开瞬间，点火线圈次级电流也经附加电阻短路开关形成回路。

2. 点火电压波形的测试

1）电压波形测试

点火波形是指由汽车专用示波器显示的点火线圈初级电压、次级电压随时间变化的曲线。

单缸次级电压点火波形一个周期内可分为"两个阶段、四个区"，传统点火系统波形如图 5-2 所示。

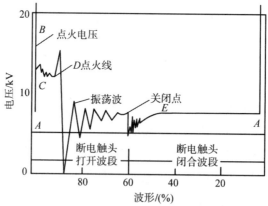

图 5-2 传统点火系统波形

A 区为跳火区：此时断电触点将初级电流切断，线圈铁芯磁通量骤然消失使得初级绕组自感出 200~300 V 电动势。由于次级绕组匝数多，因此次级绕组感应出 15 000~20 000 V 的高压电。由于正常间隙下的火花塞击穿电压仅为 5 000~8 000 V，因此跳火期次级电压仅上升为 5 000~8 000 V 便不再继续上升。波形曲线中这段垂直升降级，通常称跳火线。跳火线实质上是次级回路中分布电容能量释放的结果。此时放电时间极短，仅为 1 μs 左右，但放电电流可达几十安。

B 区为燃烧区：继跳火线（分布电容大电流放电）后，火花塞电极间混合气已充分电离形成了电火花通道，电极间维持电火花的电压显著下降，仅需 1~2 kV，点火线圈的其余能量就沿着电离了的火花塞间隙缓慢放电，形成电感放电期。波形曲线的这一平台线常称为火花线，这时期放电时间较长，达几毫秒；放电电流较小，为几千毫安。实验证明，电感放电的持续时间越长，点火性能越好。与此同时，断电触点灭弧电容与初级绕组构成一衰减振荡回路，随着点火线圈能量的耗散，振荡曲线的振幅逐渐衰减，直到火花熄灭为止。火花熄灭瞬间，点火线圈、分布电容、灭弧电容都仍有一部分能量储存着，因此火花线 E 点与 B 线不相平。

C 区为振荡区：燃烧区后，电弧中断，点火线圈剩余能量从初级绕组与灭弧电容组成的衰减振荡回路中释放掉。此时初级波形与次级波形相似，减幅振荡波可见脉冲至少有 5 个（高能量点火线圈系统多达 8 个）。这些振荡曲线属低频振荡曲线，当低频振荡完毕时，低压波形指示出灭弧电容承受的蓄电池或发电机电压。

D 区为闭合区：触点闭合，低压波形由电容电压突变到 0。初级绕组形成电流，此过程初级绕组产生了与蓄电池电压方向相反的感应电压，次级绕组感应出 1 500~2 000 V 的电动势（不能击穿火花塞间隙），随着初级绕组的电流按指数规律上升到稳定值，次级绕组的电压也从正方向最大值按指数趋势减少到 0。在此变化过程中因次级绕组与分布电容构成衰减振荡回路，因此次级波形变化区段有振荡形态存在。

根据以上分析可以看出一定区域的点火波形与一定的点火部件相关。通过不同区域点火波形畸变的分析，可精确分析出点火系统的故障所在。

2）对正常点火波形曲线的要求

闭合线总长度应占全周期的 60%。

振荡线不应少于 5 个波峰，波数少即说明点火线圈内存在短路或电容器存在漏电故障。

跳火线高度应在 5 000~8 000 V 之间（在发动机转速约为 1 500 r/min 时测量），且各缸一致。火花线应是略有倾斜的短横线或带有很少波折的短横线，其长度对各缸均应一致。

四、点火系统主要部件的结构与拆装调整

1. 点火线圈

1）点火线圈的结构

点火线圈按其磁路结构形式的不同，一般分为开磁路点火线圈和闭磁路点火线圈

两种。

（1）开磁路点火线圈。开磁路点火线圈主要由铁芯、初次级绕组、胶木盖、瓷座、接线柱和外壳等组成（见图5-3）。一般传统点火系统的点火线圈都带有附加电阻。

开磁路点火线圈铁芯由若干层涂有绝缘漆的硅钢片叠成，外面套有绝缘套管。套管外面先分层绕制一定匝数的次级绕组，每层绕组之间都用绝缘纸隔开，最外层的绝缘纸层较多。再用同样方法将初级绕组绕在次级绕组外面，以利于散热。不同型号点火线圈的绕组参数是不同的，其铁芯用0.3～0.5 mm厚的硅钢片叠成，铁芯上绕有初级绕组和次级绕组，一般初级绕组导线直径为0.5～1.0 mm，匝数为230～380匝；次级绕组居内，次级绕组导线直径为0.06～0.10 mm，匝数为1 100～2 600匝。绕好后的绕组在真空中填入绝缘物，以增强绝缘。

开磁路点火线圈的外壳与绕组之间装有导磁用的钢片，由4片呈圆弧形的硅钢片组成。当低压电流过初级绕组时，铁芯被磁化；由于磁路上、下部分都是在空气中，铁芯并未构成闭合磁路，所以称之为开磁路点火线圈。开磁路点火线圈上部装有胶木盖，底部装瓷座，用来防止高压电击穿次级绕组的绝缘层，向铁芯或外壳放电。为加强绝缘、防止潮气浸入、散热，在外壳内填满沥青或变压器油，近年来也有使用六氟化硫（SF_6）等气体绝缘物的。胶木盖上装有与点火开关、分电器连接的低压接线柱，根据低压接线柱的数目不同，点火线圈有两接线柱和三接线柱之分，如图5-3所示。两接线柱点火线圈的低压接线柱上分别标有"+"和"-"标记。三接线柱点火线圈的低压接线柱上分别标有"开关""+开关""-"标记，并在"开关"和"+开关"接线柱上接有附加电阻，胶木盖的中央是高压线插座，周围较高，以防高压电在接线柱间放电。点火线圈的初级绕组两端分别接"+"（或"开关"）和"-"接线柱，次级绕组的一端接初级绕组，另一端接高压插座。

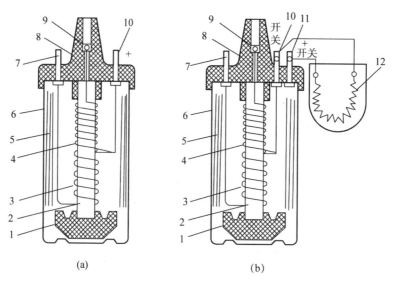

1—瓷座；2—铁芯；3—初级绕组；4—次级绕组；5—钢片；6—外壳；7—"-"接线柱；8—胶木盖；9—高压线插座；10—"+"或"开关"接线柱；11—"+开关"接线柱；12—附加电阻。

图5-3 开磁路点火线圈的基本结构

开磁路点火线圈附加电阻的作用是减小低速时的初级电流,改善高速时的点火特性,一般用低碳钢丝、镍铬丝或纯镍丝制成。它是一种热敏电阻,当电阻上流过的电流大,使温度升高时,其阻值也随之变大;反之阻值变小。当发动机转速较低时,断电器触点的闭合时间长,初级电流较大,势必导致初级绕组过热而影响点火。此时,由于附加电阻的串入,通过它的电流大,温度升高,电阻相应地增大,从而限制了低压电流不致过大。当发动机转速较高时,断电触点闭合时间短,初级电流减小,严重影响次级电压值。此时利用附加电阻特性,可使初级电流不致过小,从而保证发动机高速时点火可靠性。在发动机起动时,为了避免铅蓄电池端电压由于附加电阻的存在而下降过多,影响起动性能,必须暂时将附加电阻短路,以增大初级电流,提高次级电压和点火能量。

开磁路点火线圈低压接线柱的连接必须正确,即"-"接线柱接至断电的触点,"+"接线柱接至点火开关,使初级电流从"+"接线柱流入,从"-"接线柱流出,只有这样才能确保高压电路为正极搭铁。

(2)闭磁路点火线圈。闭磁路点火线圈和传统的开磁路点火线圈相比,其铁芯不是条形而是"日"字形或"口"字形。铁芯磁化后,其磁力线经铁芯构成闭合磁路,如图5-4所示;由于闭磁路点火线圈漏磁小,磁阻小,能量损失小,所以能量转换率可高达75%,而开磁路点火线圈的能量转换率只有60%。另外,由于闭磁路铁芯导磁能力强,可在较小的磁动势(按匝数计算)下产生较强的磁场,因而可有效地减小线圈匝数,使点火线圈小型化。

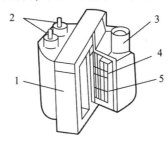

1—"日"字形铁芯;2—初级绕组接线柱;
3—高压接线柱;4—初级绕组;5—次级绕组。

图5-4 闭磁路点火线圈的基本结构

2)点火线圈的型号

QC/T 73—1993 的规定:

(1) DQG 表示干式点火线圈;

(2) DQD 表示电子点火系统用点火线圈。

2. 分电器

分电器是汽油机点火系统中按气缸点火次序定时将高压电流传至各气缸火花塞的部件。在蓄电池点火系统中,通常将分电器和点火器安装在同一个轴上,并由凸轮轴驱动,同时它还带有点火提前角调整装置和电容器等。

传统点火系统分电器总成主要由配电器、断电器、电容器、真空及离心点火提前调节装置等部件组成,如图5-5所示。

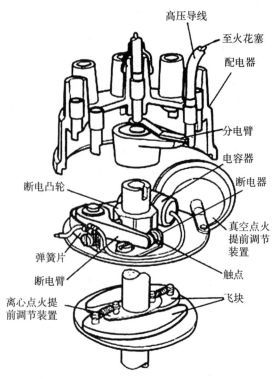

图 5-5 分电器的整体结构

点火器的断电臂用弹簧片使触点闭合,凸轮轴带动断电凸轮使触点开启,开启间隙为 0.30~0.45mm。断电凸轮的凸起数与气缸数相同。当触点开启时,分电器的分电臂正好对准相应的侧电极,感应产生的高压电由次级线圈经过分电臂、侧电极、高压导线传至相应气缸的火花塞。

3. 火花塞

火花塞是在了解其结构、特性、规格的基础上来完成工作间隙的正确调整的,具体内容如下。

1)火花塞的结构

火花塞的结构(见图 5-6)是在钢质壳体内部固定着高氧化铝陶瓷绝缘体,绝缘体中

图 5-6 火花塞结构

心孔内装有中心电极,中心电极上端有接线螺母,用来连接高压导线;壳体的下端面固定有弯曲的侧电极;壳体的上端有便于拆装的六角柱面,它与绝缘体之间装有紫铜垫片,主要起导热和密封作用。

传统火花塞的电极间隙一般为0.7~0.9 mm,近年来为适应发动机排气净化的要求,采用稀混合气燃烧,火花塞电极间隙增大,电子点火系统火花塞间隙为1.0~1.2 mm。

2）火花塞的热特性

为保证火花塞的正常工作,其下部绝缘体-裙部的温度应维持在500~700 ℃,这样才能使落在绝缘体上的油滴立即烧掉,不致形成积炭,通常称这个温度为火花塞的"自净温度"。如果温度过低,火花塞会形成积炭；温度过高,又易导致炽热点火,使发动机遭到损坏。

火花塞裙部绝缘体的工作温度,取决于其受热情况和散热条件。影响火花塞裙部温度的主要因素是裙部的长度,裙部较长的火花塞,在燃烧室内吸热面积大,传热距离长,散热困难,因而裙部温度高,称为"热型"火花塞。而裙部较短的火花塞,吸热面积小,传热距离短,散热容易,因而裙部温度较低,称为"冷型"火花塞。图5-7所示分别为热型和冷型火花塞。

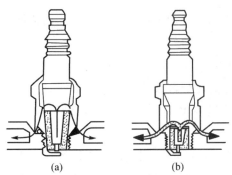

图 5-7 热型和冷型火花塞

(a) 热型；(b) 冷型

发动机技术性能不同,气缸内工作温度也不相同。大功率、高转速、高压缩比的发动机气缸温度高。为使火花塞不致产生炽热点火,应选用"冷型"火花塞；相反,对功率小、转速和压缩比低的发动机来说,为了不致形成积炭,应采用"热型"火花塞。

目前各国对火花塞热特性的表示方法不完全相同,一般常用"热值"表示。所谓热值,是指火花塞散掉所吸热量的程度。它是一个相对概念,国产火花塞分别用1、2、3、4、5、6、7、8、9、10等阿拉伯数字表示。热值越高,表示散热性能越好。因而,小数字为热型火花塞,大数字为冷型火花塞。热值越大,越趋向于冷型火花塞。

3）常用火花塞的类型

标准型火花塞：其绝缘体裙部略缩入壳体端面,侧电极在壳体端面以外。

突出型火花塞：绝缘体裙部较长,突出于壳体端面之外。它具有吸收热量大、抗污能力好的优点,且能直接受到进气的冷却而降低温度,因而也不易引起炽热点火,故热适应范围宽,是使用最广泛的火花塞。

细电极型火花塞：其电极很细，特点是火花强烈，点火能力好，在严寒季节也能保证发动机迅速可靠地起动，热范围较宽，能满足多种用途。

铜心宽热值火花塞：高速发动机普遍采用铜心火花塞。这种火花塞把抗蚀性优良的镍合金与传导性良好的无氧铜结合在一起，使得热值较普通电极的火花塞提高10%~40%，因铜导热性好，热值上限提高，高速时能限制炽热点火，裙部加长使热室容积的扩大、热值下限拓宽，提高了电极耐油污、抗烧蚀的能力。

多极型火花塞：该火花塞的侧电极一般为两个或两个以上。其优点是点火可靠、间隙不需经常调整，故在电极容易烧蚀和火花间隙不能经常调节的一些汽油发动机上被采用。神龙富康轿车采用了两极型火花塞，上海桑塔纳轿车采用了四极型火花塞。

另外，为了抑制汽车点火系统对无线电的干扰，又生产了电阻型火花塞，电阻型火花塞是在火花塞内装有 5~10 kΩ 电阻的火花塞。

4）火花塞的型号规格

火花塞产品型号由以下三部分组成：

第一部分为汉语拼音字母，表示火花塞结构类型及主要型式尺寸；

第二部分为阿拉伯数字，表示火花塞热值；

第三部分为汉语拼音字母，表示火花塞派生产品结构特征，发火端特征，材料特性及特殊技术要求。

5）火花塞间隙的调整方法

拆下火花塞前，应先将高压分缸线拔下，拔分缸线时，应捏住分缸线的接头部分；然后清洁火花塞孔周围，用火花塞套筒拆下火花塞；最后取下垫圈，用铜丝刷清除火花塞积炭。

火花塞间隙一般为 0.7~0.9 mm，测量时应用钢丝式专用量规，不得使用普通厚薄量规。火花塞间隙不符合规定数值时，可用专用工具弯曲旁电极进行调整。

4. 点火开关

点火开关主要用来接通和切断点火电路，同时还用于控制起动机、发电机励磁、收放机、空调、雨刮器、点烟器、仪表、信号灯、进气预热和其他电气设备电路。

点火开关的操纵端均做成锁的形式。点火开关通常分为转向柱式和仪表台式两种，分别如图 5-8 和图 5-9 所示。

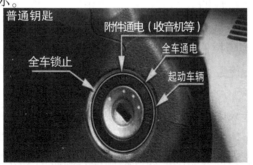

图 5-8 转向柱式点火开关

图 5-9 仪表台式点火开关

一键起动很流行,这个又称作"智能无钥匙起动系统"的东西,最早应用在奔驰、宝马等高端汽车上,现已成为众多时尚汽车的标配。即使你的车现在没有一键起动,也不用懊恼,移动管家专车专用,会让你的爱车拥有这个功能。一键起动应用了最新射频识别技术(RFID)、安全性非常高的非接触式自动识别汽车安全系统。每一个系统可以自动识别驾驶员的身份,同时减少了在车辆紧急制动或者碰撞时,传统车钥匙可能对司机膝盖骨造成的伤害。汽车智能一键起动在更多人眼里,是科技化的象征,是汽车配置进化的大趋势。毕竟在日常使用中,具备无钥匙起动的车辆确实可以带来更多的方便,因为车主不需要频繁地掏钥匙,而当钥匙不在车内时车辆无法起动,也实现了识别真正车主的防盗功能。而且要的就是指尖轻触之下,发动机一声轰响的那种感觉。智能一键式起动钥匙正在成为车型走向时代前沿的标志之一。

一键起动按钮上有 5 种不同的镭射灯,用来指示汽车的不同状态,分别如下。

1) 上车后停车状态:显示白色。
2) 起动中:显示橙色。
3) 起动成功后行车中:显示红色。
4) 停车中只开 ACC 电源:显示绿色。
5) 停车中只开 ON 电源:显示紫色。

五、点火系统的工作性能测试与调整

在作点火系统的性能测试与调整工作前,要先掌握影响次级电压的几个主要的影响因素,再按具体的测试与调整方法操作。

1. 火花塞积炭、间隙对次级电压的影响

发动机工作时,若化油器调整不当、发动机窜机油或火花塞选型不合适时,在火花塞绝缘体上会形成积炭。由于积炭是具有一定电阻的导体,因此相当于在火花塞电极间并联一个分路电阻,使次级电路构成闭合回路。于是在触点断开后次级电压还未上升到火花塞击穿电压时,就通过积炭层漏电,使次级电压降低。

当火花塞积炭严重,次级电压过低而不能跳火时,可采用"吊火"法作为汽车运行中的临时急救措施。这种方法不能长期使用,否则会加速点火线圈的损坏。

火花塞的电极间隙对次级电压的影响也非常明显,电极间隙过小,将降低火花塞击穿电压,削弱火花强度;相反,电极间隙增大,将提高火花塞击穿电压,但在大负荷时有可能破坏点火线圈次级绝缘性能、导致火花塞断火。

2. 电容器容量对次级电压的影响

电容器容量如果太小,会增强断电器触点间火花,既容易烧蚀触点又消耗了一部分电磁能,使磁通量变化率减小,因而次级电压降低。若电容器容量过大,断电器触点间的火花虽可以减小,但电容器充放电周期较长,磁通量变化速率变慢,次级电压也要降低。一般电容器容量选择在 0.15~0.25 μF 范围内为宜。

3. 断电器触点间隙对次级电压的影响

使用中,若断电器触点间隙调整不当,会使触点闭合角发生变化,从而影响次级电压的最大值。所谓触点闭合角是指触点闭合时分电器凸轮转过的角度。当触点间隙增大时,触点被提前打开,触点闭合角减小,闭合时间缩短,初级断电电流减小,因而次级电压降低易造成高速断火。当触点间隙减小时,虽然触点闭合角增大,闭合时间增长,初级断电电流增大,但由于触点打开时火花强烈且持续时间长,损耗了大部分电磁能且使磁通量变化率减慢,因此同样使次级电压降低,且易造成低速断火。

断电器触点间隙大小不仅影响次级电压,同时也影响点火时刻。如触点间隙增大时,由于触点被提前打开,会使点火提前;相反,触点间隙减小,又会使点火延迟。

4. 点火线圈温度对次级电压的影响

点火线圈温度过高,初级绕组电阻增大,使初级断电电流减小,也会使次级电压下降。点火线圈温度过高还会使次级绝缘老化,使次级电压降低。一般情况下,点火线圈的温度不可超过 80 ℃。

5. 导线接触情况对次级电压的影响

点火系统初、次级电路的导线,其接触情况对次级电压的影响非常大,如初级电路导线接触不良、松脱、甚至断路,会使初级电路电阻增加,初级电流减小,次级电压降低甚至不产生高压电;当次级电路接触不良,高压线头未插紧时,会使次级电路接触电阻增加,火花塞火花变弱。

六、传统点火系统的工作缺陷

传统点火系统是靠断电触点来接通和切断点火线圈初级电流而使点火线圈次级产生高电压的。这种工作方式不可避免地存在下列缺陷。

(1) 高速易断火。传统点火系统初级电流只能随指数规律增长,发动机转速上升时,由于触点闭合时间缩短，使得初级断电电流减小，次级电压及点火能量下降造成发动机高速断火。

（2）断电触点易烧蚀。断电触点张开时，触点间存在放电电弧，触点火花不仅消耗了点火能量，同时也缩短了触点的寿命，使触点通过的电流受到了限制。传统点火系统初级电流设计值一般仅为 5 A，产生的点火能量不能适应发动机的需要。

（3）对火花塞积炭敏感。传统点火系统次级电压上升较缓慢，升压过程中，火花塞电极间的积炭构成了次级电压漏电回路，使得次级所能升到的最高电压下降。积炭严重时，火花塞电极间不能形成电火花，造成发动机不能发动。

（4）起动性能差。为增大起动时的点火能量，传统点火系统设置了附加电阻短接电路。附加电阻被起动机开关短接时，点火线圈初级电流约增大一倍。电流的增大虽在一定程度上增加了起动时的点火能量，但电流的增大易使触点发热，氧化烧蚀加剧，使接触电阻增大，起动性能得不到持久稳定的保障。

（5）无线电干扰大。传统点火系统工作时，断电触点间的电弧放电、分火头与旁电极间的火花放电均会产生高频电磁振荡波，点火电磁波对周围的无线电会造成干扰。

第二节　电子点火系统

一、电子点火系统的基本组成及基本原理

汽车电子点火系统与传统点火系统一样均采用点火线圈储能和升压，所不同的是电子点火系统用晶体管的导通和截止来控制点火线圈初级电流的通断。晶体管的导通和截止则是受点火信号传感器（俗称"点火信号发生器"）产生的电信号控制的。

当发动机曲轴转动时，点火信号传感器产生了对应气缸压缩终了的正时点火脉冲信号。此脉冲信号经电子点火模块信号放大、波形整理、直流放大后，控制串联在点火线圈初级回路中的大功率晶体管的导通和截止。晶体管导通时，点火线圈初级电流形成回路，点火线圈贮存一定的磁场能；在晶体管由导通转变为截止瞬间，点火线圈初级电流的骤然消失，使得次级线圈感应出 20 000 ~ 25 000 V 的高压电；高压电根据点火顺序分配给工作缸火花塞跳火，点燃气缸中的可燃混合气。

当晶体管处于开关特性下工作时，具有翻转速度快、翻转过程电路无机械中断、不会产生电火花的特点，因此使得电子点火系统具有点火能量高、低高速点火稳定性好、次级电压上升快、对火花塞积炭不敏感、故障少、寿命长、对无线电干扰少的优点。随着汽车技术的发展，电子点火系统还可实现初级电流导通角控制、点火提前角控制、爆燃限制、点火系统故障自诊断等功能。

二、普通电子点火系统的工作原理

普通电子点火系统由信号发生器产生触发或控制点火的信号，经过点火器内部的放大等电路，最后控制大功率晶体管的导通与截止，来控制点火线圈初级电流的通断，当初级

电流被切断时,次级绕组中产生高压电,通过配电器送达各缸的火花塞上,点燃可燃混合气。

三、主要部件的结构和工作原理

1. 分电器

分电器形式很多,但结构和工作原理基本相同,均由信号发生器、配电器、离心点火提前装置组成。

2. 点火线圈

点火线圈的作用是将低压电转变为 15 000～40 000 V 的高压电,以满足火花塞跳火的需要。

3. 火花塞

火花塞安装在燃烧室内,其功用是将高压电引入燃烧室内,在电极间形成火花,以点燃可燃混合气。由于燃烧室中要承受周期性高温、高压以及燃烧产物的强烈腐蚀,其工作条件恶劣,因而对火花塞提出了较高的要求。

4. 点火器

点火器的作用是按照信号发生器输入的点火信号接通或断开点火系统的初级电路,使点火线圈次级绕组产生点火高压电。

目前汽车上所用点火器的内部电路形式多种多样,但基本功能大致相同,其电路也是由相应功能电路组成的。现代汽车点火器广泛采用了集成电路,内部电路非常复杂,一旦损坏,只能更换。

四、普通电子点火系统分类

普通电子点火系统按传感器分为磁电式、霍尔式和光电式 3 种。

(1) 磁电式普通电子点火系统:产生的信号为正弦波。

(2) 霍尔式普通电子点火系统:产生的信号为振幅变化的方波。

(3) 光电式普通电子点火系统:产生的信号为振幅不变化的方波。

上面 3 种普通电子点火系统的工作原理都是通过传感器产生的电信号,驱动点火器内的晶体管通断来控制点火线圈的初级绕组,在次级产生高压,高压为 20～30 kV。随着科技进步,普通电子点火系统也被淘汰,目前流行微机控制电子点火系统。

第三节 微机控制电子点火系统

普通电子点火系统取消了断电器触点,采用了专用点火芯片为核心的电子组件,配上高能点火线圈使其具有了点火能量高、点火电压大、能够实现点火的恒流控制、闭合角控制等多种控制功能,对改善发动机的性能起到了很大的作用。但普通电子点火系统对点火提前角的控制仍采用离心调节器和真空调节器，所控制的点火提前角与最佳点火提前角仍有较大的误差。发动机的最佳点火提前角不仅取决于发动机的转速和负荷，同时还受到发动机冷却液温度、进气温度、可燃混合气成分、燃油品质等因素的影响，微机控制电子点火系统可将所有影响因素都考虑进去，能为发动机提供任何工况下的最佳点火提前角，进一步提高了发动机的动力性和经济性，降低了汽车的排气污染。

一、微机控制电子点火系统的组成及工作原理

微机控制电子点火系统主要由传感器、ECU、点火器、点火线圈等组成，如图5-10所示。

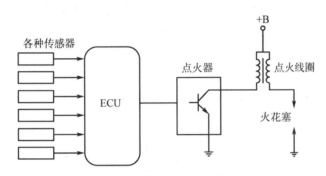

图 5-10 微机控制电子点火系统组成

1. 传感器

传感器用来不断地检测与点火有关的发动机工作状况信息，并将检测结果输入电子控制器，作为运算和控制点火时刻的依据。各车型使用的传感器类型、数量、结构及安装位置不同，但其作用大同小异。微机控制电子点火系统中所用的传感器主要有以下几种：

（1）曲轴位置传感器：用于检测发动机转速信号和基准缸活塞上止点位置信号（凸轮轴位置传感器），常见的有磁感式曲轴位置传感器、霍尔式曲轴位置传感器和光电式曲轴位置传感器3种；

（2）空气流量计（绝对压力传感器）：用于检测发动机进气量，是负荷信号；

（3）水温传感器：用于检测发动机水温信号；

（4）进气温度传感器：用于检测进气温度信号；

（5）节气门位置传感器：用于检测节气门开度或全开、全闭及急加速信号；

（6）车速传感器：用于检测车速信号；

（7）氧传感器：用于检测空燃比浓稀信号；

（8）爆震传感器：用于检测发动机爆震信号；

（9）点火开关：用于检测点火开关接通及起动信号；

（10）空调器开关：用于检测空调信号；

（11）空挡开关：用于检测变速器空挡信号。

2. ECU

ECU 是点火控制系统和喷油控制系统的中枢，作用是接收上述各有关传感器信号，并按照特定的程序进行判断、运算后，给点火电子组件输出最佳点火提前角和初级电路导通时间的控制信号。在现代发动机集中控制系统中，点火系统仅是 ECU 的一个子系统。

ECU 的基本构成如图 5-11 所示，它包括输入回路、输出回路、A/D 转换器、微机、电源电路、备用电路等。

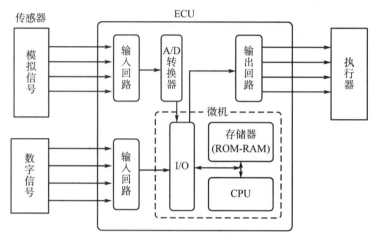

图 5-11　ECU 的基本构成

3. 点火器

点火器是综合控制的执行器之一，点火器的作用是根据 ECU 的指令，通过内部的大功率晶体管的导通和截止，控制初级电流的通断，完成点火工作。

4. 微机控制电子点火系统工作原理

1）最佳点火提前角的确定

微机控制电子点火系统的最佳点火提前角（即实际点火提前角）由 3 部分组成：初始点火提前角+基本点火提前角+修正点火提前角。

（1）初始点火提前角：发动机起动或转速低于 400 r/min 时的点火提前角。它由发动机的结构和曲轴位置传感器安装位置决定，是未经 ECU 修正的点火提前角，通常为固定值，其大小随发动机形式而异。

（2）基本点火提前角：由 ECU 根据发动机的转速和负荷所确定的点火提前角。它是发动机运行过程中最为主要的点火提前角。发动机在正常运行期间，ECU 根据试验的发动机转速和负荷信号，在储存器数据表中选出相应的数据作为基本点火提前角。

（3）修正点火提前角：是指由 ECU 根据发动机的冷却水温、进气温度、电源电压等信号，对点火提前角进行修正的角度。它主要包括暖机修正、过热修正、空燃比反馈修正、急速稳定性修正和爆震修正等方面。

2）系统工作原理

发动机工作过程中，各传感器不断地检测发动机的转速、负荷、冷却水温、进气温度等信号，并将检测信号经接口电路输入 ECU，ECU 根据这些信号参数进行查找、运算、修正，将计算结果转变为控制信号，向点火模块发出控制指令，接通点火线圈的初级电路；经过最佳的导通时间后，再发出控制指令，使点火模块切断点火线圈的初级电路，初级电流中断，在点火线圈次级绕组中产生高压电，经配电装置送到火花塞，点燃混合气。

发动机工作期间，ECU 还不断地检测爆震传感器输出的信号，分步骤将点火提前角减小，爆震消除后又分步骤将点火提前角移回到爆震前的状态，实现点火提前角的闭环控制。

二、微机控制电子点火系统的分类

1. 非直接点火系统

非直接点火系统（见图 5-12）仍然保留分电器，点火线圈产生的高压电是经过分电器中的配电器进行分配的。由分火头和分电器盖组成的配电器，依照点火顺序适时地将高压电分配至各气缸，使各缸火花塞依次点火。

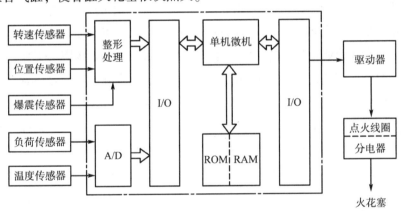

图 5-12　非直接点火系统

2. 直接点火系统

直接点火系统取消了分电器，该系统中点火线圈上的高压线直接与火花塞相连，工作时，点火线圈产生的高压电直接送至各火花塞，由 ECU 根据各传感器输入的信息，依照发动机的点火顺序，适时地控制各缸火花塞点火。直接点火系统由于废除了分电器，因此不存在分火头和旁电极间跳火的问题，减小了能量损失，电磁干扰小，节省了安装空间。

直接点火系统又可分为以下两类。

1）同时点火方式

同时点火方式是利用一个点火线圈对活塞接近压缩上止点和排气上止点的两个气缸同时进行点火的高压配电方法。其中，活塞接近压缩上止点的气缸点火后，混合气燃烧做功，该气缸火花塞产生的电火花是有效火花；活塞接近排气上止点的气缸，火花塞产生的电火花是无效火花。由于排气气缸内的压力远低于压缩气缸内的压力，排气气缸中火花塞的击穿电压也远低于压缩气缸中火花塞的击穿电压，因而绝大部分点火能量主要释放在压缩气缸的火花塞上。同时点火方式中，由于点火线圈仍然远离火花塞，所以点火线圈与火花塞仍然需要高压线连接。同时点火方式又分为点火线圈配电方式和二极管配电方式两种，如图5-13所示。

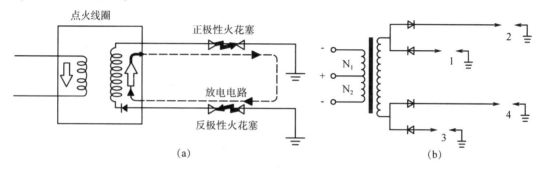

图5-13 同时点火方式

(a) 点火线圈配电方式；(b) 二极管配电方式

（1）点火线圈配电方式。点火线圈配电方式是一种直接用点火线圈分配高压电的同时点火方式。几个相互屏蔽的、结构独立的点火线圈组合成一体，称为点火线圈组件。点火控制器中有与点火线圈数量相等的功率晶体管，各控制一个点火线圈的工作。点火控制器根据电脑提供的点火信号，由气缸判别电路按点火顺序轮流触发功率晶体管，使其导通或截止，以此控制点火线圈初级绕组的通断，产生次级电压而点火。

一般情况下，当发动机处于压缩行程时，气缸内部的压力很高，即便此时在火花塞电极两端加上很高的电压，也难以将此间隙击穿而产生火花放电；可是，当发动机处于排气行程时，气缸内部的压力接近于大气压，若此时火花塞电极间加上很高的电压，则很容易产生火花放电，故大部分高压都加在处于压缩行程的火花塞上，迫使该火花塞电极间隙击穿而构成放电回路，这便形成两缸同时点火的局面。此时处于压缩行程的火花塞的点火情况与普通点火系统用一个火花塞单独点火的情况基本相同。

有些点火线圈配电方式在点火线圈的次级绕组中串联一个高压二极管，其作用是防止高速时初级绕组导通而产生的次级电压形成误点火。

（2）二极管配电方式。二极管配电方式是利用二极管的单向导通特性，对点火线圈产生的高压电进行分配的同时点火方式。与二极管配电方式相配的点火线圈有两个初级绕组，一个次级绕组，相当于是共用一个次级绕组的两个点火线圈的组件。次级绕组的两端通过两个高压二极管与火花塞构成回路，其中配对点火的两个气缸的活塞必须同时到达上止点，即一个处于压缩冲程上止点时，另一个处于排气冲程上止点。计算机控制单元根据曲轴位置等传感器输入的信息，计算、处理，输出点火控制信号，通过点火控制器中的两大功率晶体管（VT_1和VT_2），按点火顺序控制两个初级绕组的电路交替接通和断开。当

1、4缸点火触发信号输入点火控制器时，大功率晶体管 VT_1 截止，初级绕组 N_1 断电，次级绕组产生高压电动势，此时 1、4 缸高压二极管正向导通而使火花塞跳火。当 2、3 缸点火触发信号输入点火控制器时，大功率晶体管 VT_2 截止，初级绕组 N_2 断电，次级绕组产生高压电动势，此时 2、3 缸高压二极管导通，故 2、3 缸火花塞跳火。二极管配电方式的主要特点是一个点火线圈组件为 4 个火花塞提供高压，因此特别适用于四缸或八缸发动机。

同时点火方式只能用于气缸数为偶数的发动机。

2）单独点火方式

单独点火方式指每个气缸的火花塞配一个点火线圈，单独对本缸点火，单独点火方式可用于任意气缸数的发动机。绝大部分直接点火系统均采用无高压线的单独点火方式，这也是目前点火系统发展的最高阶段。单独点火方式可使高压电能的传递损失和对无线电的干扰降到最低水平，如图 5-14 所示。该点火系统的点火线圈次级绕组与火花塞之间的高压电路中留有 3~4 mm 的间隙，其作用是防止初级电路接通时的误点火。

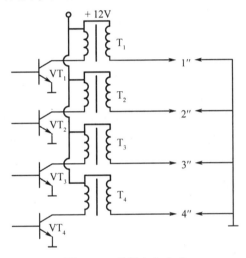

图 5-14 单独点火方式

三、微机控制电子点火系统控制电路

1. 非直接点火系统控制电路分析

现以丰田汽车微机电子控制点火系统（TCCS）为例来介绍其功能、构成及点火时刻（提前角）控制。

1）TCCS 功能

TCCS 如图 5-15 所示，该系统的点火系统保留了分电器中的配电器，点火线圈产生的高压电，经配电器送至各缸火花塞。

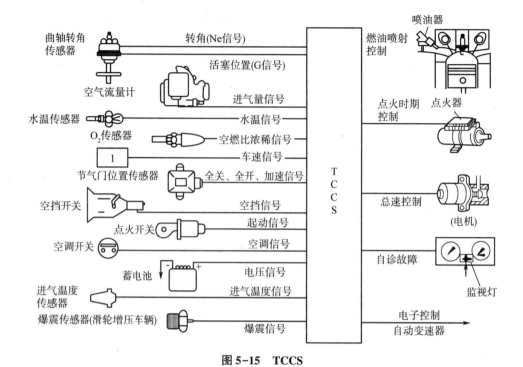

图 5-15 TCCS

TCCS 系统除控制点火外，还对燃油喷射、怠速、自动变速等进行控制，此外还具有故障保险及自诊断等功能。

TCCS 系统的点火系统主要作用是控制点火提前角，称为 ESA 系统，ESA 系统框图如图 5-16 所示。当点火系统工作时，ECU 根据传感器输入的发动机工作信息，经过计算、处理、判断后，将控制信号输出到点火器，适时地控制点火器中功率晶体管的导通和截止，进而控制初级电流的通断，达到适时点火的目的。

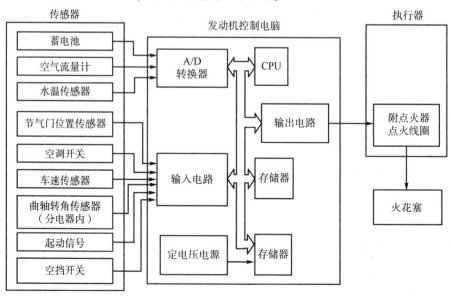

图 5-16 ESA 系统

2）TCCS 构成

（1）曲轴转角传感器。曲轴转角传感器的作用是向 ECU 提供活塞位置（上止点）、曲轴转角、曲轴转速等信息，它安装在分电器内，是一种磁电式传感器。

曲轴转角传感器基本结构见图 5-17。它由上部的 G 信号发生器和下部的 Ne 信号发生器组成。

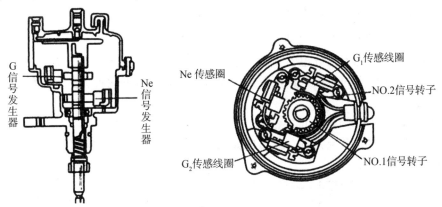

图 5-17　曲轴转角传感器

（2）ECU。如图 5-18 所示，工作时，ECU 根据各传感器输入的发动机信息，经过处理，从存储器中选择最佳点火提前角，根据 G_1、G_2 和 Ne 信号，判断发动机曲轴到达规定位置时，发出控制信号 IGt 至点火器，当 IGt 为低电位时，大功率晶体管截止，初级绕组电路切断，次级绕组产生高压电。起动时，点火时刻直接由传感器信号控制一个固定的点火提前角，当转速超过一定值时，自动转换成由微机输出的 IGt 控制。

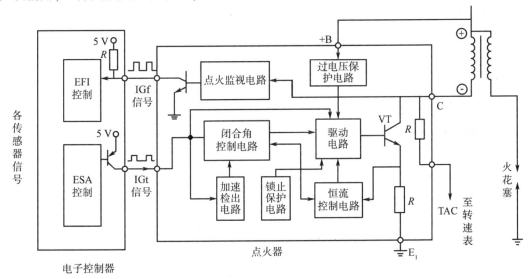

图 5-18　TCCS 控制电路

在发动机点火系统完成正常点火的同时，点火器还向 ECU 发回确认点火的反馈信号 IGf，使 ECU 能够继续向点火器发出点火信号，如果 ECU 连续 3~5 次未接到反馈信号 IGf，则判断点火系统出现故障，将停止继续点火和喷油，防止气缸内的燃油过多造成起动困难或增大三元催化器的负担。

（3）点火器。TCCS 的点火器可以根据 ECU 输出的 IGt 信号，控制点火时刻；此外还具有闭合角控制、恒流控制、点火监视、加速检出、锁止保护和过压保护等功能。

3）点火时刻（提前角）控制

对于丰田 IG-GEU 发动机，其初始点火提前角值为上止点前（BTDC）10°，当发动机起动时、发动机转速在 400 r/min 以下时、检查点火初始角和发动机 ECU 的后备系统工作时，实际点火提前角为固定点火提前角。

2. 直接点火系统控制电路分析

直接点火系统常称为无分电器点火系统（DLI 系统），它取消了传统的分电器，没有配电器，点火线圈产生的高压电直接送到火花塞。常采用以下两种方式：同时点火方式和单独点火方式。

1）无分电器线圈配电式同时点火方式

以丰田皇冠车 DLI 系统为例，其组成如图 5-19 所示，主要由传感器、ECU、点火器、点火线圈等组成。

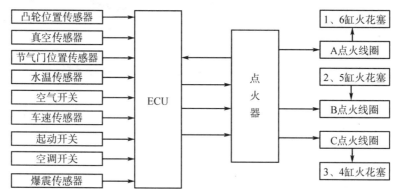

图 5-19　丰田皇冠 DLI 系统组成

2）无分电器二极管分配式同时点火方式

无分电器二极管分配式同时点火方式由于点火线圈有两组初级绕组，且电流方向相反，所以点火时在次级绕组产生的点火电压极性相反。美国通用、福特公司部分车型和日产汽车公司的蓝鸟等车型采用此方式，如图 5-20 所示。

3）无分电器单独点火方式

无分电器单独点火方式适合在四气门发动机上配用，该系统每个气缸的火花塞配用一个点火线圈，单独对本缸进行点火，并且可将点火线圈直接安装在火花塞顶上，这样不仅取消了分电器，而且也不用高压线，因此彻底消除了分电器和高压线所带来的缺陷，分火性能最好，但结构和点火控制系统复杂。

单独点火方式有以下两种形式。

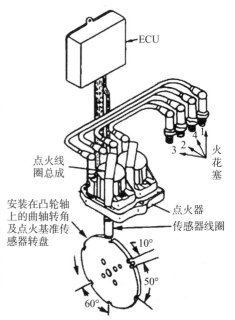

图 5-20　无分电器二极管分配式同时点火方式

（1）所有点火线圈共用一个点火器。图 5-21 所示为丰田 1MZ-FE 电控独立点火系统控制电路。图中 6 个点火线圈共用一个点火器。

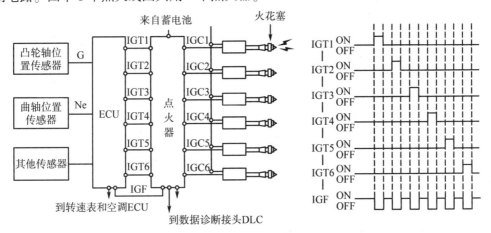

图 5-21　丰田 1MZ-FE 电控独立点火系统控制电路

（2）所有的缸都有一个点火器。如图 5-22 所示，每个气缸均有一个点火器，点火系统无高压线。

图 5-22　单独点火器

实训项目　分电器的拆装

1. 实训目的

了解分电器结构，掌握其拆装技术。

2. 实训要求

学生 4 人一组，严格按步骤完成。

3. 实训器材

触点式分电器，塞尺，常用工具。

4. 实训内容及步骤

1) 分电器总成的正确解体

分电器总成的正确解体步骤如下。

扳开分电器盖弹簧夹，拆下分电器盖，取下分火头。

松开活动触点臂簧片固定螺钉，拔出分电器低压接线柱到活动触点间的引线，取下接线柱绝缘夹块及引线。

用尖嘴钳取下活动触点卡簧片，取下活动触点及簧片固定夹。

旋出固定触点紧固螺钉，取下固定触点。

拆下真空点火提前装置柱销卡簧，拆下断电器底板固定螺钉，取下固定触点搭铁铜线，取下分电器盖弹簧夹，取下断电器底板。

拆下真空点火提前装置固定螺钉，取下真空点火提前装置组件。

拆下电容器固定螺钉，取下电容器。

取出中心油毡，旋出轴向固定螺钉，取下断电凸轮横板，取下离心块复位弹簧，取下离心块。注意取下离心块销钉及托板中心轴上的止推垫圈后不要将其丢失。

取下联轴节钢丝卡环，取下下联轴节，冲击分电器下轴横销，取下上联轴节及垫片，拔出分电器下轴。

(1) 分电器总成的主要构成部件如下。

①配电器。配电器由分火头和分电器盖组成，其作用是按发动机和工作顺序将高压电分配到各缸火花塞上。

分电器盖由胶木制成，盖内四周有与发动机气缸数相等的旁电极，同盖外的旁插孔相通，旁插孔用来安插分缸线。盖的中间有一个深凹的用来插中央线的插孔，其内侧为中心电极，电极孔中装有带弹簧的电刷，电刷借弹簧力与分火头上的导电片紧密接触。

分火头由胶木制成，其顶部嵌有一个铜导电片，分火头装于断电凸轮顶端，当其随轴旋转时，其上的导电片在距旁电极 0.2~0.8 mm 的间隙处掠过。当断电触点张开时，分火头正好对准盖内某一处旁电极，高压电便由中心电极，经电刷柱、导电片跳到旁电极，再经分缸线送至火花塞跳火。在高压电跳过导电片与旁电极之间的间隙时，会产生火花，造成对无线电的干扰。为此，有些分火头带有几千欧姆的阻尼电阻，其作用是抑制对无线电的干扰。

②断电器。断电器由一对触点和凸轮组成。其作用是周期性地接通和切断低压电路。

凸轮上有和发动机气缸数相同的棱角，它装于分电器轴顶端，通过离心重块由分电器轴驱动，分电器轴由发动机曲轴通过配气机构的凸轮轴上的齿轮驱动。对四冲程发动机而言，发动机曲轴与分电器的转速比为 2∶1，即曲轴转两圈，分电器轴转一圈。

断电触点（俗称"白金"）是由坚硬又耐高温的钨合金制成的，其中固定触点与触点臂铆为一体，固定在托盘上，托盘套在销钉上，由调整螺钉调整其位置，并用紧固螺钉固定于活动底板上。活动触点装在活动触点臂的一端，臂的另一端有孔，绝缘地套在销轴上，使活动触点与壳体绝缘，并经片状弹簧与绝缘接线柱相连通。在触点臂的中部固定着夹布胶木顶块，靠片簧压紧在断电凸轮上。

③电容器。电容器与断电器触点并联，容量为 0.15～0.25 μF，能耐 600 V 交流电压 1 min 而不被击穿。电容器的作用是当触点打开时，可以减小触点火花，保护触点；同时使初级电流迅速切断，提高次级电压，增强火花塞火花。

(2) 点火提前装置。

①离心式点火提前装置。离心式点火提前装置的作用是当发动机转速发生变化时自动调整点火提前角，其工作原理是当发动机转速升高时，离心块在离心力作用下克服弹簧拉力向外甩开，离心块上的销钉便推动拨板带着凸轮沿分电器轴旋转方向多转过一个角度，使凸轮提前顶开触点，点火提前角增大；反之，当转速降低时，离心力减小，弹簧便拉动离心块、拨板和凸轮沿分电器轴旋转的相反方向退回一个角度，使点火提前角自动减小。

②真空式点火提前装置。真空式点火提前装置的作用是当发动机负荷发生变化时自动调整点火提前角。

当发动机负荷小时，节气门开度小。小孔处的真空度较大吸动膜片，克服弹簧力向右拱曲，拉杆拉动活动底板并带着断电器触点副逆分电器轴旋转方向转动一定角度，使触点提前打开，点火提前角增大。当发动机负荷增大时，节气门开度增大，小孔处真空度下降，膜片在弹簧力作用下向左拱曲，使点火提前角自动减小。怠速时，真空孔已位于节气门上方，真空度很小，点火提前角位于最小值。

双膜片真空式点火提前装置的工作原理是：当发动机怠速时，由于节气门关闭，化油器的主腔点火提前真空小孔承受大气压力，故主膜片室不起点火提前作用，而副膜片室由于受节气门下方真空度作用，吸动副膜片右移带动杆轴，使断电器底板逆时针转过一定角度，实现点火提前，但这种点火提前角是有限的，因为杆轴右移到与主膜片壳体接触时，就不再右移；同时，在副膜片室真空度作用下，主膜片还能左移，使点火提前角减小，起到延迟点火的作用。

当节气门打开后，主副膜片室同时出现真空度，则主副膜片共同作用，克服弹簧力，带动杆轴左移，使点火提前角增大，提前角的最大值由主、副膜片上的挡块来限制。

2) 分电器拆解后的装复顺序

将分电器下轴垫上止推垫圈，装回分电器壳中，装上轴向间隙调整垫片、上联轴节，压回下轴横销，装回下联轴节，装复钢丝卡环。

垫回托板中心轴上止推垫圈；将离心块套入托板销钉上，装复离心块复位弹簧，在离心块销钉上套回止推垫圈；装复断电器凸轮横板；从断电凸轮中心孔旋入分电器轴向固定螺钉，压入带油的油毡。

装复电容器步骤如下。

(1) 将真空点火提前装置拉杆销钉套回活动底板孔中，套上卡簧，旋紧真空提前装置壳体。

(2) 装上固定触点，旋紧固定触点紧固螺钉。

(3) 装入活动触点，装上销轴卡簧片。

(4) 使活动触点弹簧片与固定夹相连。

(5) 装复接线柱与弹簧片固定夹之间的连接线。

(6) 认清分火头定位凸台方向，插回分火头；盖上分电器盖，扣紧分电器盖弹簧夹。

装复分电器时注意以下几点。

(1) 装复前应将待装零件清洗干净并吹干。

(2) 注意各运动副的润滑，如轴销、轴与套上应涂锂基润滑脂，油毡上应滴机油。

(3) 各止推垫片和卡簧片必须齐全并且未失效。

(4) 装复后，转动分电器应灵活自如，无噪声卡滞现象。将分电器下轴捏住，转动分火头，分火头应能转动一个角度且回位自如。用真空源吸真空点火提前装置接头，断电器底板应能拉动一定角度且回位自如。

(5) 装复后应将断电触点间隙调整到正常值，一般为 0.35～0.45 mm。

3) 断电触点间隙调整的正确方法

断电触点间隙调整前应先检查断电触点是否对正，贴合面积是否大于75%，表面有无烧蚀、脏污。若触点歪斜可用尖嘴钳扳动固定触点进行校正；贴合面积不够或表面接触不良可用油石修磨；若触点轻微烧蚀，可用"白金砂条"进行修整。

调整时缓慢转动分电器轴，使断电凸轮棱角正好顶起触点顶块将触点完全张开。松开紧固螺钉，转动偏心调整螺钉，使触点轻轻压着合乎尺寸的厚薄规片，将紧固螺钉重新旋紧。拧紧后应对间隙重新检查。一般断电触点间隙应为 0.35～0.45mm，若间隙过小，则易造成高压火弱、点火过迟、低速断火、触点易烧蚀等故障；若间隙过大，则易造成高压火强、点火过早、高速断火等故障。

本章小结

1. 点火系统的作用是将蓄电池或发电机的低压电转变成高压电，再按照发动机的工作顺序适时将高压电分送给需要点火气缸的火花塞，产生电火花以点燃可燃混合气。

2. 发动机点火系统按其组成和产生高压电的方式不同可分为传统点火系统、电子点火系统和微机点火系统。

3. 传统点火系统主要由电源、点火线圈、分电器、点火开关、火花塞、附加电阻及附加电阻短接装置、高低压导线等部件组成。

4. 汽车电子点火系统与传统点火系统一样均采用点火线圈储能和升压，所不同的是电子点火系统用晶体管的导通和截止来控制点火线圈初级电流的通断，晶体管的导通和截止则是受点火信号传感器控制的。

5. 为保证火花塞的正常工作，其下部绝缘体-裙部的温度应维持在 500～700 ℃，这样才能使落在绝缘体上的油滴立即烧掉，不致形成积炭，通常称这个温度为火花塞的"自净温度"。

6. 影响火花塞裙部温度的主要因素是裙部的长度，裙部较长的火花塞，在燃烧室内吸热面积大，传热距离长，散热困难，因而裙部温度高，称为"热型"火花塞。而裙部较短的火花塞，吸热面积小，传热距离短，散热容易，因而裙部温度较低，称为"冷型"火花塞。

7. 普通电子点火系统按传感器的不同分为磁电式、霍尔式和光电式 3 种。

8. 分电器线圈配电式同时点火系统主要由传感器、ECU、点火器、点火线圈等组成。

9. IGt 为点火驱动信号，点火器未接收到此信号时，不点火；IGf 为确认点火的反馈信号，ECU 未接收到此信号时停止喷油。

思考题

1. 点火系统的作用是什么？
2. 对点火系统有什么要求？
3. 如何实现点火系统的正常工作？
4. 试分析配电装置的组成结构与工作原理。
5. 什么是火花塞的自净温度？
6. 试分析影响火花塞工作温度的因素。
7. 不同热值的火花塞的结构特点如何？如何选用？为什么？
8. 微机控制电子点火系统的组成、结构、电路、工作原理有什么特点？

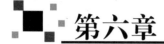

第六章 汽车照明系统的结构与检修

学习目标

- 了解汽车照明系统的基础知识
- 掌握汽车照明系统电路组成
- 掌握汽车照明系统的电路工作原理
- 掌握汽车照明系统检修

汽车照明系统是汽车夜间行驶必不可少的,为了提高汽车的行驶速度、确保夜间行车的安全,汽车上装有多种照明设备。

第一节 汽车照明系统的基础知识

一、汽车照明灯概述

依照机动车照明相关法规,机动车交通道路照明按快速路与主干路、次干路、支路分为三级。

机动车交通道路照明标准值见表6-1。

表6-1 机动车交通道路照明标准值

级别	道路类型	路面亮度			路面照度		眩光限制阈值增量 $TI/(\%)$ 最大初始值	环境比 SR 最小值
		平均亮度 $L_{av}/(cd/m^2)$ 维持值	总均匀度 U_o 最小值	纵向均匀度 U_L 最小值	平均照度 E_{av}/lx 维持值	均匀度 U_E 最小值		
I	快速路、主干路	1.5~2.0	0.4	0.7	20~30	0.4	10	0.5
II	次干路	0.75~1.0	0.4	0.5	10~15	0.35	10	0.5
III	支路	0.5~0.75	0.4	—	8~10	0.3	15	—

注:1. 表中所列的平均照度仅适用于沥青路面。若系水泥混凝土路面,其平均照度值可相应降低约30%。

2. 表中各项数值仅适用于干燥路面。

3. 表中对每一级道路的平均亮度和平均照度给出了两档标准值,"~"的左侧为低档值,右侧为高档值。

二、照明和信号装置的一般要求

照明和信号装置的一般要求如下。

(1) 机动车(手扶拖拉机运输机组除外)的前位灯、后位灯、示廓灯、侧标志灯、挂车标志灯、牌照灯和仪表灯应能同时启闭,当前照灯关闭和发动机熄火时仍应能点亮。汽车和挂车的电路连接应保证前位灯、后位灯、示廓灯、侧标志灯和牌照灯只能同时打开或关闭,但前位灯、后位灯、侧标志灯作为驻车灯使用(复合或混合)的除外。

(2) 机动车的前、后转向信号灯,危险警告信号及制动灯白天在距其100 m处应能观察到其工作状况,侧转向信号灯白天在距30 m处应能观察到其工作状况;前、后位灯,示廓灯,挂车标志灯夜间能见度良好时在距其300 m处应能观察到其工作状况;后牌照灯夜间能见度良好时在距其20 m处应能看清号牌号码。制动灯的发光强度应明显大于后位灯。

(3) 对称设置、功能相同的灯具的光色和亮度不应有明显差异。

(4) 机动车照明和信号装置的任一条线路出现故障,不得干扰其他线路的正常工作。

(5) 驾驶区的仪表板应采用不反光的面板或护板,车内照明装置及其在风窗玻璃、视镜、仪表盘等处的反射光线不应使驾驶人眩目。

(6) 仪表板上应设置仪表灯。仪表灯点亮时,应能照清仪表板上所有的仪表且不应眩目。

(7) 汽车(三轮汽车和装用单缸柴油机的低速货车除外)仪表板上应设置蓝色远光指示信号和与行驶方向相适应的转向指示信号。

(8) 汽车(三轮汽车除外)和轮式拖拉机运输机组均应具有危险警告信号装置,其操纵装置不应受灯光总开关的控制。对于牵引挂车的汽车,危险警告信号控制开关也应能打开挂车上的所有转向信号灯,即使在发动机不工作的情况下,仍应能发出危险警告信号。危险警告信号和转向信号灯的闪光频率应为 1.5 Hz ± 0.5 Hz,起动时间应小于等于 1.5 s。如某一转向灯发生故障(短路除外)时,其他转向灯应继续工作,但闪光频率可以不同于上述规定的频率。

(9) 客车应设置车厢灯和门灯。车长大于6 m的客车应至少有两条车厢照明电路,仅用于进出口处的照明电路可作为其中之一。当一条电路失效时,另一条仍应能正常工作,以保证车内照明。车厢灯和门灯不应影响本车驾驶人的视线和其他机动车的正常行驶。

三、前照灯基本要求

前照灯的基本要求如下。

(1) 机动车装备的前照灯应有远、近光变换功能;当远光变为近光时,所有远光应能同时熄灭。同一辆机动车上的前照灯不得左、右的远、近光灯交叉开亮。

(2) 所有前照灯的近光均不应眩目。

(3) 机动车前照灯光束照射位置在正常使用条件下应保持稳定。

(4) 机动车每只前照灯的远光光束发光强度应达到表 6-2 的要求；并且，同时打开所有前照灯（远光）时，其总的远光光束发光强度应符合 GB 4785—2007《汽车及挂车外部照明和光信号装置的安装规定》。测试时，电源系统应处于充电状态。

表 6-2　前照灯远光光束发光强度最小值要求　　　　　　　　单位：cd

机动车类型		检查项目					
		新注册车			在用车		
		一灯制	二灯制	四灯制	一灯制	二灯制	四灯制
三轮汽车		8 000	6 000	—	6 000	5 000	—
最大设计车速小于 70 km/h 的汽车		—	10 000	8 000	—	8 000	6 000
其他汽车		—	18 000	15 000	—	15 000	12 000
普通摩托车		10 000	8 000	—	8 000	6 000	—
轻便摩托车		4 000	3 000	—	3 000	2 500	—
拖拉机运输机组	标定功率>18 kW	—	8 000	—	—	6 000	—
	标定功率≤18 kW	6 000	6 000	—	5 000	5 000	—

注：1. 四灯制是指前照灯具有四个远光光束；采用四灯制的机动车其中两只对称的灯达到两灯制的要求时视为合格。

2. 允许手扶拖拉机运输机组只装用一只前照灯。

四、光束照射位置要求

光束照射位置要求如下。

(1) 检验前照灯近光光束照射位置时，前照灯照射在距离 10 m 的屏幕上，乘用车前照灯近光光束明暗截止线转角或中点的高度应为 $0.7H \sim 0.9H$（H 为前照灯基准中心高度，下同），其他机动车（拖拉机运输机组除外）应为 $0.6H \sim 0.8H$。机动车（装用一只前照灯的机动车除外）前照灯近光光束水平方向位置向左偏应小于等于 170 mm，向右偏应小于等于 350 mm。

(2) 轮式拖拉机运输机组装用的前照灯近光光束的照射位置，按照上述方法检验时，要求在屏幕上光束中点的离地高度应小于等于 $0.7H$；水平位置要求，向右偏移应小于等于 350 mm，不得向左偏移。

(3) 检验前照灯远光照射位置时，对于能单独调整远光光束的前照灯，前照灯照射在距离 10 m 的屏幕上时，要求在屏幕光束中心离地高度：对乘用车为 $0.85H \sim 0.95H$（但不得低于前照灯近光光束明暗截止线转角或中点的高度），对其他机动车为 $0.8H \sim 0.95H$；机动车（装用一只前照灯的机动车除外）前照灯远光光束水平位置要求为：左灯向左偏应小于等于 170 mm，向右偏应小于等于 350 mm，右灯向左或向右偏均应小于等于 350 mm。图 6-1 所示为检验前照灯远光照射位置示意。

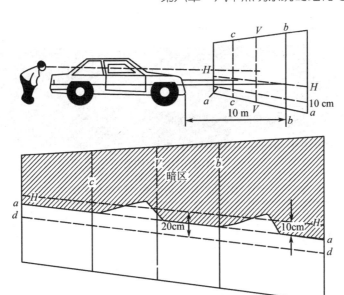

图 6-1 检验前照灯远光照射位置示意

第二节 汽车照明系统

一、汽车照明灯的功能作用

汽车照明灯要提供良好照明,并应尽量减少眩光。对于前照灯,为了兼顾上述两方面要求,采用远光和近光两种工况。

远光是在前方无来车或不尾随其他汽车时使用的远距离照明光束,由位于反射器焦点上、功率较大的主灯丝产生,光束方向近似水平。

近光是在交会车或尾随其他汽车时使用的近距离照明光束,由功率较小的副灯丝产生,因偏离反射器焦点和光轴,光束向下投射。为了限制水平方向以上的光束,通常在副灯丝下方装有金属挡光罩,这样在垂直屏幕上就形成具有明暗陡变的光形,交会车时,来车驾驶员眼睛位于近光光形暗区内,从而最大限度地抑制了眩光。

通常规定单灯的最大发光强度应不小于 20 000 cd。为了保证行车安全,远光的照明距离(发现和辨认障碍物的距离)应大于实现及时停车的制动距离。鉴于所需要的远光发光强度约与速度的 4 次方成正比,大多数国家均实行车速限制。此外,为了在远、近光工况变换时,不至于因为明暗变化悬殊而使驾驶员短时间丧失辨认能力,因而规定:所有前照灯的远光最大发光强度总和不得超过 225 000 cd。

二、汽车照明灯分类

1. 根据安装位置和用途分类

汽车照明灯根据安装位置和用途的不同,一般可分为:外部照明灯、内部照明灯。常见的汽车照明灯如图 6-2 所示，汽车照明灯的种类、特点及用途见表 6-3。

图 6-2 汽车照明灯

表 6-3 汽车照明灯的种类、特点及用途

	外照明灯			内照明灯		
	前照灯	雾灯	牌照灯	顶灯	仪表灯	行李箱灯
安装位置	汽车头部侧有两灯、四灯	汽车头部、尾部	汽车尾牌照上方或左右	汽车内部	汽车仪表板内部	行李箱内部
工作时的特点	白色常亮远近光变化	黄色或白色单丝常亮	白色常亮	白色常亮	白色常亮	白色常亮
功 率	40~60 W	前 45 W 后 21 W 或 6 W	5~10 W	5~15 W	2 W	5 W
用 途	为驾驶员安全行车提供保障	雨、雪、雾天保证有效照明及提供信号	用于照亮汽车尾部牌照	用于夜间车内照明	用于夜间观察仪表时的照明	用于夜间拿取行李物品时的照明

1）前照灯

前照灯的主要用途是照明车前的道路和物体，确保行车安全。还可以利用远光、近光交替变换作为夜间超车信号。前照灯安装在汽车头部的两侧，每辆车装 2 只或 4 只。灯泡功率为远光灯 45~60 W，近光灯 25~55 W。

前照灯的类型可分为以下几种。

（1）按照安装数量的不同可分为：两灯制前照灯和四灯制前照灯。前者每只灯具有远、近光双光束；后者外侧一对灯为远、近光双光束，内侧一对灯为远光单光束。

（2）按照安装方式的不同可分为：外装式前照灯和内装式前照灯。前者整个灯具在汽车上外露安装；后者灯壳嵌装于汽车车身内，装饰圈、配光镜裸露在外。

（3）按照灯的配光镜形状不同可分为：圆形前照灯、矩形前照灯和异形前照灯三类，目前流行异形前照灯。

（4）按照发射的光束类型不同可分为：远光前照灯、近光前照灯和远近光前照灯三类。

2）雾灯

雾灯装在前照灯附近或比前照灯稍微低的位置。它是在有雾、下雪、大雨或尘埃弥漫等能见度低的情况下，作为道路照明并为迎面来车提供信号的灯具，灯光多为黄色，这是因为黄色光波长较长,有良好的透雾性能。雾灯功率一般为 35 W。

3)倒车灯

倒车灯装于汽车尾部,用于照亮车后道路和告知车辆和行人,车辆正在倒车或准备倒车。它兼有灯光信号装置的功能,灯光为白色,功率为 28 W。

4)牌照灯

牌照灯装在汽车尾部牌照上方,其用途是照亮车辆后牌照板。其要求是夜间在车后 20 m 处能看清牌照上的号码。灯光为白色,功率一般为 8~10 W。

5)顶灯

顶灯安装在驾驶室或车内顶部,供驾驶室内照明的灯具。顶灯灯光为白色,灯罩大多采用透明塑料制成,灯泡功率一般为 5~8 W。

6)仪表灯

仪表灯是仪表照明用工具,常与仪表板连在一起。灯光为白色,灯泡功率一般为 2~8 W。

7)踏步灯

踏步灯是用来照明车门踏步处,方便乘客上下车的灯具。灯光为白色,灯泡功率一般为 5~8 W。

8)行李箱灯

行李箱灯是轿车内行李箱内的灯具。灯光为白色,功率为 5~8 W。

9)工具灯

工具灯是修理汽车时使用的,在汽车上装设工作灯插座,配带有导线的移动式灯具。灯光为白色,灯泡功率一般为 8~20 W。

三、汽车前照灯

1. 汽车前照灯要求

(1)为了确保夜间行车的安全,前照灯应保证车前有明亮而均匀的照明,使驾驶员能够辨明车前 100 m(或更远)内道路上的任何障碍物。

(2)前照灯应具有防眩目的装置,以免夜间会车时,使对方驾驶员目眩而发生事故。

2. 汽车前照灯的结构

汽车前照灯一般由光源(灯泡)、反射镜、配光镜(散光镜)3 部分组成。

1)光源(灯泡)

汽车前照灯所用的灯泡有普通灯泡(白炽灯泡)、卤素灯泡、氙气灯泡和 LED 灯泡,前两种灯泡的灯丝均采用熔点较高的钨丝发光,后两种为高端新型灯泡。

(1)普通灯泡(白炽灯泡) 灯丝用钨丝制成,玻璃泡内抽出空气,然后充以 86% 的氩气和约 14% 的氮气的混合惰性气体以减少钨丝受热蒸发,延长其使用寿命,灯丝制成紧密的螺旋状。灯泡在长期使用后发黑,表明灯丝的损耗依然存在,因此并不能阻止钨丝的蒸发,目前已经淘汰。

（2）卤素灯泡是在惰性气体中加入一定量的卤族元素（如碘、溴），使得从灯丝上蒸发出来的气态钨与卤族元素反应生成了一种挥发性的卤化钨，在扩散到灯丝附近的高温区域后又受热分解，使钨重新回到灯丝上，如此循环防止了钨的蒸发和灯泡黑化的现象。白炽灯泡发光效率一般为 8~12 lm/W，卤素灯泡发光效率可达 18~20 lm/W，比白炽灯泡高 20% 以上。如图 6-3 所示，由于卤素灯泡体积小、耐高温、发光强度高、使用寿命长，故而目前得到广泛的应用。

图 6-3 卤素灯泡

（3）氙气灯泡是指内部充满包括氙气在内的惰性气体混合体，没有卤素灯泡所具有的灯丝的高压气体放电灯泡，简称 HID 氙气灯泡，可称为金属卤化物灯泡或氙气灯泡，其发光原理是通过启辉器和电子镇流器，将电压提高至 23 000 V 以上击穿氙气从而导致氙气在两个电极之间形成电弧并发光。氙气灯泡在汽车灯领域也叫 HID 气体放电式头灯，是用包裹在石英管内的高压氙气替代传统的钨丝，提供更高色温、更聚集的照明。由于氙气灯泡是采用高压电流激活氙气而形成一束电弧光，故可在两电极之间持续放电发光。普通汽车白炽灯泡的功率达到 55 W，而氙灯仅需 35 W，降低近一半。氙气灯泡可明显减轻车辆电力系统的负担。汽车氙气灯泡的色温在 4 000~6 000 K 之间，远远高于普通车大灯灯泡。它亮度高，4 300 K 的氙气灯泡的光色为白色偏黄，由于色温较低，视觉效果偏黄，光线的穿透力强于高色温的灯，可以提高夜间和大雾天气的行车安全性，如图 6-4 所示。

图 6-4 汽车氙气灯泡

（4）LED（Light Emitting Diode），即发光二极管，是一种能够将电能转化为可见光的固态的半导体器件，它可以直接把电转化为光，外观如图 6-5 所示，LED 前大灯总成如图 6-6 所示。LED 的心脏是一个半导体的晶片，晶片的一端附在一个支架上，一端是负极，另一端连接电源的正极，整个晶片被环氧树脂封装起来。半导体晶片由两部分组成，一部分是 P 型半导体，在它里面空穴占主导地位；另一端是 N 型半导体，在这边是电子占主导地位。但这两种半导体连接起来的时候，它们之间就形成一个 PN 结。当电流通过导线作用于这个晶片的时候，电子就会被推向 P 区，在 P 区里电子跟空穴复合，然后就会以光子的形式发出能量，这就是 LED 灯泡发光的原理。而光的波长也就是光的颜色，是由形成 PN 结的材料决定的。

图 6-5　LED 外观

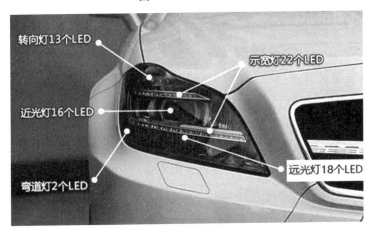

图 6-6　LED 前大灯总成

2）反射镜

反射镜的表面形状呈旋转抛物面，一般由 0.6~0.8 mm 的薄钢板冲压而成或由玻璃、塑料制成。其内表面镀银、铝或铬，然后抛光处理；目前反射镜内面采用真空镀铝的较多，如图 6-7 所示。

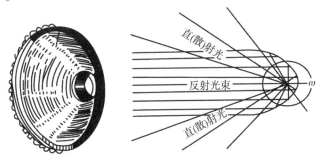

图 6-7　反射镜

反射镜的作用是将灯泡的散射（直射）光反射成平行光束，使光度大大增强，增强几百乃至上千倍，以保证汽车前方 150~400 m 范围内足够的照明。

3) 配光镜（散光镜）

配光镜是由透镜和棱镜组合而成的散光玻璃，其外形一般为圆形或方形，配光镜的外表面平滑，内侧精心设计成由许多特殊的凸透镜和棱镜组成的组合体。配光镜的作用是将反射镜反射出来的光线进行散射与折射，以扩大光照范围，使前照灯 100 m 以内的路面和路缘有均匀的照明，使照射区域的光照度分布符合标准要求，如图 6-8 所示。

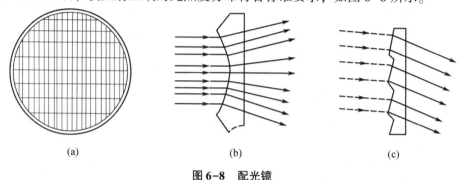

图 6-8 配光镜

(a) 配光镜；(b) 远光线束；(c) 近光线束

3. 前照灯防眩目的措施

汽车前照灯的防眩目措施：为了防眩目，前照灯的灯泡一般采用双灯丝结构，一根为远光灯丝，另一根为近光灯丝，如图 6-9 所示。远光灯丝功率较大，位于反射镜焦点；近光灯丝功率较小，位于焦点上方或前方。远光灯丝照射距离远，用于无迎面来车时的道路照明，以提高车速；近光灯丝照射距离较近，但不会产生眩光，用于会车时的照明。会车

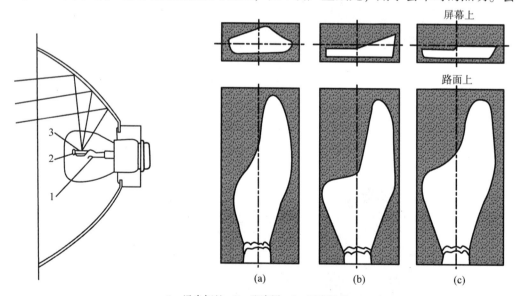

1—远光灯丝；2—配光屏；3—近光灯丝。

图 6-9 具有配光屏的双灯丝灯光及近光灯光形

(a) 对称光形；(b) L 形非对称光形；(c) Z 形非对称光形

时,将前照灯及时切换为近光灯就可避免眩目。汽车前照灯防眩目采取的具体措施为:(1) 采用双丝灯泡;(2) 采用带遮光罩的双丝灯泡;(3) 采用非对称光形;(4) 采用前照灯自动变光器。

4. 提高汽车照明安全的一些措施

前照灯是汽车夜间行驶必不可少的照明设备,为了提高汽车夜间行驶的速度,确保行车安全,不少汽车上采用了前照灯电子控制装置,对前照灯进行自动控制。常用的控制装置有:前照灯自动变光器、前照灯状态控制系统、前照灯昏暗自动发光器、红外线车灯、自适应前照灯系统和动态光感系统(DLS)。

(1) 前照灯自动变光器是一种根据对方车辆灯光的亮度自动变远光为近光或变近光为远光的自动控制装置。它的优点是实现了自动控制,不需要驾驶员操纵,其次是它的体积小,性能稳定可靠,且灵敏度高。在夜间两车相对行驶,当相距 150~200 m 时,对方的灯光照射到自动变光器上,就立即自动变远光为近光,从而有效地避免了远光给对方驾驶员带来的眩目,待两车相会后,变光器又自动变近光为远光,汽车即可恢复原来的行驶速度。该系统主要由光敏二极管(光敏电阻)及放大器单元(感光器)、灵敏度调节器、远/近光继电器、变光开关、闪光超车开关等部件组成,如图 6-10 所示。

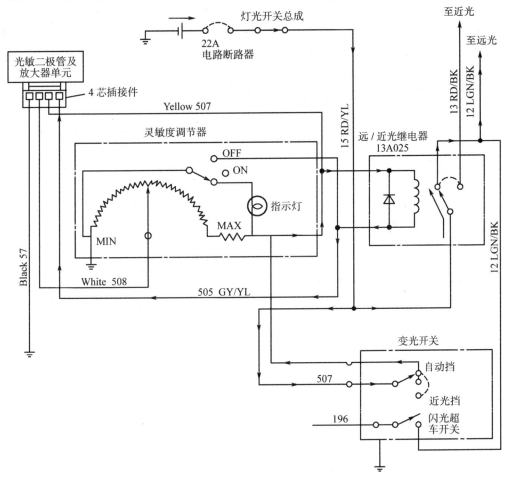

图 6-10 有光敏二极管的前照灯自动变光器

当变光开关置于自动挡时,远/近光继电器的磁化线圈通过光敏二极管及放大器单元搭铁,其电流回路为:蓄电池→电路断电器→灯光开关总成→507线→自动挡→远/近光继电器的磁化线圈→光敏二极管及放大器单元→搭铁。

此时远/近光继电器控制远光灯的触点闭合,远光灯亮。

当对面来车时,光敏二极管及放大器单元(感光器)内的电阻发生变化,使得远/近光继电器的磁化线圈电路截止(不能搭铁)。

这样,远/近光继电器的触点臂在弹簧的作用下,远光触点断开,近光触点闭合,前照灯电路由远光照明变成了近光照明。

当会车结束时,光敏二极管和放大器单元使远/近光继电器的磁化线圈再次搭铁,远/近光继电器的近光触点断开,远光触点闭合,前照灯电路由近光照明又回到了远光照明。

(2)前照灯状态自动调整系统。前照灯的照明范围随汽车的负荷变化而变化,当汽车的负荷较大时,前照灯距地面变近,使照明范围变小,反之,虽使照明范围增大,但会造成对面来车驾驶员的眩目,这样都会造成安全事故。为了克服负荷对照明的影响,有些先进的车上装设有前照灯状态自动调整系统。根据汽车负荷的不同自动调整前照灯前倾的角度,使照明范围保持不变。

(3)前照灯昏暗自动发光器。昏暗自动发光器的功用是:在行驶中,当车前的自然光的强度降低到一定程度时,自动将前照灯的电路接通,以确保行车安全,同时还有延时关灯的作用。昏暗自动发光器主要由光传感器和控制元件及晶体管放大器组件两大部分组成,如图6-11所示。

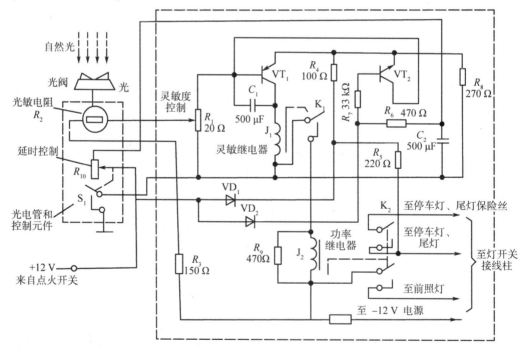

图6-11 昏暗自动发光器

(4)红外线车灯。将红外线车灯装到汽车上,有望提高夜间行驶安全性。通用公司的凯迪拉克车以选装件的形式提供一种称为"夜视"(Night Vision)的系统。当接通"夜视"系统时,"热"的目标(包括动物和人)会以白色影像显示在这种成像装置上。如图 6-12 所示,该系统在前格栅之后的汽车中部的一个前照灯式的支架上安装一台摄像机,可对摄像机的朝向进行调节。安装在中间位置,是为了尽可能的减少碰撞。

该装置像照相机,靠的是内部的一排铁电钛酸钡锶(BST)敏感元件,不用胶卷。

有个硅圆盘处在两个透镜与敏感元件支架上,以 1 800 r/min 的转速旋转。圆盘的某些部分有螺旋涡槽,可阻挡红外射线,但却允许红外射线直接穿过平整部分。敏感元件对透镜能见到的物体的热能作出反应,其检测元件的阅读电路可每秒钟开关 30 次,为系统的风窗玻璃显示器提供视频信号。

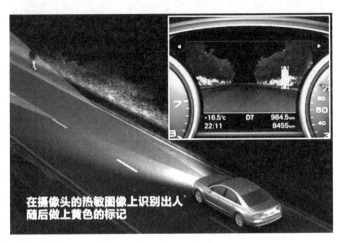

图 6-12　红外线车灯

(5)自适应前照灯系统。自适应前照灯系统的英文缩写是 AFS(Adaptive Front Lighting System)。汽车自适应前照灯系统是使会车用前照灯(即近光灯)的光照射线随车辆行进方向作水平方向偏转,并根据车辆的俯仰作垂直方向的调整,为驾驶员在路口、弯道及颠簸不平的路面提供最佳的照明效果。AFS 有 6 种不同的照明模式,即默认照明模式、高速公路照明模式、乡村照明模式、城市照明模式、弯道照明模式、恶劣天气照明模式,在这 6 种照明模式中提供最优最科学的照明模式,从而提高夜间行车的安全性。

随着科技的不断进步,在 AFS 中集成 GPS 导航、图像识别功能以检测行人、车辆和路边障碍物的新型 AFS 正在研究之中。新型 AFS 能识别当前车辆所处的地理位置,同时根据导航、图像识别等信息对即将行驶的路线的曲率、路面边界、对面来车等信息进行计算,实现对汽车前照灯灯光的高智能调节,更有利于驾驶员提前作出判断和反应。

(6)动态光感系统(DLS)。动态光感系统采用红外线传感器,可以感知汽车周身 100 m 之内的动物和行人。当某物被该仪器发觉到,一束灯光将会照射于该物,以警示驾驶者,如图 6-13 所示。

图 6-13　宝马的动态光感系统

除了上述前照灯控制装置之外,现在的汽车还应用了激光尾灯技术。这项技术为激光尾灯投射系统,使车尾投射激光束到地面。由于激光的穿透性更强,可以在大雾等恶劣天气中起到更好的警示作用。同时奥迪为激光束设定了角度,激光束并不会照射到后车,以防影响后车安全驾驶,如图6-14所示。

图6-14 激光尾灯技术

第三节 灯光控制电路工作原理

前照灯控制电路主要由灯光控制开关、变光开关、前照灯继电器及前照灯组成,其工作原理如图6-15所示。

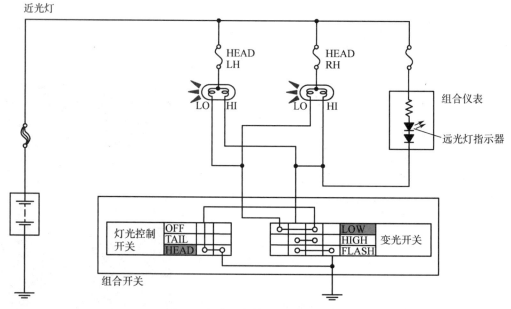

图6-15 前照灯控制电路工作原理

· 128 ·

一、无继电器的灯光控制电路

图6-15中，OFF表示关闭，TAIL表示尾灯，HEAD表示大灯，LOW表示近光灯，HIGH表示远光灯，FLASH表示超车灯。

超车时超车灯是远光灯亮，当灯光控制开关位于OFF挡时，动作超车开关，远光灯也会亮，但超车开关是一个不自锁的开关，放手时它会自动回到近光挡位置。

二、有继电器控制的灯光电路

在有继电器控制的灯光电路（见图6-16）中，继电器主要起保护组合开关的作用，防止灯泡功率过大而损坏组合开关。在电路中，远光指示灯和近光灯是串联的，近光灯工作时，近光灯泡直接搭铁，远光指示灯没有电压而不亮；当开远光灯时，远光灯亮，近光灯和远光指示灯也有电流通过，由于近光灯比远光指示灯功率大，指示灯功率小电阻大，电压几乎全加在远光指示灯上，故远光指示灯亮，近光灯不亮。

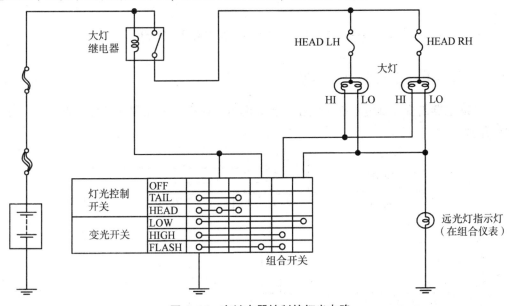

图6-16 有继电器控制的灯光电路

以近光灯控制电路为例，有继电器控制的近光灯光电路工作原理如图6-17所示，选择灯光控制开关，将变光开关调到近光灯挡，于是大灯继电器动作，12 V电压直接加在远近光灯泡一端，通过变光开关搭铁，近光灯点亮。

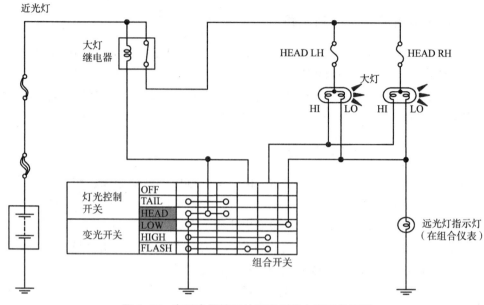

图 6-17 有继电器控制的近光灯光电路工作原理

三、双继电器控制的灯光电路

大灯继电器给变光继电器提供电压，变光继电器触点分别控制远光灯和近光灯，如图 6-18 所示。

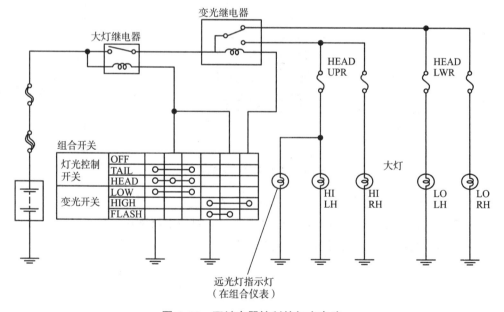

图 6-18 双继电器控制的灯光电路

四、前后雾灯控制电路

雾灯开关控制前雾灯继电器，前雾灯继电器控制前雾灯点亮。后雾灯直接由雾灯开关控制，不受继电器影响，后雾灯亮时前雾灯也同时亮。前后雾灯控制电路如图6-19所示。

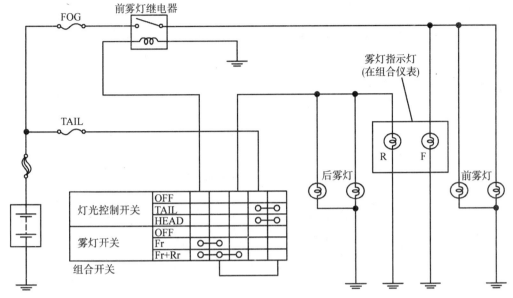

图6-19 前后雾灯控制电路

五、串联式日间灯控制电路

当开关控制日间灯亮时行车灯主继电器搭铁，大灯继电器动作，变光继电器有12 V电源（变光继电器不动作），通过变光继电器常闭触点，向近光灯提供12 V正极电源，通过电阻搭铁，近光灯点亮，由于近光灯端电压经电阻降压后没有12 V，所以近光灯光线不为正常亮度，属于半亮状态，起到日间灯作用。当使用近光灯时，2号继电器动作，近光灯端电压变为12 V，便于夜间正常照明，如图6-20所示。

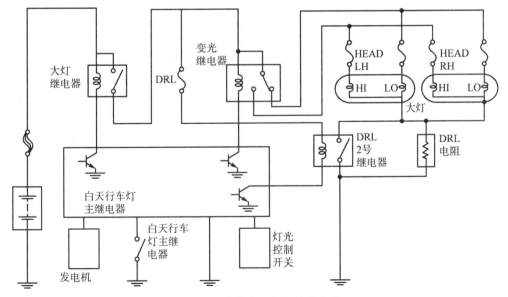

图6-20 串联式日间灯控制电路

六、奥迪 A6 大灯及雾灯电路

奥迪 A6 大灯及雾灯电路如图 6-21 所示。

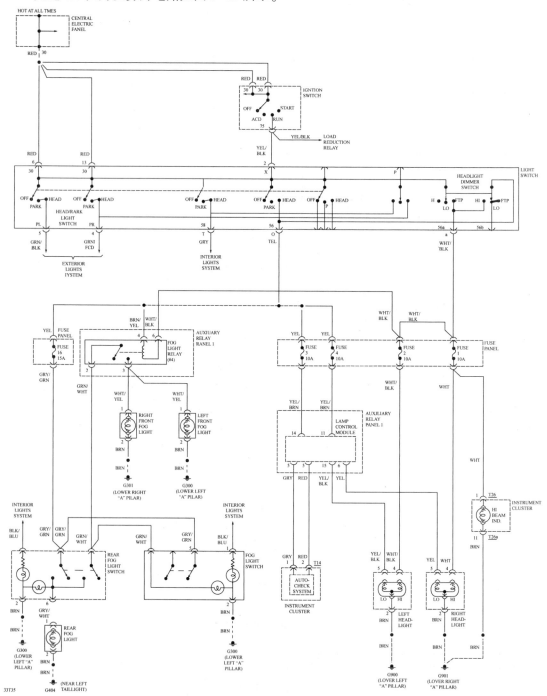

图 6-21　奥迪 A6 大灯及雾灯电路

七、电控大灯电路

电子控制系统的灯光电路一般设计思路为灯光开关搭铁控制车身电脑，车身 ECU1 通过网络总线连接大功率的车身 ECU2，大功率的车身 ECU2 控制灯光继电器线圈端搭铁，灯光继电器触点再控制灯光开启或关闭，天籁灯光控制系统如图 6-22 所示。

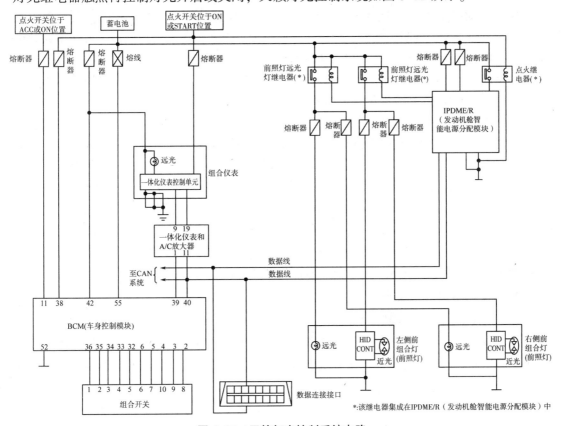

图 6-22 天籁灯光控制系统电路

第四节 汽车灯光电路的检修

一、汽车电路检修知识

1. 一般汽车电路的接线规律

汽车线路一般采用单线制、用电设备并联、负极搭铁，线路有颜色和编号加以区分，并以点火开关为中心将全车电路分成几条主干线，即：蓄电池火线（30 号线）、附件火线（Acc 线）、钥匙开关火线（15 号线）。

（1）蓄电池火线（B 线或 30 号线）。从蓄电池正极引出直通熔断器盒，也有汽车是将蓄电池火线接到起动机火线接线柱上，再从那里引出较细的火线。

（2）点火仪表指示灯线（IG 线或 15 号线）。点火开关在 ON（工作）和 ST（起动）

挡才有电的电线，必须有汽车钥匙才能接通点火系统、预充磁、仪表系统、指示灯、信号系、电子控制系重要电路。

（3）专用线（Acc 线或 15A 线）。用于发动机不工作时需要接入的电器，如收放机、点烟器等。点火开关单独设置一挡予以供电，但发动机运行时收音机等仍需接入与点火仪表指示灯等同时工作，所以点火开关触刀与触点的接触结构要作特殊设计。

（4）起动控制线（ST 线或 50 号线）。起动机主电路的控制开关（触盘）常用磁力开关来通断。磁力开关的吸引线圈、保持线圈可以由点火开关的起动挡控制。大功率起动机的吸引、保持线圈电流也很大（可达 40~80 A），容易烧蚀点火开关的"30-50"触点对，必须另设起动机继电器（如东风、解放及三菱重型车）。装有自动变速器的轿车，为了保证空挡起动，常在 50 号线上串有空挡开关。

（5）搭铁线（接地线或 31 号线）。汽车电路中，以元件和机体（车架）金属部分作为一根公共导线的接线方法称为单线制，将机体与电器相接的部位称为搭铁或接地。搭铁点分布在汽车全身，由不同金属相接（如铁、铜与铝，铅与铁）形成电极电位差，有些搭铁部位容易沾染泥水、油污或生锈，有些搭铁部位是很薄的钣金件，都可能引起搭铁不良，造成灯不亮、仪表不起作用、喇叭不响等故障。要将搭铁部位与火线接点同等重视，所以现代汽车局部采用双线制，设有专门公共搭铁接点，编绘专门搭铁线路图，堪与熔断器电路提纲图并列。为了保证起动时减少线路接触压降，蓄电池极桩夹头、车架与发动机机体都接上大截面积的搭铁线，并将接触部位彻底除锈、去漆、拧紧。

2. 识读电路图的一般要点

（1）纵观"全车"，眼盯"局部"，由"集中"到"分散"。

全车电路一般都是由各个局部电路所构成，它表达了各个局部电路之间的连接和控制关系。要把局部电路从全车总图中分割出来，就必须掌握各个单元电路的基本情况和接线规律。

汽车电路的基本特点是：单线制、负极搭铁、各用电器互相并联。各单元（局部）电路，例如电源系统、起动系统、点火系统、照明系统、信号系统、仪表系统等都有其自身的一些特点，看电路要以其自身的特点为指导，去分解并研究全车电路，这样做会少一些盲目性，能较快速、准确地识读汽车电路图。开始时必须认真地读几遍图注，对照线路图查看电器在车上的大概位置及数量，电器的用途，有没有新颖独特的电器（如有，应加倍注意）。

（2）抓住"开关"的作用：所控制的"对象"。开关是控制电路通断的关键，特别注意继电器不但是控制开关也是被控制对象。

（3）寻找电流的"回路"：控制对象的"通路"。

回路是最简单的电气学概念。无论什么电器，要想正常工作（将电能转换为其他形式的能），必须与电源（发电机或蓄电池）的正负两极构成通路。即：从电源的正极出发→通过用电器→回到同一电源的负极。

二、汽车灯光电路检修

汽车灯系常见的故障一般有灯光不亮、远光灯不亮、近光灯不亮、示宽灯、尾灯和仪表灯均不亮等。在进行故障诊断时,应根据电路图对电路进行检查,判断出故障的部位。汽车灯光控制电路如图6-23所示。

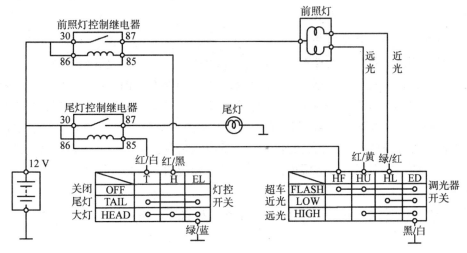

图6-23 汽车灯光控制电路

1. 前照灯不亮

(1) 故障现象。接通车灯开关至大灯挡时,小灯和仪表正常,大灯远近光灯均不亮。

(2) 故障原因。引起灯光不亮的主要原因有灯泡损坏、熔断器熔断、灯光开关或继电器损坏及线路断路或短路等。

(3) 故障诊断。将车灯开关接至大灯挡位,用试灯检查变光开关的"火线"接线柱。若试灯不亮,用试灯检查车灯开关相应接线柱;若试灯亮,表明两开关之间的导线断路;若试灯不亮,表明车灯开关损坏。检查变光开关接线柱时,若试灯亮,为变光开关损坏。用导线分别连接变光开关的"火线"接线柱与远、近光灯接线柱,此时,远近灯均应点亮。

2. 远光灯不亮

(1) 故障现象。打开前照灯变光时,只有近光。

(2) 故障原因。变光器损坏、线路断路或短路、灯丝烧断、灯座接触不良。

(3) 故障诊断。先将车灯开关接至前照灯挡,接通变光开关,查看远光指示灯。若指示灯亮,表明远光灯线接点至线束导线断路,或者两远光灯丝烧坏。可在左或右接线板远光灯接线柱上用试灯检查:试灯亮,为两远光灯丝烧坏;试灯不亮,为远光指示灯线至线束导线断路。若指示灯不亮,为可靠起见,先检查远光指示灯技术状况。若良好,连接变光灯的"火线"接线柱和远光接线柱,观察大灯及远光指示灯:亮,表明变光开关损坏;仍不亮,表明远光指示灯线结点至变光开关之间导线断路。

3. 近光灯不亮

(1) 故障现象。近光灯不亮。

(2) 故障原因。变光器损坏、线路断路或短路、灯丝烧断、灯座接触不良。

(3) 故障诊断。将车灯开关打开,连接变光灯开关的"火线"接线柱和近光灯接线柱，观察大灯：亮，为变光开关损坏；仍不亮，为变光开关至线束导线断路或两近光灯丝烧坏。可在左或右接线板近光灯接线柱上用试灯检查：试灯亮，为近光灯丝烧坏；试灯不亮，为变光开关至线束导线断路。

4. 示宽灯、尾灯和仪表灯均不亮

(1) 故障现象。灯光开关接至尾灯挡时，示宽灯、尾灯和仪表灯均不亮。

(2) 故障原因。灯光开关损坏、线路断路、熔断器熔断、插接器松脱、灯泡灯丝断。

(3) 故障诊断。首先检查熔断器是否损坏，若损坏，更换熔断器后开灯，检查熔断器是否再次熔断。若再次熔断，可能是线路或开关有短路故障，可采用断路检查法进行检查。若正常，可检查灯光开关相应的接线柱上的电压是否正常。若电压不正常，则可能是灯光开关相应的挡位损坏；若电压正常，则应检查相应的灯泡是否损坏。

实训项目一　汽车照明系统的接线及检修实验

1. 实训目的

掌握灯光控制电路的接线及检修方法。

2. 实训器材

组合开关1个，12 V/5 A 继电器2只，12 V/15 W 灯泡1只，12 V/45 W 灯泡2只，常用工具1套，数字万用表1只，0～30 V/5 A 可调直流稳压电源1台。

3. 实训内容及步骤

(1) 按照灯光控制电路图进行接线实验（参考图6-23）。

(2) 接好直流稳压电源，将电压调节为12 V，电流调节为3 A。

(3) 接通电源，选择灯光挡位开关，观察灯光工作状态。

(4) 如灯光不亮，根据故障现象，分析可能产生的原因，排除故障。如果全部接线成功，则老师改动线路，出现故障后及时排除。

实训项目二　汽车照明系统的检测实验

1. 实训目的

掌握汽车照明系统检测方法，掌握灯光检验设备的使用。

2. 实训器材

汽车1辆，轮胎气压要符合要求，灯光检测设备1套，记录本1本，5米卷尺1把。

3. 实训内容及步骤

前照灯应有足够的发光强度和正确的照射方向。但前照灯在使用过程中，会因灯泡老化、反射镜变暗、照射位置不正确而使前照灯的发光强度不足或照射位置不正确，影响汽车行驶速度和行车安全。因此必须对前照灯进行检测和调整。

前照灯检测的方法有屏幕检测法和仪器检测法。

1）屏幕检测法

屏幕检测法只能检测前照灯的光束位置，不能检测发光强度。

国家标准对汽车前照灯光束位置的规定是：机动车在检验前照灯的近光光束照射位置时，前照灯在距离屏幕 10 m 处，光束明暗截止线转角或中点的高度应为 $0.6H \sim 0.8H$（H 为前照灯基准中心高度，下同），其水平方向位置向左向右偏差均不得超过 100 mm。

四灯制前照灯其远光单光束灯的调整，要求在屏幕上光束中心离地高度为 $0.85H \sim 0.90H$，水平位置要求左灯向左偏不得大于 100 mm，向右偏不得大于 170 mm；右灯向左或向右偏均不得大于 170 mm。

机动车装用远光和近光双光束灯时以调整近光光束为主。对于只能调整远光单光束的灯，调整远光单光束。

屏幕检测法具体的检测方法为：将汽车停在水平地面上，并且按规定充足轮胎气压，从车上卸下所有负载（只允许一名驾驶员乘坐）；距汽车前照灯 10 m 处（不同车型有不同的规定）设一屏幕（或利用白墙），在屏幕上画两条垂线（各线通过各前照灯的中心）和一条水平线 AA'（与前照灯的离地高度相等）；再画一条比 AA' 线低 D 的水平线 BB' 与两条前照灯的垂直中心线分别相交于 a、b 两点，如图 6-24 所示。

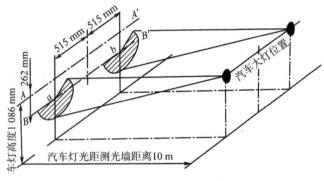

图 6-24　屏幕检测法示意图

起动发动机，使之以 2 000 r/min 的转速旋转，即在蓄电池不放电的情况下点亮前照灯；先将一只灯遮住，检查另一只前照灯的光束是否对准 a 点或 b 点（光照中心）。

2）仪器检测法

仪器检测法不仅能检测前照灯的光束位置，还能检测前照灯的发光强度。按测量方法的不同，检测仪可分为聚光式、屏幕式、投影式、自动追踪光轴式和全自动式等。各类仪器使用方法虽各不相同，但检测原理大同小异。一般采用能把吸收的光能变成电流的光电池作为传感器，按照前照灯主光束照射光电池产生电流的大小和比例，来测量前照灯发光强度和光轴偏斜量。

记录数据，分析数据，写出合格或不合格的结果。

本章小结

1. 依照机动车照明灯法规，机动车交通道路照明按快速路与主干路、次干路、支路分为三级。

2. 轮式拖拉机运输机组装用的前照灯近光光束的照射位置，检验时，要求在屏幕上光束中点的离地高度应小于等于 0.7H；水平位置要求向右偏移应小于等于 350 mm，不得向左偏移。

3. 检验前照灯远光照射位置时，对于能单独调整远光光束的前照灯，前照灯照射在距离 10 m 的屏幕上时，要求在屏幕光束中心离地高度对乘用车为 $0.85H \sim 0.95H$。

4. 汽车仪表板上应设置蓝色远光指示信号和与行驶方向相适应的转向指示信号。

5. 汽车照明灯根据安装位置和用途不同，一般可分为：外部照明装置、内部照明装置。

6. 汽车前照灯要求：

（1）为了确保夜间行车的安全，前照灯应保证车前有明亮而均匀的照明，使驾驶员能够辨明车前 100 m（或更远）内道路上的任何障碍物；

（2）前照灯应具有防眩目的装置，以免夜间会车时，使对方驾驶员目眩而发生事故。

7. 汽车前照灯一般由光源（灯泡）、反射镜、配光镜（散光镜）三部分组成。

8. 前照灯防眩目的措施：

（1）采用双丝灯泡；

（2）采用带遮光罩的双丝灯泡；

（3）采用非对称光形；

（4）采用前照灯自动变光器。

9. 前照灯控制电路主要由灯光控制开关、变光开关、前照灯继电器及前照灯组成。

复习思考题

1. 简述灯光系统的组成及作用。
2. 大灯亮时为什么小灯（尾灯）一定会亮？
3. 我国对灯光规定有哪些要求？
4. 什么是汽车随向灯光系统的？

第七章 汽车信号系统

学习目标

- 了解汽车信号系统的基础知识
- 理解汽车信号系统的电路组成
- 掌握汽车信号系统的电路工作原理
- 掌握汽车信号系统的检修技术

汽车上除照明灯外，还有用以指示其他车辆或行人的灯光信号标志，这些灯称为信号灯。汽车信号系统是汽车行驶必不可少的，为了提高汽车的行驶速度，确保行车的安全，汽车上装有多种信号设备。

第一节 汽车信号系统的基础知识

一、汽车信号系统概述

信号灯分为外信号灯和内信号灯，外信号灯包括转向指示灯、制动灯、尾灯、示宽灯、倒车灯，内信号灯泛指仪表板的指示灯，主要有转向、机油压力、充电、制动、关门提示等仪表指示灯。各种信号灯的特点及用途见表7-1。

表7-1 信号灯的特点及用途

种类	外信号灯					内信号灯	
	转向灯	示宽灯	停车灯	制动灯	倒车灯	转向指示灯	其他指示灯
工作时的特点	琥珀色交替闪亮	白色或黄色常亮	白色或红色常亮	红色常亮	白色常亮	白色闪亮	白色常亮
用途	告知路人或其他车辆即将转弯	表示汽车宽度	表示汽车已经停车	表示已减速或即将停车	告知路人或其他车辆即将倒车	提示驾驶员车辆的行驶方向	提示驾驶员车辆的状况

汽车转向灯主要是用来指示车辆的转弯方向，以引起交通警察、行人和其他驾驶员的注意，提高车辆行驶的安全性。另外，汽车转向灯同时闪烁还用作危险警报的指示。汽车

转向灯的闪烁是通过闪光器来实现的。通常按照结构的不同和工作原理的不同，闪光器可分为电热丝式、电容式、叶片弹跳式（翼片式）、水银式、晶体管式、集成电路式等。

过去的汽车转向灯闪光器，多采用电热式结构，由于其工作稳定性差、寿命短、信号灯的亮暗不够明显，已经淘汰，目前多采用结构简单、体积小、工作稳定、使用寿命长的电子式闪光器，一般分为晶体管式闪光器和集成电路式闪光器两大类。

二、转向灯闪光器

1. 转向灯闪光器分类和转向灯继电器

转向灯闪光器分为电子式闪光器和集成电路式闪光器，如图 7-1 所示。

闪光器是用于指明汽车行驶方向变化的闪光装置。闪光器设计采用新型电路，由低电压开关电路、高电压开关电路、脉冲发生电路、三极放大双管输出电路和两组灯光指示电路组成。将以上电路装在闪光器盒体内，通过控制能准确地指明汽车行驶方向。闪光器还具有自动保护的特点，在电路发生短路故障时能自动停止闪光器和灯泡的工作，驾驶员通过闪光器上装有的故障指示灯观察闪光器工作状况，能随时发现和排除故障。

转向灯继电器正常闪光频率为 1 Hz，即每分钟 60 次，上下浮动 10 次。转向灯是由继电器来控制的，继电器的频率是由通电电流来控制的，而通电电流的大小又是由灯泡电流的大小决定的。灯泡电流越大，功率越大，继电器频率越高。但汽车转向灯的频率一般是基本稳定在一个数值以内，如果看见转向灯频率比较高，可以基本肯定前、后灯中有一个灯泡坏了。

图 7-1　集成电路式闪光器和电子式闪光器

2. 转向开关及危险报警灯开关

转向开关是控制汽车转向灯的开关，有拨杆式转向开关和方向盘分装式转向开关，常用拨杆式转向开关。

转向开关有 3 个挡位，即左转向挡位、空挡挡位和右转向挡位，一般和前大灯、雾灯等组合在一体，如图 7-2 所示。危险报警灯开关为两个三角形符号的开关，当车辆有危险状态时启用。

图 7-2 转向开关

3. 转向灯

汽车转向灯分前、后外部转向灯和仪表盘内显示的转向指示灯，有些车在前部侧面或后视镜上安装转向灯，使车辆灯光更显目、安全和美观，转向灯也兼容双闪灯功能，当车辆遇到危险时可按下危险报警灯开关，此时左右转向灯同时闪烁，起到安全预警作用，如图 7-3 和图 7-4 所示。

图 7-3 汽车前部转向灯

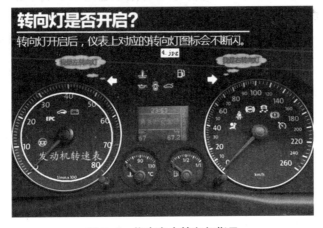

图 7-4 仪表盘内转向灯指示

第二节　汽车转向灯控制电路

一、晶体管式转向灯控制电路

电子式闪光器可分为触点式（带继电器）闪光器和无触点式（不带继电器）闪光器。触点式电子闪光器主要由一个晶体管的开关电路和一个继电器组成，如图7-5所示。

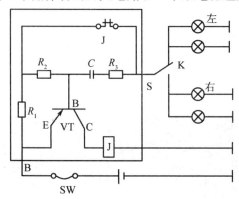

图7-5　触点式电子闪光器

当汽车向右转弯时，接通电源开关SW和转向灯开关K，电流流经电阻R_1、继电器J的常闭触点J、接线柱S、转向灯开关K、右转向信号灯，右转向信号灯亮。当电流通过R_1时，在R_1上产生电压降，晶体管VT因正向偏压而导通，集电极电流I_C通过继电器J的线圈，使继电器常闭触点立即断开，右转向信号灯熄灭。晶体管VT导通的同时，VT的基极电流I_B向电容器C充电，随着电容器电荷的积累，充电电流逐渐减小，晶体管VT的集电极电流I_C也随之减小，当此电流不足以维持衔铁的吸合而释放时，继电器J的常闭触点J又重新闭合，右转向信号灯再次发亮。这时电容C通过电阻R_2、继电器的常闭触点J、电阻R_3放电。放电电流在R_2上产生的电压降又为VT提供正向偏压使其导通。这样，电容器C不断地充电和放电，晶体管VT也就不断地导通与截止，控制继电器的触点反复地闭合、断开，使右转向信号灯发出闪光。

二、集成电路闪光器

图7-6所示为上汽桑塔纳汽车装用的集成电路闪光器的工作原理图。U243B型集成块的标称电压力12 V，实际工作电压范围为9~18 V，采用双列8脚直插塑料封装。内部电路主要由输入检测器SR、电压检测器D、振荡器Z及功率输出级SC四部分组成。是一块低功率、高精度的汽车电子闪光器专用集成电路。

输入检测器用来检测转向信号灯开关是否接通。振荡器由一个电压比较器和外接的电阻R_4及电容器C_1构成。内部电路比较器的一端提供了一个参考电压，其值由电压检测器控制，比较器的另一端则由外接的电阻R_4和电容器C_1提供一个变化的电压，从而形成电路的振荡。振荡器工作时，输出级的矩形波控制继电器线圈的电路使继电器触点反复打开和闭合。于是转向信号灯和转向指示灯闪烁，频率为80次/min。

如果一只转向信号灯烧坏，则流过取样电阻 R_S 的电流减小，其电压降减小，经电压检测器识别后，便控制振荡器中电压比较器的参考电压，从而改变振荡频率，使转向指示灯的闪光频率加快一倍，以提示驾驶员及时检修。当打开危险警报开关时，汽车的前、后、左、右转向信号灯同时闪烁作为危险警报信号。

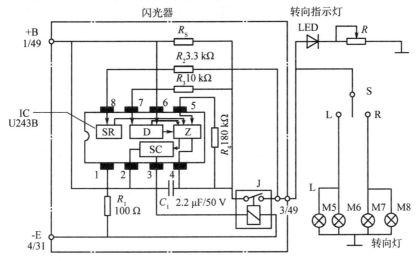

图 7-6 集成电路闪光器的工作原理图

三、转向危险控制电路

多引脚控制的转向危险控制电路示意图如图 7-7 所示。

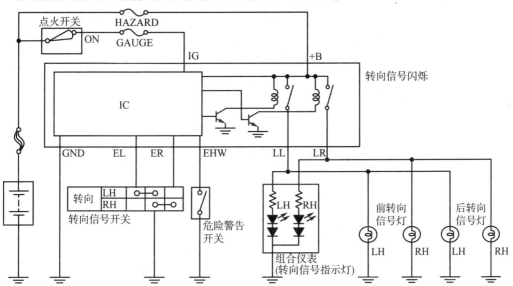

图 7-7 转向危险控制电路示意图

左转向危险控制电路示意图如图 7-8 所示。

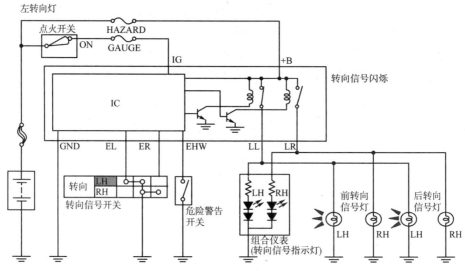

图 7-8 左转向危险控制电路示意图

四、典型汽车转向灯控制电路

工作原理：正常行驶时（开关处于危险挡位 OFF 时）典型汽车转向灯控制电路如图 7-9 所示。

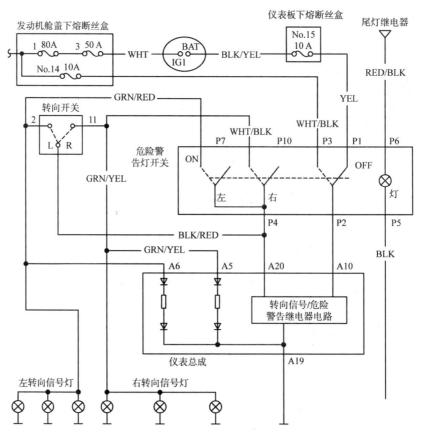

图 7-9 典型汽车转向灯控制电路

(1) 左转向时电流方向：电源正极→点火开关→No.15→危险开关 P1→P2→A10→A20→转向开关公共端→转向开关左接线端→左转向灯及 A6 仪表左指示灯→搭铁。

(2) 右转向时电流方向：电源正极→点火开关→No.15→危险开关 P1→P2→A10→A20→转向开关公共端→转向开关右接线端→右转向灯及 A5 仪表右指示灯→搭铁。

(3) 当开关处于危险挡位 ON 时，左右转向灯同时闪烁，电流方向：电源正极→No.14→危险开关 P3→P2→A10→A20→转向开关左右接线端→左、右转向灯及 A5、A6 仪表左、右指示灯→搭铁，此时危险灯点亮不需要通过点火开关和转向开关，直接由蓄电池供电。

五、转向灯电路故障检修

案例分析：一辆 2010 款东风日产骊威轿车（采用 HR16 发动机，累计行驶 8 000 km），客户到店报修该车即使关闭点火开关，右侧前后转向灯也一直常亮，而左侧的前后转向灯正常。

故障诊断：

接车后，根据客户的故障描述进行试车，观察到仪表中左、右转向指示灯工作正常。关掉点火开关时转向灯左侧正常，而右侧常亮。向客户了解相关车辆状况，得知前段时间曾在路边店加装过一套防盗系统，用了两天后故障便出现了。更换了加装的防盗器主机后，故障会短暂消失，但几天后故障又重现。得知此情况后，首先将其后加装的防盗器全部拆除，故障依旧，从而说明该车因私自加装防盗器而使原车电器出现了故障。

本着先易后难的故障排除原则，首先查阅了该车的转向灯电路图（如图 7-10 所示）。经过分析，首先确认发动机智能电源分配模块（以下简称 IPDM E/R）、车身控制模块（以下简称 BCM）、仪表的供电保险丝及相关保险丝工作良好。用日产专用 CONSULT-Ⅱ诊断仪检测 IPDM E/R、BCM 及仪表，无故障码存储。进入数据监控，当开左、右转向灯时仪表上的转向指示灯指示正常，转向开关的开闭也正常。接着进入主动测试，通过诊断仪来操控左、右转向灯的开关，仪表左、右转向指示灯工作正常，因此可以排除仪表损坏的可能性。

根据以上的检测，认真分析了此系统的电路图，认为故障点应在以下几个方面：①转向控制的原车线路有短路处；②转向组合开关是否存在粘连故障，向 BCM 输入错误信号；③BCM 内部及插接器故障。

结合转向灯电路图，用万用表检查 IPDM E/R、BCM、仪表之间线路，未发现短路及断路的情况，各插接器连接也牢靠。打开点火开关，转向组合开关打到 OFF 状态，测量 BCM 的 47 脚端子（左侧前后转向信号输出端）时显示为 0 V，此电压为正常数值。测量 BCM 的 48 脚端子（右侧前后转向信号输出端）时显示为 12 V 电压，与 47 脚正常电压 0 V 不符。使用示波器测量 BCM 的组合开关输入信号端子 8 脚，经检测，无论转向组合开关在 OFF 状态、左转向状态或右转向状态，其向 BCM 输入波形完全符合标准波形（如图 7-11 所示），转向组合开关工作良好。既然转向开关给 BCM 输入了正确的信号，BCM 输出的却是错的指令，毫无疑问是 BCM 出现了故障。将 BCM 从车上拆下，能够闻到很浓的糊味，将其外盒拆开后发现，内部电路板已有明显烧蚀现象，所以故障原因为 BCM 损坏。

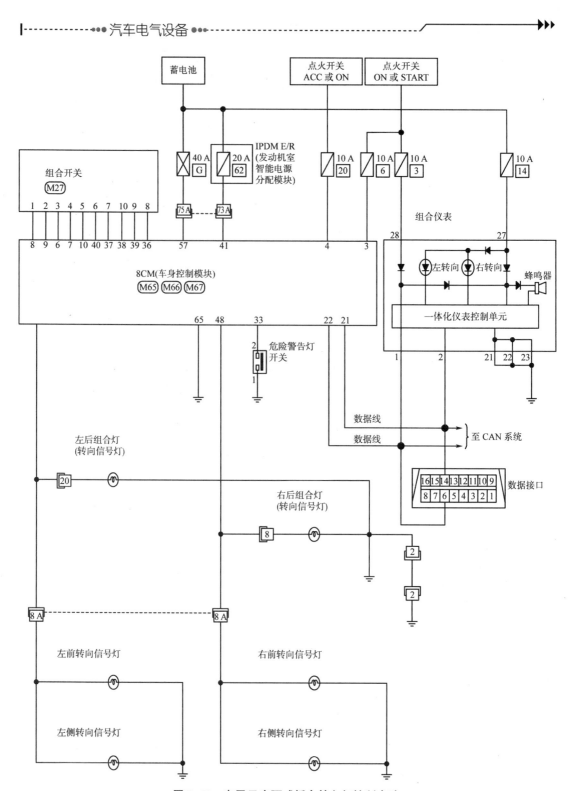

图 7-10 东风日产骊威轿车转向灯控制电路

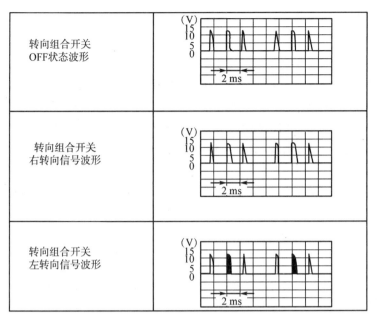

图 7-11 检测波形

更换 BCM, 开关打到左、右转向灯状态, 左、右转向灯工作正常, 故障消失。维修到此虽然故障得以排除, 但是造成 BCM 烧蚀的原因却仍未解决。带着疑问再次与客户沟通, 得知客户因为不能接受加装正厂防盗系统的高价格, 而随意安装了一套廉价的防盗系统, 防盗主机的转向信号线正好分别与 BCM 47 脚和 48 脚相接。该防盗主机产品质量低劣, 工作瞬间输出的电流过大、工作不稳定, 导致防盗主机反复损坏, 连带着使 BCM 内部元件烧蚀。将整个故障的维修过程以及故障产生的原因告知客户, 客户安装好正厂的防盗系统, 装复拆卸的所有部件后, 用日产专用诊断仪 CONSULT-Ⅱ 对新更换的 BCM 进行设置(否则将会造成空调、雨刮、雾灯等用电设备不能正常使用)。具体操作如下: 用 CONSULT-Ⅱ 诊断仪进入 BCM, 选择 CONFIGURATION, 选择车辆型号 L10, 进入 READ CONFIGURATION, 打印旧 BCM 数据后, 装上新 BCM 进入 WRITE CONFIGURATION, 对照打印数据, 将其新 BCM 的数据设置与旧 BCM 设置相同即可。设置完成后, 经多次试车, 故障不再出现。

故障总结:

通过此次维修, 在平时的故障诊断中, 要对每个故障产生的原因, 通过原理进行分析与思考, 唯有这样才能制定最快最有效的检测思路, 在最短的时间内将故障彻底排除。从而把故障的来龙去脉分析透彻, 有利于自身技术的提高。

第三节 其他信号控制电路

一、电喇叭

喇叭按发音动力有气喇叭和电喇叭之分; 按外形有螺旋形、筒形、盆形之分; 按声频有高音和低音之分; 按接线方式有单线制和双线制之分。

气喇叭利用气流使金属膜片振动产生声音，外形一般为筒形，多用在具有空气制动装置的重型载重汽车上。电喇叭利用电磁力使金属膜片振动产生声音，其声音悦耳，广泛使用于各种类型的汽车上。

电喇叭按有无触点可分为普通式电喇叭（有触点式）和电子式电喇叭（无触点式）。普通式电喇叭主要是靠触点的闭合和断开，控制电磁线圈激励膜片振动而产生声音的；电子式电喇叭中无触点，它是利用晶体管电路激励膜片振动产生声音的。在中小型汽车上，由于安装的位置限制，多采用螺旋形电喇叭。盆形电喇叭具有体积小、质量轻、指向性好、噪声小等优点。

目前汽车上所装用的喇叭多为电喇叭，主要用于警告行人和其他车辆，以引起注意，保证行车安全。

1. 筒形、盆形和螺旋形电喇叭

（1）筒形电喇叭的主要机件有山形铁芯、线圈、衔铁、膜片、共鸣板、扬声筒、触点以及电容器等。膜片和共鸣板借中心杆与衔铁、调整螺母、锁紧螺母联成一体。通过线圈的通/断使得膜片不断振动，从而发出一定音调的音波，由扬声筒加强后传出，其结构如图 7-12 所示。

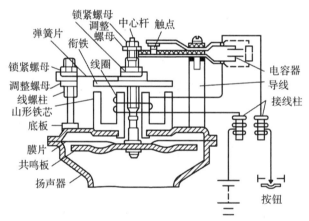

图 7-12　筒形电喇叭的结构

（2）盆形电喇叭

盆形电喇叭的构造如图 7-13 所示，其工作原理与筒形电喇叭相同，都是通过控制线圈的开闭使得膜片振动引起共鸣板共鸣来发声的。只不过盆形电喇叭的发声效果更好些，在没有扬声筒的情况下，仍能够发出较大的声响。盆形电喇叭的结构特点如图 7-14 所示。

图 7-13　盆形电喇叭的构造

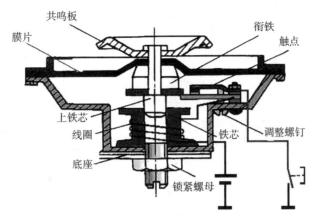

图 7-14 盆形电喇叭的结构

（3）螺旋形汽车电喇叭

螺旋形汽车电喇叭附带扬声筒，扬声筒卷成螺旋形以压缩体积，声音优美响亮。螺旋形汽车电喇叭的结构如图 7-15 所示。

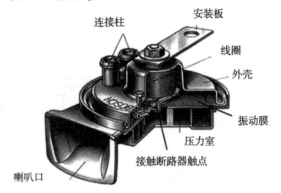

图 7-15 螺旋形汽车电喇叭的结构

2. 电子式电喇叭

由于晶体管取代了触点，避免了触点烧蚀等故障的发生，使得电喇叭的工作性能更为可靠，如图 7-16 所示。

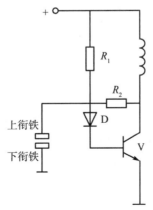

图 7-16 电子式电喇叭电路

3. 喇叭继电器

为了得到更加悦耳的声音，在汽车上常装有两个不同音调（高音、低音）的喇叭。其中高音喇叭膜片厚，扬声筒短，低音喇叭则相反。有时甚至用3个（高音、中音、低音）不同音调的喇叭。装用单只喇叭时，喇叭电流是直接由按钮控制的，按钮大多装在转向盘的中心。当汽车装用双喇叭时，因为消耗电流较大，用按钮直接控制，按钮容易烧坏。为了避免这个缺点，采用喇叭继电器

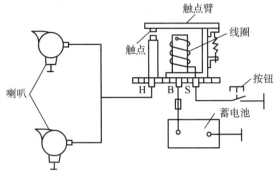

图 7-17 喇叭继电器的构造和接线方法

（喇叭继电器 15～20 A），其构造和接线方法如图 7-17 所示。

4. 电喇叭的调整

电喇叭的调整一般有触点预压力和铁芯气隙调整两项，前者调整喇叭的音量，后者调整喇叭的音调。盆形电喇叭的调整如图 7-18 所示。

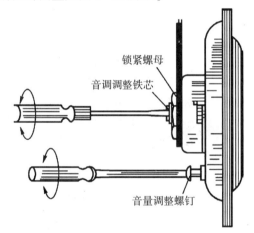

图 7-18 盆形电喇叭的调整

（1）音量的调整。音量的大小与通过线圈电流的大小有关，通过线圈的工作电流越大，喇叭发出的音量也就越大。

（2）音调的调整。音调的高低取决于膜片振动的频率，改变铁芯间隙可以改变膜片的振动频率，从而改变音调。调整时松开锁紧螺母旋转铁芯，间隙减小时音调提高，间隙增大时音调降低，铁芯气隙值（一般为 0.7～1.5 mm）视喇叭的高音、低音及规格型号而定，如 DL34G 为 0.7～0.9 mm，DL34D 为 0.9～1.05 mm。其中 DL 代表电喇叭，G 代表高音，D 代表低音。

电喇叭音量和音质调整并不是完全独立的，它们两者实际上是相互关联的，因此两者需反复调试才会获得最佳效果。汽车喇叭声级在距车前 2 m、离地面 1.2 m 处测量时，其值应为 90～115 dB。

5. 电喇叭的发展

随着科技的不断发展，一种新型喇叭——"环保喇叭"——问世了，它采用语言压缩

技术，由集成电路制成，是一种结构简单、制作容易、耗能少、无噪声污染、低分贝、声音轻细柔和、音质悦耳动听的门铃式发音装置。"环保喇叭"不需要更改汽车线路设备，直接并联到警示灯上。只要按下警示灯开关，就有声音、灯光双重提示，既完善了汽车警示功能，又解决了城市禁鸣喇叭的难题。

二、汽车报警装置

为了指示汽车某系统的工作状况、引起车外行人及车辆或本车驾驶员的注意，保证行车安全，防止事故发生所设置的灯光或声音信号装置称为报警装置。一般分为对内（车辆驾驶员）和对外（行人及其他车辆）两类报警装置。

对内报警通常由报警灯和报警开关组成，当被监测的系统或总成不正常时，开关自动接通而使指示灯发亮，用以提醒驾驶员注意。如机油压力报警灯、车门未关好报警灯、制动液压不足指示灯、燃油不足报警灯、发动机故障指示灯、变速器故障指示灯、制动系统故障报警灯、防盗报警灯等。

对外报警装置通常有危险报警闪光装置、转向蜂鸣器、倒车报警蜂鸣器、汽车防撞报警、座椅安全带报警、前照灯未关报警及点火钥匙未拔报警系统等。一般都带有声音信号或同时有灯光信号。

1. 报警灯及报警开关

报警灯通常安装在驾驶室内仪表板上，功率为 1~3 W。在灯泡前有滤光片，以使灯泡发黄或发红。滤光片上常刻有图形符号，以显示其功能，常见图形符号及其含义如图 7-19 所示。

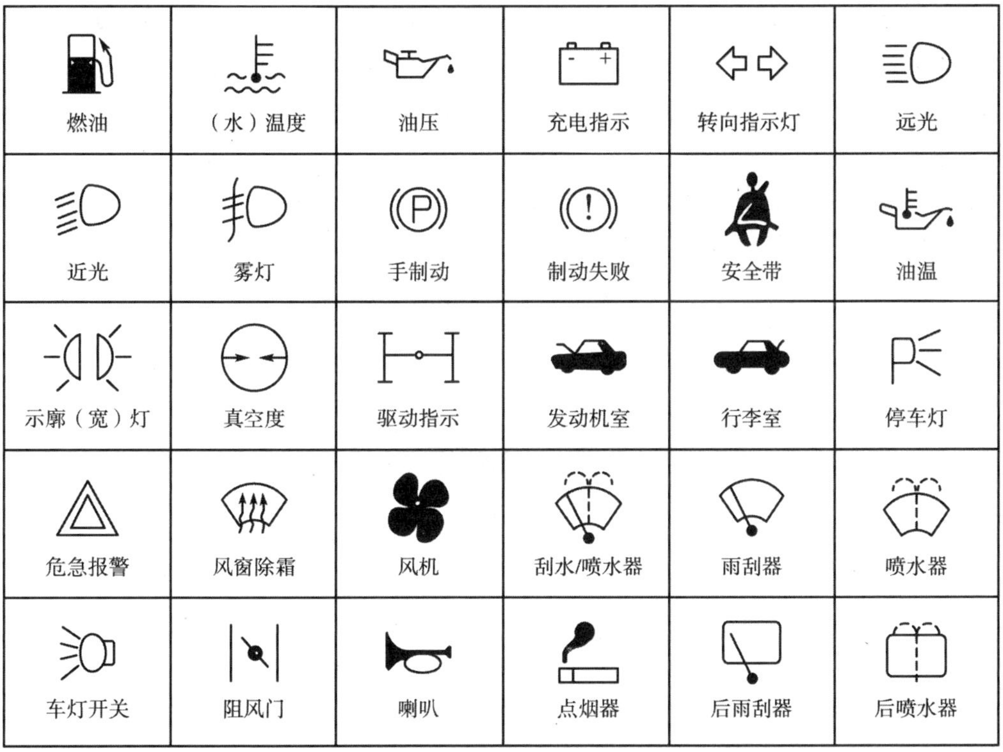

燃油	（水）温度	油压	充电指示	转向指示灯	远光
近光	雾灯	手制动	制动失败	安全带	油温
示廓（宽）灯	真空度	驱动指示	发动机室	行李室	停车灯
危急报警	风窗除霜	风机	刮水/喷水器	雨刮器	喷水器
车灯开关	阻风门	喇叭	点烟器	后雨刮器	后喷水器

图 7-19 常见图形符号及其含义

2. 汽车报警装置

一般报警灯和报警灯开关串联后接入电路,报警灯开关监视相应值,并按照设定条件动作,使得报警电路接通,报警灯点亮。

(1) 油压报警灯。机油压力的正常与否,直接影响汽车的使用性能与工作的可靠性,因此许多车辆设置了油压报警灯。打开点火开关,发动机尚未起动时,油压开关处于接通状态,报警灯点亮,如图 7-20 所示。

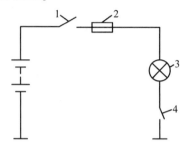

1—电源开关;2—熔断丝;3—油压报警灯;4—报警开关。

图 7-20 油压报警灯电路

发动机起动后,主油道压力升高,开关的触点断开,报警灯熄灭,表明润滑系统工作正常。如果运行过程中,油道出现堵塞、泄漏等情况,使得机油压力低于某一设定值,开关将接通,报警灯点亮,以提醒驾驶员立即停车修理。另外,有的车辆设有低压、高压两个压力值,当机油压力低于低压值或高于高压值时,低压常闭开关打开或高压常开开关接通,点亮报警灯。

(2) 燃油量报警灯。当燃油箱内的燃油减少到某一限定值时,为了告知驾驶员,使其引起注意,在许多车辆上都装有燃油量报警灯,其工作原理电路图如图 7-21 所示。它由负温度系数热敏电阻式燃油量报警传感器和报警灯组成。当油箱内燃油量充足时,热敏电阻元件浸没在燃油中散热较快,其温度较低,电阻值大,故此电路中的电流较小,报警灯处于熄灭状态;当燃油不足时,热敏电阻元件露出油面,散热慢,温度升高,电阻值减小,电路中的电流增大,报警灯因此点亮以示警。

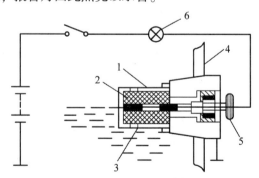

1—外壳;2—防爆用金属网;3—热敏电阻元件;4—油箱外壳;5—接线柱;6—报警灯。

图 7-21 燃油量报警灯工作原理电路图

(3) 制动液液面报警灯。制动液液面报警灯的传感器安装于制动液管内,制动液液面传感器结构如图 7-22 所示。在传感器的外壳内装有舌簧开关,开关的两个接线柱与制动液面报警灯及电源相连接，浮子上固装有永久磁铁。

当浮子随制动液面下降至规定值以下时，永久磁铁的电磁吸力使得舌簧开关闭合，接通报警灯电路，发出报警；当制动液液面在限定值以上时，浮子上升，由于吸力减弱，舌簧开关在自身弹力作用下，断开报警灯电路。

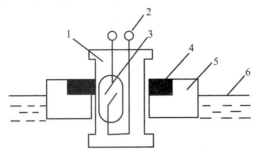

1—外壳；2—接线柱；3—舌簧开关；4—永久磁铁；5—浮子；6—制动液面。

图 7-22 制动液液面传感器结构

（4）轮胎气压报警系统。轮胎气压报警系统用来在车辆行驶中，检测轮胎的气压状态，当轮胎气压降低时，使仪表板的报警信号灯点亮，向驾驶员发出警告。

轮胎气压报警系统的组成如图 7-23 所示，即发动机控制系统电脑（提供进气温度信号的发动机控制系统）；驻车灯开关（检测制动信号）；轮胎气压报警灯；车轮速度传感器（检出各车轮运行速度，并将检出结果输入电脑）；设定开关（在交换轮胎等情况下进行系统初始设定）；轮胎气压报警系统电脑（接收车轮速度传感器信号，运算出轮胎气压，并控制气压报警灯工作）。轮胎气压报警信号灯的位置如图 7-24 所示。

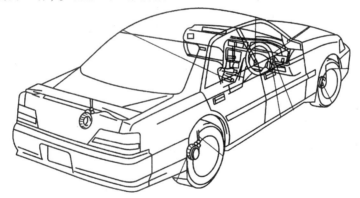

图 7-23 轮胎气压报警系统的组成

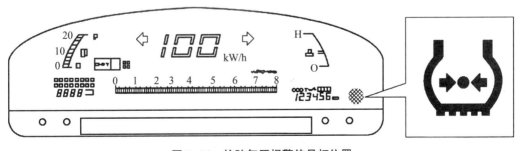

图 7-24 轮胎气压报警信号灯位置

实训任务一　闪光继电器的检测

1. 实训目的

掌握闪光继电器检测的一般方法，能够利用现有工具、仪器进行检测。

2. 实训器材

闪光继电器1个、导线、试灯、万用表、可调直流稳压电源、常用工具。

3. 实训内容及步骤

（1）闪光继电器的就车检查：闪光继电器好坏的检查；闪光继电器故障部位的检查。

（2）闪光继电器的独立检测：将可调直流稳压电源、闪光继电器、试灯按照图7-25所示接入试验电路，检测闪光继电器工作情况。将可调直流稳压电源的输出电压调至12 V，接通试验电路，观察灯泡闪烁情况。如果灯泡能够正常闪烁，则闪光继电器完好；如果灯泡不亮则表明闪光继电器损坏。

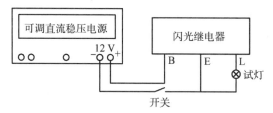

图7-25　闪光继电器试验电路

（3）当电源电压调到14 V时，观察灯是否熄灭，来判断闪光器是否正常工作。

实训任务二　转向灯控制电路接线实训

1. 实训目的

掌握汽车转向灯控制电路接线方法，能够利用现有工具、仪器进行检测。

2. 实训器材

转向开关1个、危险报警灯开关1只、电流检测型闪光继电器1个、普通闪光器1个，导线、21 W/12 V灯泡4只、万用表、稳压电源、常用工具。

3. 实训内容与步骤

（1）根据电路图接线如图7-26或7-27所示。

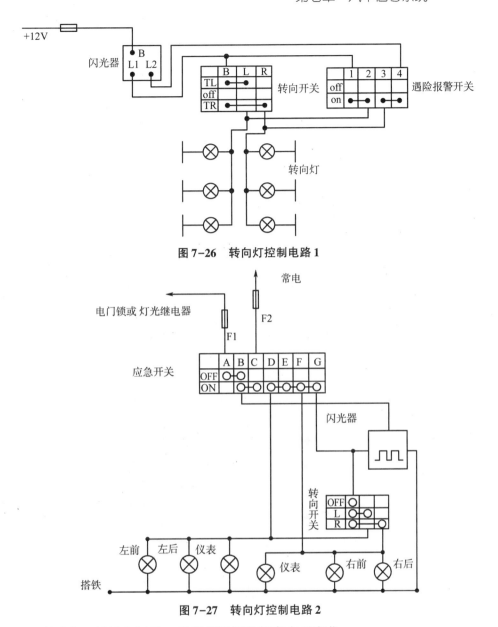

图 7-26 转向灯控制电路 1

图 7-27 转向灯控制电路 2

（2）当减少一只转向灯后，观察其闪烁的频率有无变化。

本章小结

1. 信号灯分为外信号灯和内信号灯，外信号灯包括转向指示灯、制动灯、尾灯、示宽灯、倒车灯，内信号灯泛指仪表板的指示灯，主要有转向、机油压力、充电、制动、关门提示等仪表指示灯。

2. 现在车型转向灯闪光器分电子式闪光器和集成电路式闪光器。

3. 转向灯继电器正常闪光频率为 1 Hz，即每分钟 60 次。

4. 电喇叭的调整一般有触点预压力和铁芯气隙调整两项，前者调整喇叭的音量，后者调整喇叭的音调。

5. 汽车装用2个电喇叭时,2个电喇叭都采用喇叭继电器,防止喇叭按钮损坏。

复习思考题

1. 危险报警灯使用时需要车钥匙控制吗?
2. 转向时车辆仪表中指示灯一边频率正常,另一边频率变快很多,说明什么问题?
3. 如图7-28所示,闪光器引脚为3个的标示B、E、L;49、49a、31及B、L1、L2请说明以上提到的各引脚分别表示什么含义?

图7-28 汽车闪光器及引脚

4. 图7-29如下所示,请简述法拉利转向开关检修方法。

图7-29 法拉利转向开关

第八章 汽车仪表系统

> **学习目标**
> - 了解汽车仪表系统的基础知识
> - 理解汽车仪表系统的电路组成
> - 掌握汽车仪表系统的电路工作原理
> - 掌握汽车仪表系统的检修技术

汽车仪表是为驾驶员提供汽车运行重要信息的装置,用来指示汽车运行与发动机运转的状况,以便及时发现问题、采取措施,避免事故的发生,保证车辆正常运行,同时也是维修人员发现和排除故障的重要工具。

现代汽车仪表一般包括电流表、机油压力表、冷却液温度表、燃油表、车速里程表、发动机转速表和各种指示灯等;现代汽车电子仪表由传感器、发动机 ECU、车身 ECU、仪表 ECU、网关(网间连接器、协议转换器)、显示屏、冷却液温度表、燃油表、车速里程表、发动机转速表及指示灯组成。

第一节 汽车仪表系统的基础知识

一、汽车仪表的分类

1. 按工作原理划分

(1) 机械式仪表:就是基于机械作用力而工作的仪表。

(2) 电气式仪表:就是基于电测原理,通过各类传感器将被测的非电量变换成电信号(模拟量)加以测量的仪表。

(3) 模拟电路电子式仪表:其工作原理与电气式仪表基本相同,只不过是用电子器件(分立元件和集成电路)取代原来的电气器件,现在均采用各种专用集成电路。

(4) 数字式仪表:就是由 ECU 采集传感器的信号,将模拟量转换为数字量,经分析处理后控制显示装置的仪表。

2. 按安装方式划分

（1）组合式仪表：就是将各仪表组合安装在一起。

汽车组合式仪表是将反馈汽车各种状态的各种仪表集成在一起的组合后的仪表，它可以及时地将汽车的各种状态显示在仪表盘上，直观显示如车速、发动机转速、发动机冷却液温度、油量、车灯状态等多种汽车状态信息；并可对汽车内多种故障信息，如发动机故障、安全气囊故障等进行告警输出。

（2）分装式仪表：就是将各仪表单独安装。

二、数字仪表的优点

数字仪表的优点有以下几点：

（1）指示精度高；

（2）重复性好；

（3）分度均匀；

（4）响应速度快、无抖动；

（5）产品的可靠性有根本改善；

（6）产品品质的稳定性和可靠性有根本保证；

（7）通用性好。

三、汽车仪表的发展

现在我们看到的每款车型的仪表盘大多拥有自己的特点，经济型车往往给人五彩斑斓的视觉体验，而中级车型往往具有缤纷的色彩并添加了运动的元素，高级车型则显典雅尊贵。但无论是哪种风格的汽车仪表盘都是汽车科技发展的成果，而非一朝一夕所能拥有的，其进化的过程无非是仪表盘的过去、现在和将来。

1. 过去

过去使用的多功能仪表盘以普桑汽车为代表，如图8-1所示。

图8-1 普桑汽车多功能仪表盘

最初一代汽车的仪表盘，只有简单的罗盘和指针，甚至没有冷光灯的显示，夜里看仪表盘极其不便。它只能提供给驾驶者简单的速度、耗油等信息，操作也很机械化，这样的仪表盘现在基本已被淘汰。

2. 现在

电子液晶智能组合仪表盘以大众速腾汽车为代表，如图8-2所示。

图8-2　电子液晶智能组合仪表盘

电子液晶智能组合仪表盘被称作组合式的汽车仪表盘，是当代汽车用得最多的仪表盘，为配合汽车的样式和产品定位，厂家一般都会在功能之外考虑更多美观漂亮的元素。组合式的汽车仪表盘拥有罗盘和液晶显示屏两大区域，功能齐全，并且能够一目了然，各种不同的设计也给汽车内饰注入很多美的元素。

3. 未来

数字化仪表盘以荣威550汽车为代表，如图8-3所示。

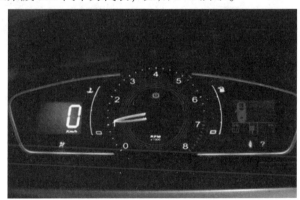

图8-3　数字化仪表盘

荣威550数字化仪表盘的出现代表了汽车仪表盘又进入了一个新的时代。荣威550数字化仪表盘的油量表、水温表及行车电脑全部摒弃传统的指针，改用科技感十足的数字量化显示，时速表也采用了全数字液晶屏，而在红色光圈衬托下的中央转速表则采用先进数字化罗盘，RPM×1 000转速显示清晰直观，灵动感应的设计引领四周环绕的炫红光线产生优雅的视觉冲击，充满灵性之美和潮流之感，结合成为现代时尚与运动一体的数字化仪表盘。

特斯拉在许多方面都处于领先地位。在Model S车型的仪表中，根本找不到任何传统仪表的痕迹，而是利用各种图片，以及曲线来显示汽车在行驶中的变化，更加直观且具体。除了基本的速度、电量等信息，特斯拉 Model S 车型还可以根据客户的需求及爱好，在仪表上显示多种信息，包括车载娱乐或是倒车影像等。

四、不同车型的仪表盘

仪表盘是驾驶员看得最多的部件，随着汽车工业的不断发展，汽车厂家也在仪表盘上费尽心思，让小小的仪表盘变得越来越漂亮，功能越来越多，从实用开始走向时尚、眩目，最终完成实用与时尚的统一。新款奥迪 TT 的仪表盘只由一块大型显示屏组成。速度表、转速表、里程表等全部为电子显示。除了这些基本仪表外，该显示屏还为驾驶员提供卫星导航等信息的显示，令汽车驾驶如同电脑游戏一般，富有更多乐趣。几款不同车型的仪表盘如图 8-4 所示。

图 8-4　不同车型的仪表盘

传统的仪表盘正在快速被淘汰，数字仪表盘则是未来汽车仪表盘的发展方向，下面我们详细介绍下数字仪表盘的结构和工作原理。数字仪表盘包含的数字式仪表是由 ECU 采集传感器的信号，将模拟量转换为数字量，经分析处理后控制显示装置的电子仪表。

汽车电子仪表的显示装置是用来向驾驶员指示汽车上各个主要系统工作情况的。现代汽车对显示的要求越来越高，不仅要求显示直观、清晰、稳定、响应速度快、显示精度高，还要求体积小、质量轻、便于装配和维护。随着汽车电子仪表的开发和使用，汽车仪表的显示技术也进入了电子化时代。这些装置功能更完善、性能更优越。目前汽车电子仪表中显示装置的显示方式主要有指针指示、数字显示、声光和图形辅助显示、全液晶显示等。

第二节　传统仪表

1. 机油压力表

机油压力表的作用、组成及分类如下。

作用：机油压力表用来检测和显示发动机主油道的机油压力的大小，以防因缺机油而造成拉缸、烧瓦等重大故障发生。

组成：由机油压力传感器和机油压力指示表两部分组成。

分类：机油压力指示表可分为电热式、电磁式和弹簧式三种。机油压力传感器可分为双金属片式和可变电阻式两种。早期的是电热式机油压力指示表配双金属片式机油压力传感器而现代是电磁式机油压力指示表配可变电阻式机油压力传感器。

2. 冷却液温度表

冷却液温度表的作用和分类如下。

作用：冷却液温度表用来检测和显示发动机水套中冷却液的工作温度，以防因冷却液温度过高而使发动机过热。

分类：冷却液温度指示表可分为电热式、电磁式和动磁式三种，冷却液温度传感器可分为双金属片式和热敏电阻式两种。常见的是电热式冷却液温度指示表配双金属片式传感器、电热式冷却液温度指示表配热敏电阻式传感器和电磁式冷却液温度指示表配热敏电阻式传感器三种。目前常用的是电磁式冷却液温度表配热敏电阻式温度传感器组成的电磁式冷却液温度表。

3. 燃油表

燃油表的作用和分类如下。

作用：燃油表用来指示燃油箱内燃油的储存量。

分类：燃油表有电磁式、动磁式和电热式三种，传感器均为可变电阻式传感器。

4. 车速里程表

车速里程表的作用和分类如下。

作用：车速里程表是用来指示汽车行驶速度和累计行驶里程数的仪表。

分类：磁感应式、电子式和全液晶显示等。

1）里程表工作原理及组成

里程表由蜗轮蜗杆机构和 6 位数字的十进制齿轮计数器组成。汽车行驶时，软轴带动主动轴，主动轴经三对蜗轮蜗杆（或一套蜗轮蜗杆和一套减速齿轮系）驱动里程表最右边的第一数字轮。第一数字轮上的数字为 1/10 km，每两个相邻的数字轮之间的传动比为 1∶10。即当第一数字轮转动一周，数字由 9 翻转到 0 时，便使相邻的左面第二数字轮转动 1/10 周，成十进位递增。这样汽车行驶时，就可累计出其行驶里程数，最大读数为 99 999.9 km。

2）磁感应式车速里程表

（1）结构。磁感应式车速里程表由变速器（或分动器）内的蜗轮蜗杆经软轴驱动。车速表是由与主动轴紧固在一起的永久磁铁，带有轴及指针的铝碗，磁屏和紧固在车速里程表外壳上的刻度盘等组成。

（2）原理。不工作时，铝碗在盘形弹簧的作用下，使指针指在刻度盘的零位。

当汽车行驶时，主动轴带着永久磁铁旋转，永久磁铁的磁力线穿过铝碗，在铝碗上感应出涡流，铝碗在电磁转矩作用下克服盘形弹簧的弹力，向永久磁铁转动的方向旋转，直至与盘形弹簧弹力相平衡。由于涡流的强弱与车速成正比，指针转过角度与车速成正比，指针便在刻度盘上指示出相应的车速。

3）电子式车速里程表

电子式车速里程表主要由车速传感器、电子电路、车速表和里程表 4 部分组成。

现代的汽车均为电子式的车速里程表，由车轮转速及发动机 ECU 控制。

5. 发动机转速表

作用：发动机转速表用于指示发动机的运转速度。

分类：常用的转速表有机械式和电子式两种。

第三节 汽车仪表电路

一、汽车仪表符号及作用

汽车仪表符号及作用如图 8-5 所示。

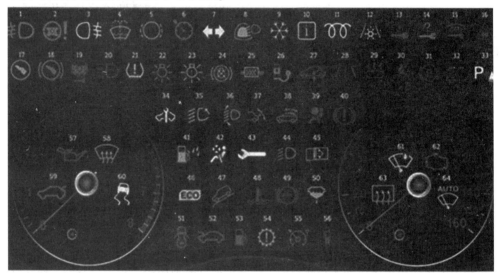

1—前雾灯；2—动力转向警示灯；3—后雾灯；4—垫圈流体低；5—制动摩擦片磨损警告；6—巡航控制；7—方向指示灯；8—雨量光线传感器；9—冬季模式；10—信息指示灯；11—电热塞/柴油预热警示；12—霜冻警告；13—点火开光警告；14—智能钥匙不在车内；15—遥控门控锁发射器电池电量低；16—汽车距离警示；17—请按离合器踏板；18—踏下制动踏板指示灯；19—转向系统锁紧警告；20—远光灯；21—轮胎压力低；22—测光灯；23—外部照明故障警示；24—刹车灯警告；25—柴油微粒过滤器警告；26—拖车牵引警告；27—空气悬挂警告灯；28—车道偏离警告；29—催化转换器警示灯；30—安全带未系上；31—停车制动灯；32—电池/发电机警示灯；33—泊车辅助灯；34—需要维修；35—自适应照明控制；36—大灯控制范围；37—后扰流板警告；38—敞篷车顶警告；39—安全气囊警告灯；40—手刹警告灯；41—燃油滤清器指示剂的水；42—安全气囊停用；43—故障问题；144—近光灯；45—空气过滤器污染；46—环保驾驶指示灯；47—下坡控制；48—高温预警；49—ABS 警告灯；50—油量滤波器警示；51—车门未关警告灯；52—引擎盖未关警告灯；53—燃油液面低；54—自动变速箱故障警告灯；55—限速器；56—悬架阻尼器故障；57—机油压力低；58—挡风玻璃除霜；59—行李箱门未关警告灯；60—稳定控制关闭；61—雨量传感器；62—发动机排放警告灯；63—后窗除霜；64—擦拭汽车挡风玻璃。

图 8-5 汽车仪表符号及作用

二、现代仪表电路

现代仪表电路由传感器，仪表 ECU 和仪表组成，包含了非电脑控制的仪表电路和电脑控制的仪表电路。

1. 非电脑控制的仪表电路

非电脑控制的仪表电路如图 8-6 所示。

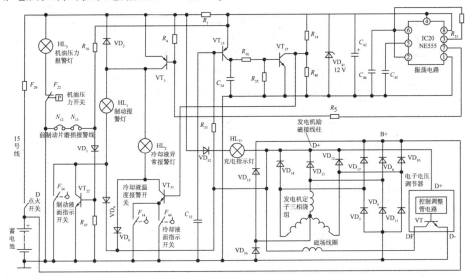

图 8-6 非电脑控制的仪表电路

2. 电脑控制的仪表电路

电脑控制的仪表电路框图如图 8-7 所示。

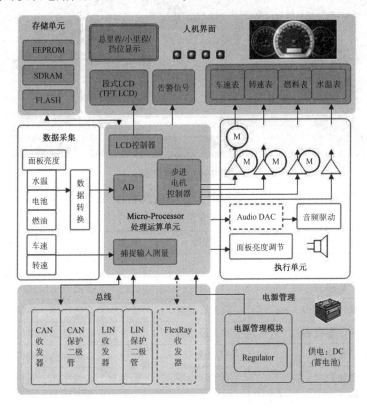

图 8-7 电脑控制的仪表电路框图

电脑控制的仪表电路图如图 8-8 所示。

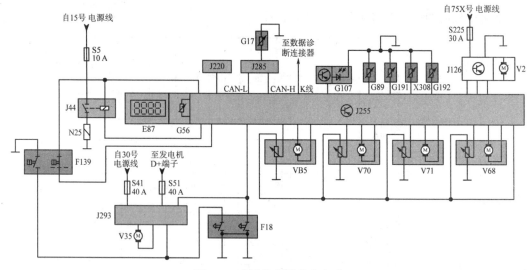

图 8-8 电脑控制的仪表电路

3. 盘沣仪表

盘沣仪表如图 8-9 所示。

图 8-9 盘沣仪表

汽车仪表板上显示的符号的功能和定义、颜色及备注如表 8-1 所示。

表 8-1 仪表表盘显示功能介绍

序号	功能和定义	符号	颜色	备注
1	仪表背光	/	白色	LED 背光灯，示宽灯点亮时有效
2	指针式电子车速表	指针	红色	步进电机仪表
3	数字显示累计里程表	TFT 液晶屏	蓝色	蓝色字体，单位 km
4	数字显示小计里程表	TFT 液晶屏	蓝色	蓝色字体，单位 km
5	指针式电子转速表	指针	红色	步进电机仪表
6	数字显示燃油表	TFT 液晶屏	蓝色	蓝色字体，单位%（百分比）
7	数字显示发动机冷却液温度表	TFT 液晶屏	蓝色	蓝色字体，单位 ℃

续表

序号	功能和定义	符号	颜色	备注
8	水温报警指示信号		红色	LED 显示
9	充电指示信号		红色	LED 显示
10	发动机故障指示信号、车载诊断系统（OBD）共用		黄色	LED 显示
11	机油压力报警指示信号		红色	LED 显示
12	燃油报警指示信号		黄色	LED 显示
13	防抱死制动系统（ABS）故障指示信号		黄色	LED 显示
14	电子安全气囊（SRS）故障指示信号		红色	LED 显示
15	制动器液位故障报警指示信号		红色	LED 显示
16	驻车制动指示信号		红色	LED 显示
17	制动蹄片间隙警告指示信号		黄色	LED 显示
18	安全带未系警告指示信号		红色	LED 显示
19	远光灯指示信号		蓝色	LED 显示
20	后防雾灯指示信号		黄色	LED 显示
21	左转向灯指示信号		绿色	LED 显示
22	右转向灯指示信号		绿色	LED 显示
23	危险警告灯指示信号		绿色	LED 显示
24	车门未关警告指示信号		红色	LED 显示
25	发动机车载诊断系统（OBD）以外故障报警信号		红色	LED 显示（负脉冲有效）
26	防侧滑电子制动力分配（EBD）报警信号		黄色	LED 显示

1）仪表 ECU 硬件总体结构

本仪表的中央控制芯片为飞思卡尔半导体公司的 MC9S12HZ256，为仪表专用 16 位微控制器，该微控制器不仅带有两路控制器局域网络（以下简称 CAN）总线接口、10 位 A/D 转换器，以及 ECT 定时器模块等常规功能模块，还带有步进电机驱动模块和 LCD 驱动模块等特有模块，大大简化了电子仪表的开发。

本仪表的 ECU 主要包括信号电源模块、采集模块、TFT 显示模块，步进电机驱动模块、CAN 通信模块等。

该仪表显示的主要内容包括车速、转速、油量、水温、里程以及一些提示报警灯信号。

仪表的电源一共有两路，一路为常备电源（随时有电），一路为自适应巡航控制（以下简称 ACC）电源，仪表盘接入常备电源作为工作供电，但需要检测 ACC 信号的有效性才可以确定是否进入工作状态。仪表在收到 ACC 信号开始之前一直处于非工作状态，此时对于外部的信号并不作处理，指针对应刻度"0"位置，液晶屏不显示数据。在本系统中，为了简化用户使用，在上电后仪表将会自动进入工作状态，并进行自检输出。

在电源开关打开时，仪表监测到 ACC 信号后，首先对自身各功能模块进行初始化，然后进入正常工作状态，对车速、转速、水温、油量等信号进行相应的处理，并通过指针、TFT 显示屏、指示灯等将当前工作状况表现出来。

仪表的所有显示信息都来自 CAN 总线，并预留有两路 ADC 输入接口，用于后期针对不同车型的功能扩展使用。

本仪表参数设置主要内容包括里程表参数、车速表参数、发动机转速表参数。根据不同车型的要求，对仪表设置相应的参数，使仪表工作在相应的工作状态，以适应不同的车型。

2）仪表盘上的各显示模块详细说明

（1）车速表。由仪表专用微型步进电机控制，仪表 MCU 通过接收特定 ID 的 CAN 报文来确定车速，并控制步进电机的转角，从而实现车速的精确指示。

①工作方式。打开电源开关，在车速表自检后，指针即刻指示相对应的车速，行车时指针指在对应的车速位置上；关闭电源开关，车速表失去了电能，指针将会保持在当前位置。

②显示方式。显示方式为指针指示，指示范围为 0~220。车速的单位由 km/h（每小时所行驶之公里数）表示。

（2）转速表。由仪表专用微型步进电机控制，仪表 MCU 通过接收特定 ID 的 CAN 报文来确定发动机转速，并控制步进电机的转角，从而实现钟发动机每分钟转动圈数的指示。

①工作方式。打开电源，在转速表自检后，指针即刻指示相对应的发动机转速数，工作时指针指示在对应发动机转速数的位置。关闭电源开关，转速表失去了电能，指针将会保持在当前位置。

②显示方式。显示方式为指针仪表，指示范围为 0~8。转速的单位由 1 000 r/min 表示，即实际圈数为（1~8）×1 000 r/min。

（3）TFT 液晶屏。组合仪表 ECU 采集 CAN 总线信号，并将水温、油量、里程数等信息显示到液晶屏。

工作方式。打开电源开关即可显示水温、油量、里程数信息。

3）仪表 ECU 硬件及电路介绍

本仪表的 ECU 采用了 MCU 最小系统、进步电机驱动电路、液晶屏驱动等电路。

（1）MCU 最小系统介绍。MCU 为 MC9S12HZ256 微处理器，是飞思卡尔公司专为汽车仪表开发的一款性价比较高的仪表专用 MCU 芯片，该微处理器带有 8 路转换精度为 10 位的 A/D 转换器、8 路 ECT 定时器（可以实现输入捕捉、输出比较、定时等功能）、PWM 模块、两路 CAN 控制器等通用的接口。该微处理器还有其特有的功能模块，如 4 路步进电机驱动模块、4 路步进电机堵转检测模块以及 LCD 驱动模块等。该芯片具备的这些功能满足大部分汽车仪表设计的需求，其中的两路 CAN 总线接口，可以作为双 CAN 网关使用，用于两个 CAN 网络之间的信息交换；在 PFAutoECU-Ⅳ实验系统中，1 路 CAN 总线接入高速 CAN 网络（动力系统 CAN 网络），1 路 CAN 总线接入低速 CAN 网络（舒适系统 CAN 网络），在提供的演示程序中，暂时不提供作为网关功能使用的程序代码（因为已有综合网关 ECU 完成了这些功能），并只使用动力 CAN 网络内的通信数据。

图 8-10 为 MC9S12HZ256 芯片的最小系统 MCU。

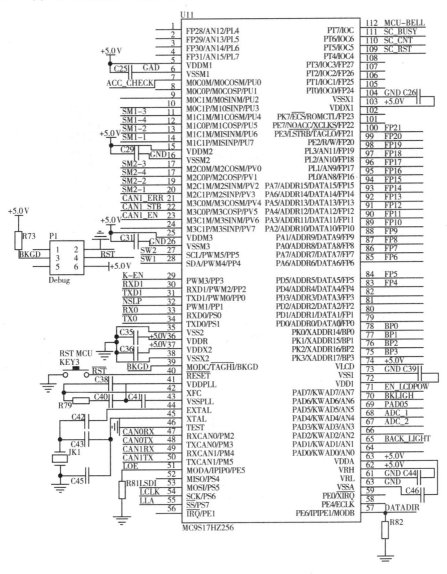

图 8-10　MC9S12HZ256 芯片的最小系统 MCU

（2）步进电动机驱动电路、液晶屏驱动电路。仪表中车速、转速指针采用了 VID29-05 步进电动机。该电动机主要应用于车辆仪表指示盘，是一种精密的微型步进电动机。它可以将数字信号直接准确地转为模拟信号并显示输出，驱动功率较小，可以由 MC9S12HZ256 微处理器中自带的步进电动机驱动模块直接驱动。步进电动机驱动电路如图 8-11 所示。

仪表中用于显示水温、油量、里程的液晶屏采用了宽温的汽车仪表常用 3.5 寸 TFT 真彩液晶屏，该液晶屏分辨率为 320×480，采用 LED 背光。该液晶屏自带控制芯片，并由 MC9S12HZ256 微处理器通过并行接口输出数据控制和显示，液晶屏显示接口电路如图 8-12 所示。

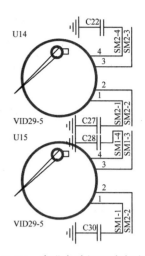

图 8-11 步进电动机驱动电路

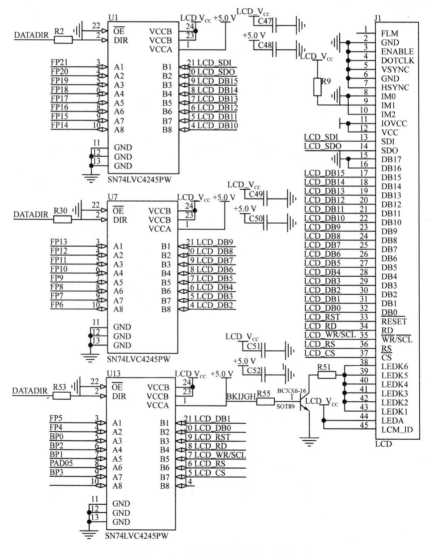

图 8-12 液晶屏显示接口电路

(3) 电源电路。电源芯片为 NCV4275，具有电压转换效率高，电压输出稳定，电流输出能力强等优点，满足汽车电子的严格要求；提供一路低电平复位信号输出，满足具有严格复位时序要求的 MCU 复位设计需求。仪表 ECU 电源模块的输入电压为 DC12V（满足车载实际需求，可输入 DC9~14 V），有两路输出，一路为+5 V，主要为微处理器最小系统供电，另一路为 Vled，为仪表 LED 背光、LED 指示灯供电；液晶屏的供电为+5 V 电源，经过一个 CMOS 管输出控制 REG1117-3.3 电源芯片，该电源芯片受微处理器的 I/O 口控制。该供电输出可以被关断，以减小能耗，电源电路原理图如图 8-13 所示。

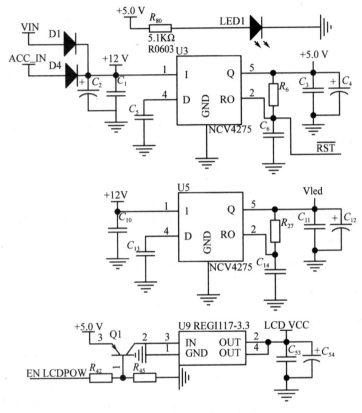

图 8-13　电源电路原理图

(4) CAN 收发器电路。汽车仪表作为汽车 CAN 网络的一个节点，汽车上其他 ECU 需要将显示、报警的信号数据发送到组合仪表 ECU，组合仪表 ECU 输出显示，为驾驶员提示操作信息、状态信息、故障信息等。CAN 收发器采用高速接口芯片 82C250，CAN 收发器电路如图 8-14 所示。

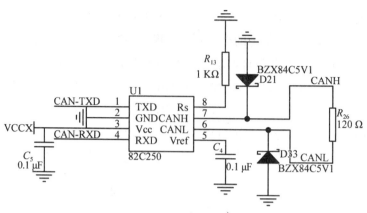

图 8-14 CAN 收发器电路

PFAutoECU-Ⅳ实验系统的组合仪表 ECU 同时具备采用容错 CAN 接口的 TJA1055T 芯片的低速 CAN 接口，作为预留使用，并在物理接口上接入到了舒适系统 CAN 网络，在后期的程序开发中可以作为扩展功能使用。高速 CAN 和容错 CAN 接口是两路完全独立的 CAN 接口，分别接入 MC9S12HZ256 的两路 CAN 控制器接口。

（5）信号输入接口电路。A/D 转换输入接口电路，可以用来直接接入油位传感器、水温传感器等电阻式传感器，用于采集燃油油位信号和水温信号传感器的数据，该电路的输入范围为 0～5 V，可以有效防止输入电压过高而将微处理器的 A/D 模块烧坏，在本系统中为预留功能。

（6）LED 灯驱动电路。LED 指示灯驱动采用了 SPI 接口的专用 LED 驱动模块 SCT2024CSTG，该模块具备 16 路 LED 驱动接口，并具有恒流输出工作方式。

三、现代汽车仪表检修

现代汽车电子仪表不仅使驾驶员可以通过视觉与听觉获取道路和交通状况等车外信息，还可使驾驶员获得汽车本身的有关信息，以便做出可行的判断，保证驾驶员正确安全地驾驶车辆。现代汽车电子仪表显示系统看起来十分复杂，但由于其整个系统是按不同显示功能、由不同的独立装置组合而成，所以，只要深入了解该系统的内部结构和各独立装置之间的相互联系，就不难弄懂其工作原理，也不难掌握各仪表装置及整个系统的维修方法。

1. 检修注意事项

现代汽车电子仪表显示系统在检修中，需注意以下几点。

（1）现代汽车电子化仪表比较精密，对检修技术要求较高，检修时应遵照各汽车实用维修手册中的有关规定；必要时，电子化仪表装置应送专业维修单位检修。

（2）现代汽车电子化仪表显示板与母板（逻辑电路板）不仅较容易损坏，而且价格也较贵，因此在使用与检修时应多加小心。除非有特殊说明，否则不能将蓄电池的全部电压加在仪表板的任何输入端。在检查电压、电阻时，应使用高阻抗仪器（不能使用简易仪表），若检修汽车仪表时使用仪器不当，常常会造成微机电路的严重损坏，进行仪表检修时应特别注意这一点。

（3）拆卸电子仪表板时首先应切断电源，然后按拆卸顺序进行拆卸。应特别注意拆卸时不能敲打、振动，以防损坏电子元器件。

（4）拆装电子仪表板应按拆装顺序进行，拆装时不要用力过猛，以防本来良好的元器件由于用力过猛而损坏。在拆装仪表板总成之前，脱开连接器或端子时，应先脱开蓄电池端子。更换电子仪表元器件时，应小心不让身体与更换元器件（备用元器件）的集成电路引线端子接触，备件应放置在镀镍的包装袋内，不要提前从袋中取出，取出时不要触碰各部分接头，防止静电造成元器件的损坏。

（5）检修电子仪表板时，不论在车上作业或在工作台上作业，作业地点或维修人员都不能带有静电。为此作业时应使用静电保护装置，通常使用一根与车身连接接铁的手腕带和放置一个电子部件的导电垫板进行静电保护。

（6）发动机运行时不能将蓄电池断开，因为这会引起瞬间的反电势，导致仪表损坏。

（7）电子仪表使用冷阴极管，应注意冷阴极管连接器上通电后存在高压交流电，因此通电后不得接触这些部位。

（8）在处理电子式车速/里程表的电路板时，必须使用原来的塑料盒，以免因静电感应而损坏。若不慎碰触电路板的接头，将会使仪表的读数消除，此时就必须经过专业维修后才能使用。

2. *常用的检测方法*

现代汽车的许多电子仪表板都是由微机进行控制，同时具有自检功能。只要给出指令，电子仪表板的电子控制器便会对其主显示装置进行系统的检查，若出现故障，电子仪表板便以不同的方式警告驾驶员显示系统出现故障，同时将出现故障部位的故障码储存，以便维修时将故障码调出，指出故障部位。当确认仪表板有故障时，应进行检测。

1）用快速检测器进行检测

快速检测器能模拟出各种传感器信号，用它能够迅速测出故障的部位。如在使用快速检测器向仪表板输入信号时，仪表板能够正常显示，说明传感器或其电路有故障。若显示器仍不能显示，再将快速检测器直接接在仪表板的有关输入插座上，此时若显示器能正常显示，说明线束和连接器有故障，否则表明仪表板有故障。

2）用电脑快速测试器进行检测

电脑快速测试器能够模拟燃油的流量和车速传感器的信号，同样把测试器所发出的信号从不同部位输入，即可检验传感器和显示装置工作是否正常。

3）用液晶显示仪表测试器进行检测

用液晶显示仪表测试器进行测试时，直接作用在仪表板上，能为仪表板和信息中心提供参照输入信号，这就可检测出信息中心的工作状态。这种测试的目的是，对仪表板有无故障做进一步的验证。

3. 常见故障的检测

现代汽车电子仪表显示系统的故障，一般都出现在传感器、连接器、导线、个别仪表及显示器上。检修时应先将传感器电路断开或拆下传感器，用检测设备对它们进行逐个检查。

1）传感器的检测

首先将传感器的电路断开或拆下传感器，用仪器进行逐个检查。对各种电阻式传感器的检查，通常是采用测量其电阻值的方法来判断它们的好坏，即把所测得的电阻值与其规定的标准电阻值相比较，判断传感器有无故障，若所测的电阻值小于规定的数值，表明传感器内部短路；否则传感器内部断路或接触不良。传感器一般是不可拆、不可维修的元件，若有故障只能更换新件。

2）连接器的检查

采用电子仪表的汽车，往往需要很多连接器把线束连到仪表板上去。这些连接器一般都采用不同颜色，以便辨认它属于哪一部分的连接。为保证其连接牢固、可靠，连接器上都设有闭锁装置。检查时可用眼看或手摸的方法进行，连接器装置要齐全、完好，插头、插座应接触可靠、无锈蚀。仪表电路工作中用手触摸连接器，应没有明显的温度感觉，若温度过高，说明该连接器接触不良，应查明原因予以排除。

3）个别仪表故障诊断

若电子仪表板上个别仪表发生故障，应检查与此仪表相关的各个部分。首先应检查各导线的连接情况，包括各连接器的接触状况，线路是否破损、搭铁、短路或断路等；然后再用检测设备分别对该仪表及传感器进行检测，查明故障原因，予以修复，必要时更换新的元件。

4）显示器故障检修

一旦电子仪表板上的显示器部分笔划、线路出现故障，应将仪表板上显示器件调整到静态显示状态，仔细观察是否还有别的故障，就此时出现的故障，使用检测设备对与此相关的电路或装置进行认真检查。若仅有一、二笔划或线段不发亮或不显示，则说明逻辑电路板通过多路传输的脉冲信号正确，可能是显示装置的部分线路工作不正常，遇此情况应作进一步检查，属于接触不良的应加以紧固，确保其电路畅通；若是电子器件本身的问题，通常应更换显示器件或电路板。

4. 电器仪表故障的诊断方法

一般来说，使用电子化仪表的汽车都采用电子控制，其中包括对电子化仪表系统的控制，即来自各种传感器信号处理和仪表的显示都是由微机控制的。使用微机控制的汽车一般都具有故障自诊断系统，包括对电子化仪表系统进行自检，检查电子化仪表系统功能是否正常，并对其故障进行诊断。对于多数车辆来说，只要按下计算机上的相应按钮，即开始对汽车进行自检，若有故障，就可以读出故障码，然后通过查阅有关手册，了解故障码代表的故障类型，找出相应的处理方法。

对于汽车仪表装置的故障，除了依靠车载计算机自诊断系统进行自诊断以外，还可以使用专门的检测设备，对其进行检测和诊断。这些检测设备属于外接设备，可以直接插入汽车微机的相应插槽内使用。

现代汽车上的电器仪表的作用越来越大，随之产生的故障也相应增多，现介绍几种诊断故障的简易方法。

1）拆线法

当汽车电气仪表读数异常，通过分析、推断可能是传感器内部或传感器与指示仪表间的导线存在搭铁故障时，常采用拆线法进行检查，即通过拆除有关接线柱上的导线，来判断故障的原因及部位。以电磁式燃油表为例，当传感器内部搭铁或浮子损坏，以及传感器与燃油表间的导线搭铁时，无论油箱内油量多少，接通点火开关后，燃油表指针总指向"0"，此时可采用拆线法进行检查。首先，拆下传感器上的导线，若此时燃油表指针向"I"处移动，则为传感器内部搭铁或浮子损坏；若指针仍指向"0"，则应拆下燃油表上的传感器接线柱导线，若仪表指针向"I"移动，为燃油表至传感器间的导线搭铁；若指针仍不动，则可能是燃油表内部损坏或其电源线断路。

2）搭铁法

当汽车电气仪表读数异常，通过分析、推断可能是传感器搭铁不良或损坏，以及传感器与指示仪表间的导线存在断路故障时，常采用搭铁法进行检查。通过导线将有关接线柱搭铁，可判断故障的原因及部位，具体操作方式如下。

接通点火开关后，对于电磁式燃油表无论油箱存油多少，燃油表指针均指向"I"；对于双金属片式燃油表，燃油表指针均指向"0"，以上情况均说明相应仪表传感器可能搭铁不良、损坏，或者是传感器与指示仪表间的导线存在断路故障，此时，可利用搭铁法进行检查。首先，将传感器与导线相连的接线柱搭铁，若指针转动，说明传感器损坏或搭铁不良；若指针不转动，可用导线将指示仪表上接传感器的线柱搭铁，若指针转动，则为传感器与指示仪表间的导线存在断路故障；若指针仍不转动，则说明指示仪表内部损坏或其电源线断路。

3）短接法

在其他电器仪表工作均正常、只有与稳压器相连的仪表（如燃油表、电磁式水温表等）不工作时，可利用短接法进行检查。用导线将稳压器的输入、输出端短接，这时与稳压器相连的仪表指针若立即偏转，则为稳压器内部存在故障。

4）对比法

电器仪表读数不准时，可采用对照比较法进行校验检查。在相同的工况条件下，比较被校验的仪表与标准仪表的读数，从而可判断被校验仪表是否存在故障。例如：检验汽车电流表时，可将被试电流表与标准电流表及可变电阻串联在一起，接通蓄电池电流，逐渐调小可变电阻，比较两个电流表的读数，若两个电流表读数相差超过20%，则为电流表存在故障，应予以修复或更换。

实训项目　汽车数字仪表的检修

1. 实训目的

（1）掌握汽车数字仪表电路的检修方法，掌握汽车解码仪的使用技术；

（2）学习使用维修手册，认识电路图，掌握查找故障码及排除故障的技术。

2. 实训器材

具有数字仪表的车辆 1 台（帕萨特），帕萨特仪表如图 8-15 所示；KT600 或 X431 解码仪 1 台；数字万用表 1 只；车辆维修手册 1 份（可以是电子版）。

3. 实训内容与步骤

（1）选择好正确的诊断头，连接好解码仪与车辆的诊断口。

（2）打开点火钥匙，处于点火挡，不要起动车辆，车辆处于 P 挡位置。

（3）打开解码仪电源，选择车型（大众），进入系统检测，选择仪表系统。

（4）选择读取故障码，再清除故障码。

（5）选择动作测试，观察每个指示表及信号灯显示状态并做好记录。

（6）如有故障，则区分是仪表故障、传感器故障还是线路有问题，可以结合读数据流进行判断，有必要时可以使用万用表具体检测。

图 8-15　帕萨特仪表

本章小结

1. 现代汽车仪表一般包括电流表、机油压力表、冷却液温度表、燃油表和车速里程表、发动机转速表和各种指示灯等，现代的汽车还装有液晶显示屏。

2. 组合式的汽车仪表盘拥有罗盘和液晶显示屏两大区域，功能齐全。

3. 机油压力表系统由机油压力传感器和机油压力指示表两部分组成。

4. 电子式车速里程表主要由车速传感器、电子电路、车速表和里程表 4 部分组成。

5. 冷却液温度指示表可分为电热式、电磁式和动磁式 3 种。

6. 现代汽车电子仪表由传感器，发动机 ECU，车身 ECU，仪表 ECU，网关，显示屏和各类指示表及指示灯组成。

复习思考题

1. 汽车仪表有哪几部分组成？各起什么作用。
2. 汽车 ECU 要用什么万用表检测？为什么？
3. 现代汽车仪表用什么仪器检测更方便？怎么样进行检测？
4. 如图 8-16 所示，法拉利 458 仪表系统与传统的仪表系统有什么不同？

图 8-16　法拉利 458 仪表

第九章 汽车辅助电气系统

学习目标

- 了解汽车辅助电器系统的基础知识
- 掌握汽车辅助电器系统的电路组成
- 掌握汽车辅助电器系统的电路工作原理
- 掌握汽车辅助电器系统的检修技术

现代汽车上,除前面所述的基本电气设备外,还有一些辅助电气设备,以满足乘员的不同需求。而且从发展趋势来看,汽车上的辅助电气设备只会越来越多,汽车辅助电气设备主要向舒适、娱乐、保障安全等方面发展。汽车上的辅助电气设备除了汽车用音响设备、通信器材和汽车电视等服务性装置外,都是一些与汽车本身使用性能有关的电气设备,如雨刮器(刮水器)、风窗清洗装置、电动车窗、电动后视镜、电动座椅、汽车防盗系统等。

第一节 汽车雨刮器与风窗玻璃洗涤器

一、汽车雨刮器

雨刮器由电动机带动,通过连杆机构将电动机的旋转运动转变为刮臂的往复运动,从而实现雨刮动作,一般接通电动机即可使雨刮器工作,通过选择高速、低速挡,可以改变电动机的电流大小,从而控制电动机转速进而控制刮臂速度,停止时具有复位功能,使刮雨片处于最下方。

雨刮器电动机后端有封闭在同一个壳体内的小型齿轮变速器,使输出的转速降低至需要的转速。这个装置叫雨刮器驱动总成。该总成的输出轴连接雨刮器端部机械装置,通过拨叉驱动和弹簧复位实现雨刮器的往复摆动。

过去的雨刮器电路是开关直接控制直流电动机运行,后来用控制器来控制雨刮器工作,现在的车多用微机控制雨刮器工作。

1. 雨刮器的组成及作用

雨刮器主要包括：雨刮片、雨刮器电动机、雨刮连动杆、雨刮控制开关,如图9-1、图9-2、图9-3和图9-4所示。

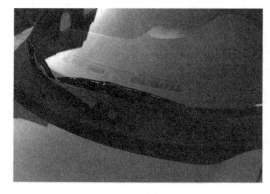

图9-1 雨刮片

图9-2 雨刮器电动机

图9-3 雨刮连动杆

图9-4 雨刮控制开关

雨刮器主要作用为除去风窗玻璃上的水、雪及沙尘,保证在不良天气时驾驶员仍具有良好的视线。

2. 雨刮器的结构

(1) 雨刮片：最终完成刮水作用的橡胶片。雨刮片靠骨架支撑,铰接在弹性刮水臂上,使雨刮片紧紧贴在风窗玻璃上,当使用雨刮器时,雨刮器电动机会通过连杆带动刮水臂左右摆动,雨刮片就会在风窗玻璃上清扫雨水及杂物,雨刮器电动机及联动机构如图9-5所示。

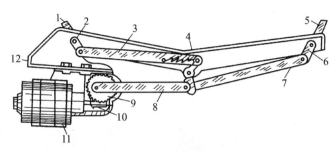

1,5—雨刮片架;2,4,6—摆杆;3,7,8—连杆;9—减速蜗轮;10—蜗杆;11—雨刮器电动机;12—底板。

图9-5 雨刮器电动机及联动机构

(2) 雨刮器电动机:雨刮器动力源为直流变速电动机,内有快、慢两个线圈,电动机输出经蜗轮减速器减速,并改变输出方向。雨刮器电动机的功率较小,只有15~50 W,多采用永磁励磁方式,永磁式直流电动机的典型结构如图9-6所示。直流电动机一般有5个引脚:正极、负极、高速挡、低速挡和复位线。

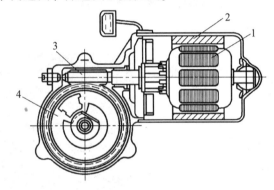

1—电枢;2—永久磁铁;3—蜗杆;4—蜗轮。

图9-6 永磁式直流电动机的典型结构

(3) 联动机构:把电动机的旋转输出运动,传递到刮水臂,并转化为摆动运动,控制雨刮片的摆动范围。

(4) 雨刮控制开关:雨刮控制开关装在组合开关右手边的操作杆上,控制雨刮片的动作。

雨刮器电动机控制方式分为以下几点。

(1) OFF挡:停止挡,无论刮片运行到何种位置,当从其他挡位回到OFF挡时,电动机都会利用蜗轮上的导电盘缺口,始终停留在固定的位置。

(2) LO挡:慢挡,操作杆向上拨动一格,此时电动机的低速线圈通电,电动机低速旋转。此挡用于下小雨时。

(3) HI挡:快挡,操作杆再次向上拨动一格,此时电动机的高速线圈通电,电动机高速旋转。此挡用于下大雨时。

(4) 间歇挡:有的车标注INT;有的车标注MIST。其利用间歇继电器完成隔几秒刮一下,再隔几秒刮一下的动作。此挡用于下小雨时。

（5）喷水挡：在停止状态时，操作杆向怀中方向抬一格，此时喷水电机运转，喷出玻璃清洁水，同时雨刮器电动机低速旋转，当操作杆回位时，停止喷水，雨刮器电动机停到固定位置。平时不用时，操作杆处于 OFF 位置。

3. 雨刮器的工作原理

1）雨刮器电动机的工作原理

为了实现电动机的高、低速挡位工作，永磁式直流电动机一般采用三刷式电动机，其结构图如图 9-7（c）所示。直流电动机工作时，在电枢内的所有线圈中同时产生反电动势，每个小线圈都产生相等的反电动势，电动势的方向如图 9-7（a）、（b）所示。

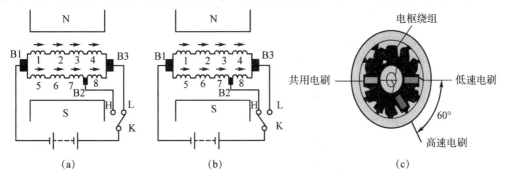

图 9-7 永磁式电动机变速原理及其结构

(a) 低速挡变速原理图；(b) 高速挡变速原理图；(c) 三刷式电动机结构图

当开关 K 拨到低速挡 L 时，在两个电刷 B1、B3 之间有两条并联支路，各有 4 个绕组，反电动势方向如图 9-7（a）所示。两条并联中各绕组的反电功势相加之和相等，电动机稳定在某一较低转速下运行，雨刮片每分钟刮动 33~55 次。

当开关 K 拨到高速挡 H 时，在两个电刷 B2、B3 之间也有两条并联支路，一个支路有 3 个绕组串联，另一个支路有 5 个绕组串联，形成不对称的两个并联支路。但其中一个绕组的反电动势方向与另三个绕组的反电动势方向相反，如图 9-7（b）所示。由于反电动势的减小，使电枢的转速上升，重新达到电压平衡，在负载不变的情况下，使电动机获得较高的转速，雨刮片每分钟刮动 51~72 次（雨刮电动机高、低速差大于每分钟 10 次）。控制电刷是否偏置就使永磁式电动机得到了高、低速不同的工作挡位。

2）雨刮器的自动复位

为了不影响驾驶员的视线，要求雨刮器能自动复位，即不论在什么时候关闭雨刮器开关，雨刮片都能自动停在风窗玻璃的下部。

4. 电控雨刮器控制原理

电控雨刮器控制原理如图 9-8 所示。

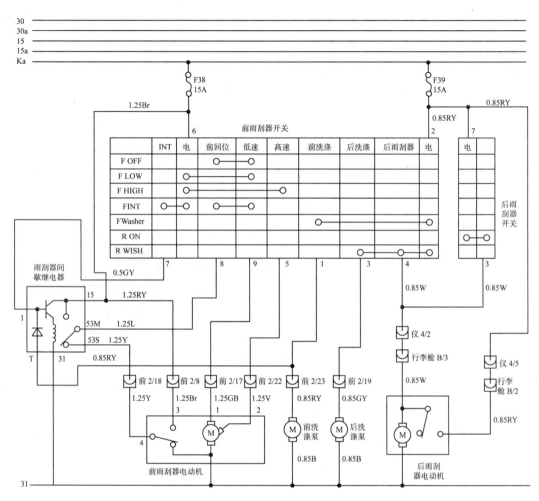

图 9-8 电控雨刮器控制原理

二、风窗玻璃洗涤器（电动洗涤器）

电动洗涤器的作用是在需要的情况下向风窗玻璃表面喷洒专用洗涤液或洗涤水，在雨刮器配合工作下，保持风窗玻璃表面的清洁。

当按下控制开关时，电动机带动洗涤泵齿轮旋转，洗涤液以一定的压力经喷嘴喷到风窗玻璃的外表面上。

电动洗涤器由储液罐、洗涤泵、软管、三通接头和喷嘴等组成，如图9-9所示。

（1）储液罐。储液罐由塑料制成，容量为 1.2 L。

（2）洗涤泵。洗涤泵由一只小型永磁式直流电动机和离心泵组成。洗涤泵安装于储液罐上。其输出压力一般为 68.6 kPa，消耗电流不大于 3.6 A。

（3）喷嘴。汽车洗涤喷嘴分圆形、方形、扁形三种。洗涤器的喷嘴可以装一个或两个，喷射方向可以调节。单孔喷嘴布置在左右雨刮驱动轴附近，双孔喷嘴布置于车身中心线上。喷嘴直径一般为 0.8~1.0 mm，喷嘴的喷头是一个球体，使用时用大头针插入内孔，稍稍用力即可调整其朝向，使洗涤液喷射到目标面积。喷嘴堵塞时，可用细钢丝加以疏通。

（4）洗涤液。常用的洗涤液是硬度不超过 205 ppm 的清水。为了刮洗油、蜡等物，可在水中添加少量的去垢剂和防锈剂。强效洗涤液的去垢效果虽好，但会使风窗密封条和雨刮胶条变质，还会引起车身喷漆变色以及储液罐、喷嘴等塑料件的开裂，所以洗涤液的选用必须十分慎重。

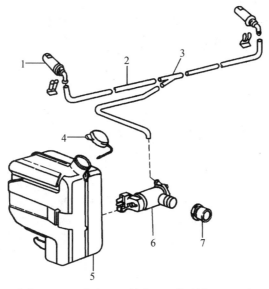

1—喷嘴；2—软管；3—三通接头；4—箱盖；5—储液罐；6—洗涤泵；7—衬垫。

图 9-9　电动洗涤器的组成

三、雨量传感器

现代汽车中已经安装了越来越多的传感器以增加行车的主动安全性和被动安全性，同时增加舒适性。在雨刮系统中有很多汽车设有雨量传感器，使驾驶者在下雨时无须手动控制雨刮片的运动速度，而由雨量传感器感知雨量的大小从而控制雨刮片的运动速度，以使驾驶者可以集中精力开车。

雨量传感器和光强度传感器通常组合成一体，雨量传感器及安装位置如图 9-10 所示，装配在车内后视镜的安装底座内，检修时可以用手机照相功能观看传感器的变化，只要照相机对准雨量传感器就可以通过屏幕看到变化。

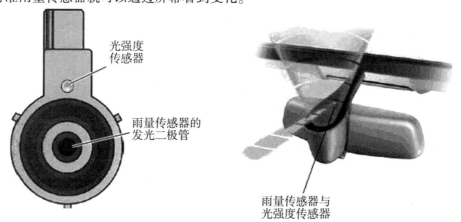

图 9-10　雨量传感器及安装位置

四、除霜装置

1. 后窗除霜装置的作用

在较冷的季节,风窗玻璃上会凝结上一层霜、雾、雪或冰,从而影响驾驶员的视线。为了避免水蒸气凝结,汽车上设置了除霜(雾)装置,需要时可以对风窗玻璃加热,除霜装置电路图及按钮外形图如图9-11所示。图9-11(b)中,上面是前风窗玻璃除霜开关,下面是后风窗玻璃除霜开关。

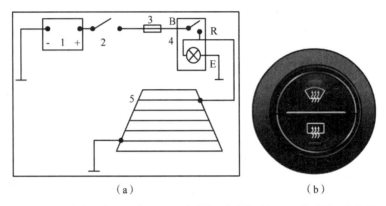

(a)　　　　　　　　(b)

1—蓄电池;2—点火开关;3—熔丝;4—除霜器开关及指示灯;5—除霜器(电热丝)。

图 9-11　除霜装置

2. 工作时间

按下开关加热20分钟后自动熄灭,再按一次只能工作5分钟,后自动熄灭。

3. 常见故障诊断与排除

(1) 故障现象:除霜装置常见故障是不工作。

(2) 主要故障原因:熔断器或控制线路断路;加热丝或开关损坏。

(3) 诊断步骤:首先检查熔断器是否正常,然后将开关接通检查加热丝火线端电压是否正常,如果电压为0,应检查开关和电源线路;否则检查电热丝是否断路。若电热丝断路,可用润滑脂清理加热丝端部,并用蜡和有机硅脱模剂清理加热丝断头,再用专用修理剂进行修补,将断点处连接起来,保持适当时间后即可正常工作。

第二节　汽车电动门窗

汽车电动门窗,是指以电为动力使门窗玻璃自动升降的门窗。它是由驾驶员或乘员操纵开关接通门窗升降电动机的电路,电动机产生动力通过一系列的机械传动,使门窗玻璃按要求进行升降,即使在行车过程中,也能安全方便地开、关门窗。它取代了传统的转动摇柄升降玻璃,使得玻璃的升降轻便化、舒适化、自动化。其优点是操作简便,有利于行车安全。

一、电动门窗

电动门窗由电动门窗升降器和电子控制电路组成。

1. 电动门窗升降器

电动门窗升降器主要由门窗电动机和机械升降机构两部分组成。为减少冲击对机构的影响，一般都装有吸收冲击的缓冲装置。

1）电动门窗升降器的类型

电动门窗升降器分为电动机械式和油压式两种。油压式电动门窗升降器由于结构复杂、可靠性差，现已很少使用。电动机械式门窗升降器根据机械升降机构的结构型式可分为绳轮式（图9-12）、齿条式（图9-13）和交叉臂式（图9-14）3大类。我国引进的轿车中大部分采用绳轮式电动机械式门窗升降器，如一汽奥迪、上海桑塔纳、神龙富康等，有一部分是交叉臂式电动机械式门窗升降器（广州标致）和齿条式电动机械式门窗升降器（北京切诺基）。

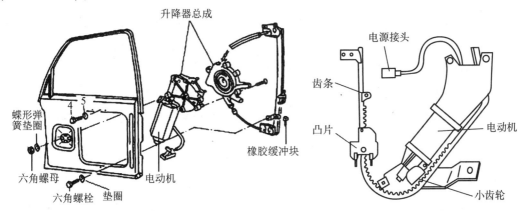

图9-12 绳轮式电动机械式门窗升降器　　图9-13 齿条式电动机械式门窗升降器

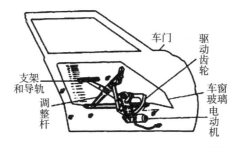

图9-14 交叉臂式电动机械式门窗升降器

2）门窗电动机

门窗电动机是一个永磁、两极直流电动机，电动机内部装有减速装置，门窗电动机一般设计成能正反方向旋转，具有较高输出转矩、较低噪声、较小的体积、扁平外形和短时工作制，并对尘埃及洗涤剂具有密封防护性能。门窗电动机内部一般都装有抑制无线电干扰装置，以防止在使用电动门窗升降器时对车内无线电的接收形成干扰。电动机内部还装有过电流保护装置，电动机运转受阻时能自动切断电源，从而避免电动机的烧毁，门窗电动机外形图如图9-15所示。为了与不同机械升降机构相匹配，电动机输出部分的结构也有所不同。

图9-15　门窗电动机外形图

3）主要技术参数

电动门窗升降器的主要技术参数是标称电压、工作电压、额定负载、玻璃行程、玻璃上升时间、电动机最大消耗电流、制动力和寿命等。此外，还要能经受高温、低温、盐雾、尘埃、喷水、振动和冲击等环境试验，并且应使产品能经受电机制动、电机过流保护、电磁相容性、噪声和寿命等试验，以保证产品的质量和工作可靠性。

2. 电子控制电路

电子控制电路主要由电源、易熔线、断路器、主继电器、开关、电动机和指示灯等组成。

1）断路器

电路或电动机内装有一个或多个热敏断路器，用以控制电流，防止电动机过载。当门窗完全关闭或由于结冰等原因使门窗玻璃不能自如运行时，即使操纵开关没有断开，热敏开关也会自动断路。

2）主继电器

主继电器的作用是接通或断开门窗电路。当接通点火开关电路时，同时也接通了主继电器的线圈电路，主继电器接通门窗的电路。当关断点火开关时，主继电器同时也断开门窗的电路，以防损坏电气组件和发生意外。

3）控制开关

电动门窗开关如图9-16所示，用来控制门窗玻璃升降。一般电动门窗系统都装有两套控制开关。一套装在仪表板或驾驶员侧车门扶手上（即方便于驾驶员操纵的位置）为主开关，它由驾驶员控制每个车窗的升降。另一套分别装在每一个乘员的车门上为分开关，可由乘员操纵。一般在主开关上还装有窗锁开关。如果将其断开，则分开关就不起作用。

图 9-16　电动门窗开关

4）指示灯

指示灯用来指示门窗电路的工作状态，主要有电源指示灯、乘员门窗电路指示灯和驾驶员侧门窗升降状态指示灯 3 种。电源指示灯的点亮或熄灭表示电源电路的通断，即门窗电路导通时，电源指示灯点亮，电源断开时指示灯熄灭。当接通窗锁开关时，乘员门窗电路指示灯点亮，断开时指示灯熄灭。

二、智能电动门窗

1. 智能电动门窗的特点

（1）具有单按系统。只需对开关的一个简单、短暂的轻按，就能使玻璃完全地打开或关闭，这样驾驶员需要关闭门窗时，不再需要一只手驾驶、而用另一只手去控制门窗，提高了乘员的舒适性和安全性。

（2）能够在车外关闭门窗。如果驾驶员自车内走出而忘记把门窗关闭，不需再进入车内关窗，可在车外通过中央门锁系统，将门窗自动地关闭。

（3）具有安全控制系统。当门窗上升遇到障碍时，能自动地检测出由障碍所引起的阻力，自动停止门窗的关闭，并且下降 100 mm，避免损害人体。

在电动门窗升降器制造方面，国外已从单个电动门窗升降器发展到门的组件（门的模块组件）。所谓门的组件是指零部件制造厂将调试好的电动门窗升降器、玻璃升降的导轨、门锁、中央集中控制闭锁、电动后视镜调节器、音响喇叭，以及开关和线束等几个部件预先装在一块基板上，主机厂使用时，只需将一整块门组件（机板及其附件）装在车门上即可。

2. 防夹电动门窗

目前，汽车的防夹电动门窗（包括防夹电动天窗）的防夹功能的实现需要"触觉""视觉"的配合。

所谓"触觉",就是当电动门窗机构感触到有异物在玻璃上,会自动停止玻璃上升工作。防夹电动门窗的电路原理如图 9-17 所示,在门窗上升的过程中,驱动机构中有电子控制单元(ECU)及霍尔传感器(脉冲发生器)时刻检测电动机的转速。当霍尔传感器检测到转速有变化时就会向 ECU 传送信息,ECU 向继电器发出指令,使电动机停转或反转(下降),门窗也就停止上升或下降。

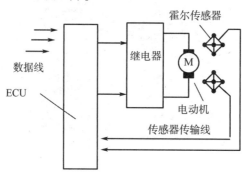

图 9-17 防夹电动门窗电路原理图

当然,这种门窗玻璃在移动过程中的阻力变化与门窗玻璃到达终端的阻力是不一样的,后者阻力远较前者阻力大得多,因此控制方式也不一样。当门窗玻璃到达关闭终端时因阻力变大,电动机过载,电流也变大,继电器靠过载保护装置会自动切断电流。有的汽车设有玻璃升降终点的限位开关,当玻璃到达终端时压住限位开关,电流被切断电动机就停止运转了。

所谓"视觉",是一套光学控制系统。它检测有无异物在电动门窗移动范围内,从而控制玻璃移动,无须异物直接接触到玻璃。这个光学控制系统的主要元件是光学传感器,它由红外线发射器和接收器组成,安装在门窗的内饰件上,能连续精确地扫描指定的区域。这个区域一般指门窗玻璃向上移动时,距离门窗开口框上边缘 4~200 mm 范围内。一旦检测到有异物,传感器会把信息反馈至 ECU,ECU 发出指令使电动机停止运转。由于这种装置小巧、装嵌隐蔽、控制技术先进,所以有人称之为"智能无接触防夹玻璃"。

三、汽车电动门窗常见的故障与维护技巧

电动开关门窗的耗电量很大,慢车状态时激活的一刹那甚至会使引擎声音发生变化,所以电池较弱的汽车,注意不要将门窗同时开或关。

汽车电动门窗常见的故障与维护技巧有以下几点。

(1) 电动开关门窗动作不顺畅的原因多为车门内部升降机里的油分耗尽,应取下内盖加上油。

(2) 若是玻璃完全不能动作,则有可能是开关故障。如果是开关的故障,只能更换开关。

(3) 电子装置如果不动作,检查保险丝是一般常识。仔细检查哪一条保险丝是用于电动门窗的。

(4) 开关的动作情况变差,门窗也不能顺利开启的时候,开关发生故障的可能性很高。

(5) 为内部机械装置加油之前，首先取下内盖。取下隐蔽螺丝钉、拆下快动开关即可。

(6) 取下内盖，剥开下面防水用的塑料纸，露出门窗的升降机关。

(7) 在臂支点、齿轮的内部喷上油脂。一边上下移动，一边喷涂就可以使很细小的部分也能涂上油脂。

(8) 支承玻璃两端的滑块部分也需要检查。玻璃与导热的滑动状况差时，可涂上增亮剂。

(9) 为使玻璃顺利滑动，重要的是尽量减少阻力。玻璃的污损也会成为阻力，应经常保持门窗的洁净。

第三节　汽车电动座椅

现代的汽车座椅已经从以前的固定式座椅发展到了今天的电动座椅、自动调节座椅、气垫座椅、电热座椅、立体音响座椅、儿童座椅、恢复精神座椅等特种功能座椅。到目前为止，大部分高档乘用车的座椅采用电脑控制调节。

一、电动座椅的基本结构与原理

普通电动座椅由若干个电动机、传动装置及控制开关等组成。每个电动机为双向电动机，通过开关控制双向动作，通电后，双向电动机输出动力经传动装置传至电动座椅，从而对电动座椅的不同位置进行调节。

电动座椅调节装置由前、后滑动调节机构、前垂直调节机构（驾驶员座椅）、后垂直调节机构、靠背调节机构、腰部支撑调节机构、头枕调节机构以及开关、电路等组成，电动座椅的调节装置及其在座椅上的布置如图9-18所示。

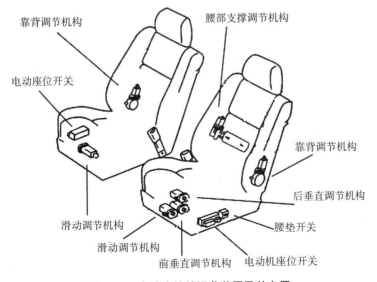

图9-18　电动座椅的调节装置及其布置

电动座椅每个方向的调节机构都由一只双向电动机和传动装置等组成。传动装置主要包括：上下轨道、螺杆、连轴节支架等部件。电动座椅的电动机一般为永磁式直流电动机，利用开关可控制流经电动机的电流方向，从而使电动机有两个转动方向，以实现座椅在某两个方向上的调整。

二、电动座椅控制电路

电动座椅的控制电路如图9-19所示，它主要由蓄电池、组合控制开关和3个电动机组成。组合控制开关内部有4套开关触点。驾驶员或乘员可通过控制开关上的按钮来调节座椅的位置。

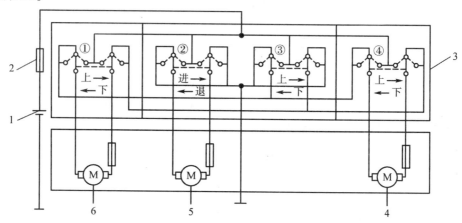

1—蓄电池；2—熔断器；3—组合控制开关；4—后高度电动机；5—前进/后退电动机；6—前高度电动机。

图9-19 电动座椅的控制电路图

1. 座椅前倾的调节

1）前部上升电路

如需要电动座椅前部垂直上升时，可接通调节组合控制开关中的前倾开关。此时，电路中电流的流动方向如图9-20所示。电流流动的路线为：蓄电池1的正极→熔断器2→组

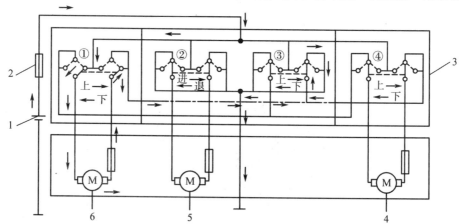

1—蓄电池；2—熔断器；3—组合控制开关；4—后高度电动机；5—前进/后退电动机；6—前高度电动机。

图9-20 电动座椅前部上升时的电流方向

合控制开关中①左侧触点→前高度电动机6→电动机熔断器→组合控制开关中①右侧触点→组合控制开关中③右侧触点→搭铁→蓄电池负极。此时构成闭合回路，前高度电动机6转动，座椅前部垂直上升。

2）前部下降电路

前部下降电路的电流流动的路线为：蓄电池1正极→熔断器2→组合控制开关中①右侧触点→电动机熔断器→前高度电动机6→组合控制开关中①左侧触点→组合控制开关中③左侧触点→搭铁→蓄电池负极。此时构成闭合回路，前高度电动机6反转，座椅前部垂直下降。

2. 座椅后倾的调节

1）后部上升电路

如需要电动座椅后部垂直上升时，可接通调节组合控制开关中的后倾开关，这时，电流流动的路线为：蓄电池1的正极→熔断器2→组合控制开关中④左侧触点→后高度电动机4→电动机熔断器→组合控制开关中④右侧触点→组合控制开关中③右侧触点→搭铁→蓄电池负极。此时构成闭合回路，后高度电动机4转动，座椅后部垂直上升。

2）后部下降电路

后部下降电路的电流流动的路线为：蓄电池1的正极→熔断器2→组合控制开关中④右侧触点→电动机熔断器→后高度电动机4→组合控制开关中④左侧触点→组合控制开关中③左侧触点→搭铁→蓄电池负极。此时构成闭合回路，后高度电动机4反转，座椅后部垂直下降。

3. 座椅的上/下高度调节

当需要调节座椅的高度时，驾驶员接通座椅的上升（或下降）开关，后高度电动机4和前高度电动机6同时通电、同向转动，实现座椅的上升（或下降）调节。

1）座椅的上升电路

前高度电动机6的电路电流流动的路线为：蓄电池1正极→熔断器2→组合控制开关③左侧触点→组合控制开关①左侧触点→前高度电动机6→电动机熔断器→组合控制开关①右侧触点→组合控制开关③右侧触点→搭铁→蓄电池的负极。此时前高度电动机6正转。

后高度电动机4的电路电流流动的路线为：蓄电池1正极→熔断器2→组合控制开关③左侧触点→组合控制开关④左侧触点→后高度电动机4→电动机熔断器→组合控制开关④右侧触点→组合控制开关③右侧触点→搭铁→蓄电池的负极。此时后高度电动机4正转。

2）座椅的下降电路

座椅下降调节时的电路与上升电路相似，只是此时前高度电动机6和后高度电动机4同时反转，这里不再介绍。

4. 座椅前进/后退的滑动调节

1）前进电路

前进电路电流流动的路线为：蓄电池1正极→熔断器2→组合控制开关②左侧触点→前进电动机5→电动机熔断器→组合控制开关②右侧触点→搭铁→蓄电池负极。前进电动机5正转，座椅前进。

2）后退电路

后退电路电流流动的路线为：蓄电池 1 正极→熔断器 2→组合控制开关②右侧触点→电动机熔断器→后退电动机 5→组合控制开关②左侧触点→搭铁→蓄电池负极。后退电动机 5 反转，座椅后退。

三、带记忆功能的电动座椅

1. 带记忆功能的电动座椅电器控制部分

带记忆功能的电动座椅电器控制部分如图 9-21 所示。它主要由主继电器、热过载保护装置、控制开关（手动调节开关、存储复位开关）、电子控制装置及位置电位器等组成。

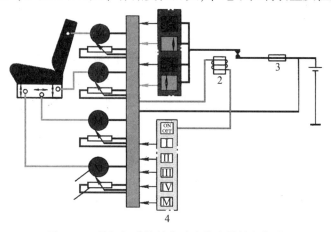

图 9-21 带记忆功能的电动座椅电器控制部分

位置电位器是带记忆功能的电动座椅电器控制部分的主要部件，其结构如图 9-22 所示。

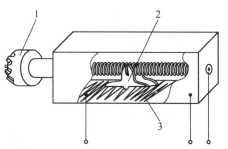

1—螺杆（电动机驱动）；2—滑块；3—电阻丝。

图 9-22 位置电位器的结构

2. 执行机构

执行机构用来执行驾驶员的指令，以实现座椅的调整。它主要由电动机、传动装置和调节机构等组成。

电动机将电能转化为机械能最终产生转矩，通过传动装置驱动调整机构对座椅进行调整。电动机多采用双向式永磁电动机。

传动装置的作用是将电动机的动力传给调整机构，以使座椅实现调节。

调节机构主要由蜗轮蜗杆减速器、螺杆和螺母、千斤顶等组成。

3. 电动座椅常见故障的诊断与排除

电动座椅常见故障有：完全不动作或某个方向不能工作。

电动座椅完全不动作的主要原因有：熔断器断路、线路断路、座椅开关有故障等。可以首先检查熔断器是否断路；若熔断器良好，则应检查线路连接是否正常，最后检查开关是否存在故障。

电动座椅某个方向不能工作的主要原因有：该方向对应的电动机损坏，开关、连接导线断路等。可以先检查线路是否正常，再检查开关和电动机是否有故障。

第四节 电动后视镜

汽车后视镜俗称倒车镜，它安装于汽车左右两侧，其功用主要是让驾驶员观察汽车左右两侧及后方的行人、车辆以及其他障碍物的情况，确保行车或倒车安全。

为了便于驾驶员调整后视镜的角度，很多轿车安装了电动后视镜，驾驶员在行车时便可方便地随时对左右后视镜的角度进行调节，如图9-23所示，为电动后视镜外观结构及操作开关。

图9-23 电动后视镜外观结构及操作开关

一、电动后视镜的结构及工作原理

电动后视镜的结构一般由后视镜片、电动机、后视镜固定架、后视镜罩、控制电路及控制开关等组成。在每个电动后视镜的背后装有两个可逆电动机和驱动机构，通过操作控制开关，选择L或R，可选择左或右后视镜上下及左右偏转。上下方向的偏转由一个电动机控制；左右方向的偏转由另一个电动机控制。通过改变电动机的电流方向，对镜片的角度进行上、下偏转和左、右偏转调节，调节范围为20°~30°。

二、电动后视镜控制电路的工作原理

1. 普通电动后视镜控制电路的工作原理

电动后视镜控制电路的工作原理比较简单，如图9-24所示，通过选择开关和遥控开关进行控制，选择开关选择是左侧还是右侧的电动后视镜；遥控开关具有上、下、左、右共4个位置，通过电动后视镜内的两个电动机来调节镜面角度的上、下偏转和左、右偏

转，使其达到理想的位置。

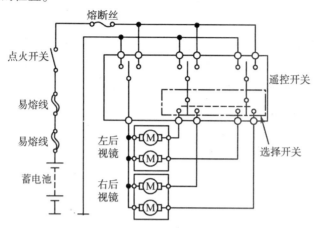

图 9-24 电动后视镜控制电路的工作原理图

2. 由电控单元控制的电动后视镜的工作原理

后视镜开关是控制左、右侧后视镜上、下、左、右方向运动的组合开关，输出模拟电压信号到 ECU。ECU 对该开关的输入电压进行检测，并判断出后视镜开关的操作动作，本地控制左侧后视镜的 2 个调节电机动作，CAN 总线报文控制右侧后视镜的 2 个调节电机动作。每个输入口都经过电阻上拉到 +12 V 电源，这样做的目的是减小周围电磁环境对最终测量结果的干扰。该后视镜开关及电机电路图如图 9-25 所示。

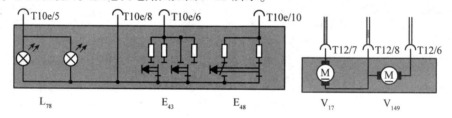

E_{43}—后视镜调节开关（调节后视镜上、下、左、右）；E_{48}—后视镜调节转换开关（转换选择左侧后视镜、右侧后视镜、后视镜加热）；L_{78}—开关内置的背光灯；V_{17}—后视镜 X 轴调节电动机（后视镜左、右调节）；V_{149}—后视镜 Y 轴调节电机（后视镜上、下调节）。

图 9-25 后视镜开关及电机电路图

后视镜电动机是后视镜上、下、左、右方向运动的驱动设备，后视镜电动机根据 ECU 的输出，驱动电动机运动。后视镜电动机由 X 轴调节电动机和 Y 轴调节电动机共两个电动机组成，实车中为了节约线束成本等，采用了以下控制逻辑，如表 9-2 所示。

表 9-2 后视镜总成调节电动机控制逻辑

序号	T12/6 输入	T12/7 输入	T12/8 输入	V17 电动机动作	V149 电动机动作
1	搭铁	搭铁	搭铁	静止	静止
2	搭铁	正电压	正电压	静止	正转
3	正电压	搭铁	搭铁	静止	反转
4	正电压	搭铁	正电压	正转	静止
5	搭铁	正电压	搭铁	反转	静止

三、电动后视镜的除霜装置

随着汽车技术的发展和操作人性化要求的提升,为了加强汽车在雨雾天气及气温较低情况下行车的安全性,有很多汽车在后视镜内设置了除霜装置。驾驶员只需开启加热除霜按钮便可除去镜片表面的积雾和水滴。

第五节　汽车中控门锁

一、中控门锁的功用、组成和工作原理

1. 中控门锁的功用

汽车中控门锁系统有钥匙联动开闭车门和钥匙占用预防功能,一般中控门锁功能如下:

(1) 中央控制。当驾驶员锁住车门时,其他车门均同时锁住;驾驶员也可通过门锁开关打开所有门锁。

(2) 单独控制。为了方便,除中央控制外,乘员仍可利用车门的机械式弹簧锁开关车门。

2. 中控门锁的组成

目前汽车上装用的中控门锁种类很多,其基本组成主要有门锁控制开关、门锁执行机构和门锁控制器等,如图9-26所示。

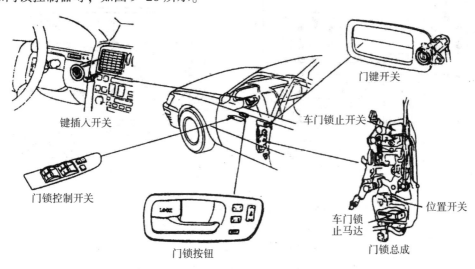

图 9-26　中控门锁的组成

3. 中控门锁的结构和工作原理

1) 中控门锁开关

大多数中控门锁的开关都是由总开关和分开关组成的,总开关装在驾驶员身旁车门

上，驾驶员操纵总开关可将全车所有车门锁住或打开；分开关装在其他各个车门上，可单独控制一个车门。

2）中控门锁执行机构

中控门锁执行机构是用于执行驾驶员的指令，将中控门锁锁止或开启，中控门锁执行机构如图9-27所示，中控门锁执行机构原理图如图9-28所示。

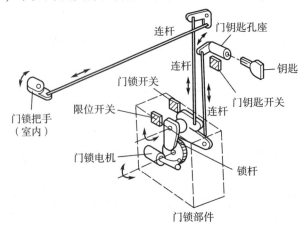

图9-27 中控门锁执行机构

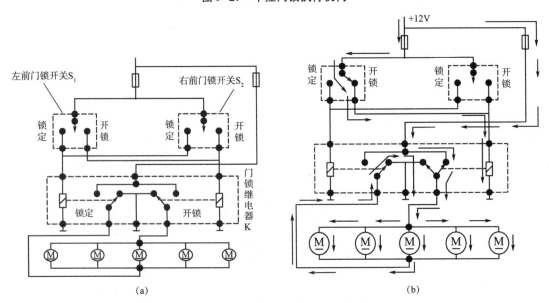

图9-28 中控门锁执行机构原理图

(a) 中控门锁的基本电路图；(b) 左前门锁开关在开锁位置时的电流方向

中控门锁执行机构常见有电磁式中控门锁执行机构、电动机式中控门锁执行机构、双向压力泵式中控门锁执行机构3种类型。其原理都是通过改变极性转换其运动方向而执行锁门或开门动作。

(1) 电磁式中控门锁执行机构。电磁式中控门锁执行机构内设有2个线圈，分别用来开启、锁闭门锁，门锁集中操作按钮平时处于中间位置。当给锁门线圈通正向电流时，柱塞带动操纵杆左移，门被锁住；当给开锁线圈通反向电流时，柱塞带动操纵杆右移，门被打开,如图 9-29 所示。

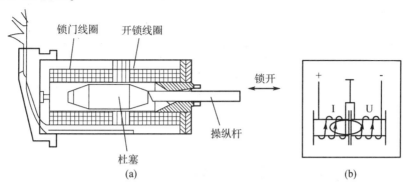

图 9-29 电磁式中控门锁执行机构
(a) 电磁式中控门锁执行机构原理图；(b) 双电磁线圈工作原理

(2) 电动机式门锁执行机构。它通过直流电动机转动并经传动装置（传动装置有螺杆传动、齿条传动和直齿轮传动）将动力传给门锁锁扣，使门锁锁扣进行开启或锁止。由于直流电动机能双向转动，所以能通过电动机的正反转实现门锁的开启或锁止。这种执行机构与电磁式执行机构相比，耗电量较小，如图 9-30 所示。

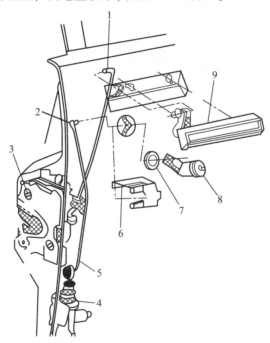

1—外门锁手把至门锁连杆；2—锁芯至门锁连杆；3—门锁总成；4—门锁电动机；
5—电动机至门锁连杆；6—锁芯定位架；7—垫圈；8—锁芯；9—外门锁手把。

图 9-30 电动机式中控门锁执行机构

(3) 双向压力泵式中控门锁执行机构。双向压力泵式中控门锁执行机构又分成电路和机械两部分，其电路部分如图 9-31 所示，其机械部分如图 9-32 所示。

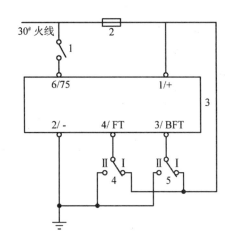

1—点火开关；2—保险；3—中央门锁控制单元及双向压力泵；
4—左前门锁开关；5—右前门锁开关。

图 9-31 双向压力泵式中控门锁执行机构电路部分

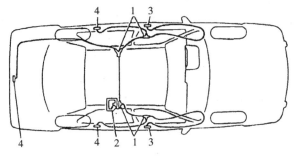

1—三通接头；2—中控门锁及双向压力泵；3—两前门膜片室；
4—两后门及行李舱膜片室。

图 9-32 双向压力泵式中控门锁执行机构机械部分

电路部分的核心是中央门锁控制单元，连同双压力泵装在一个黑塑料盒内，安装在后座椅右侧的下面，包有隔振泡沫塑料套，用插头与中央门锁线束连接。

当用钥匙或拔出两前门内按钮来打开门锁时，门锁开关内触点 I 闭合，ECU 收到此信号后，立即命令双向压力泵转动以压缩空气，系统管路中的气体呈正压，气体进入 4 个车门及行李舱的膜片室内，膜片推动拉杆向上运动而将门锁打开。

当用钥匙或按下两前门内按钮来锁住门锁时，门锁开关内触点 II 闭合，ECU 收到接地信号后，立即命令双向压力泵向另一个方向转动以抽吸空气，系统管路中的气体呈负压，各膜片室进入真空状态，膜片带动拉杆向下运动而将门锁锁住。

装有 ECU 和双向压力泵的黑塑料盒内具有一个双触点压力开关，双向压力泵不转动时，两对触点都断开，双向压力泵转动后 3~7 s 内，无论是正压还是负压，都会使一对触点闭合，ECU 收到压力开关信号后，立即使双向压力泵停止转动。如若管路或膜片室出现漏气，双向压力泵虽然转动但建立不起正压或负压，触点不能闭合，起动 7 s 后，双向压力泵仍然转动。ECU 具有双向压力泵强行保护功能，即延时电路每次只允许双向压力泵转动 30 s 便自动停机，该保护功能作用是在管路出现漏气故障后，防止双向压力泵因长时间转动而被烧毁。

黑塑料盒内的系统管路上还装有一个放气阀，每当双向压力泵停止转动后，此阀立即打开，使系统管路与大气相通，以便于下一次操作。每当双向压力泵转动前，此阀立即关闭，使系统管路与大气隔绝。

二、防盗系统

1. 防盗装置

汽车防盗系统，是指防止汽车本身或车上的物品被盗所设的系统，它由电子控制的遥控器或钥匙、电子控制电路、报警装置和执行机构等组成。最早的汽车门锁是机械式门锁，只是用于防止汽车行驶时车门自动打开而发生意外，只起行车安全作用，不起防盗作用。随着社会的进步、科学技术的发展和汽车保有量的不断增加，后来制造的轿车、货车车门都装上了带钥匙的门锁。这种门锁只控制一个车门，其他车门是靠车内门上的门锁按钮进行开启或锁止。如今，人们已经研制出各种方式、不同结构的防盗装置，按其结构可分为五大类：机械式、机电式、电子式、网络式和生物识别防盗装置。

1）机械式防盗装置

早期的汽车防盗装置主要是机械式的防盗锁。机械锁发展至今经过了数次技术升级，钩锁、转向盘锁（如图9-33所示）和变速挡锁等基本属于机械式防盗装置，它主要是通过锁定离合、制动、油门或转向盘、变速挡来达到防盗的目的，只防盗不报警。其优点是价格便宜，只需几十元至几百元，且安装简便，可以在一定程度上防御盗车贼，或增加盗车贼被发现的可能性。缺点是防盗不彻底，每次拆装比较麻烦，不用时还得找地方放置。

图9-33 转向盘锁

目前市场上推出了一种护盘式转向盘锁。这种锁较为隐蔽，有一层防锯防钻的钢板保护，材质比传统的拐杖锁坚固，锁芯也设计得更加精密，因而可靠性更高，但是车主必须找一个空间藏这个拆下的转向盘。排挡锁是目前车主最欣赏的机械式防盗装置之一，这种防盗装置简便而又坚固，材质采用特殊高硬度合金钢制造，防撬、防钻、防锯，且采用同材质镍银合金锁芯和钥匙，没有原厂配备的钥匙极难打开。如果钥匙丢失，可用原厂电脑卡复制钥匙。

2) 机电式防盗装置

随着科学的进步，出现了机电一体式的防盗装置（中控门锁）。中控门锁是用电来控制门锁的开启或锁止，并由驾驶员集中控制所有车门门锁的开启或锁止。

3) 电子式防盗装置

为了克服机械锁只防盗不报警的缺点，电子式防盗装置应运而生。汽车电子式防盗装置是在原有中控门锁的基础上加设了防盗系统的控制电路，以控制汽车移动的同时并报警。电子式防盗装置是目前较为理想的防盗装置。如果有行窃者盗窃汽车或汽车上的物品，防盗系统不仅具有切断起动电路、点火电路、喷油电路、供油电路、变速电路、将制动锁死等功能，同时还会发出不同的求救声光信号进行报警，给窃贼一个精神上的打击，以阻止窃贼行窃。电子式防盗装置外形结构如图9-34所示。

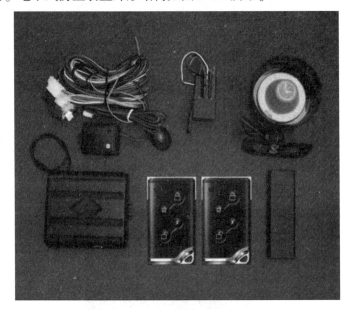

图9-34　电子式防盗装置外形结构

插片式、按键式和遥控式等都属于电子式防盗装置。遥控式汽车防盗装置的特点是可遥控防盗装置的全部功能，可靠方便，带有振动侦测门控保护及微波或红外探头等功能。随着科技的快速发展，遥控式汽车防盗装置还增加了许多方便实用的附加功能，如遥控中控门锁、遥控送放冷暖风、遥控电动门窗及遥控开行李舱等。现在市场上已有双向功能的电子防盗装置，这种防盗装置不仅能让车主遥控车辆，还能将车辆状态传送给车主，例如车门被开启或车窗玻璃被破坏等。但是电子式防盗装置普遍存在误报警现象，而且也没有从根本上解决车辆丢失问题。

4) 卫星定位汽车防盗装置

卫星定位汽车防盗系统属网络式防盗装置，它主要靠锁定点火或起动达到防盗的目的，同时还可以通过卫星定位系统，将报警信息和报警车辆所在位置无声地传送到报警中心。可以在全国范围内实时监测车辆位置，还可以通过车载移动电话监听车内声音，必要时可以通过手机关闭车辆油路、电路并锁死所有门窗。如果此防盗器被非法拆卸，它会自己发出报警信息，但缺点是价格较为昂贵，所以目前车主选用得不多。GPS卫星定位汽车防盗系统如图9-35所示。

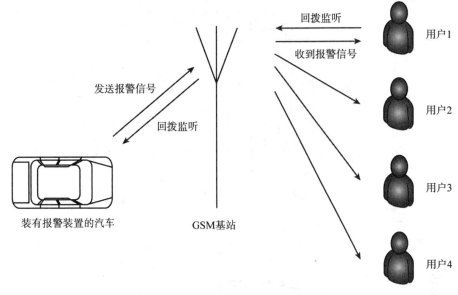

图9-35　GPS卫星定位汽车防盗系统

5）生物识别防盗装置

生物识别防盗装置指纹锁是利用每个人不同的指纹图形特征制成的一种汽车门锁。制作时先在锁内安装车主的指纹图形，当车主开启车门时，只要将手指往门锁上一按，如果指纹图形相符，车门打开。

眼睛锁是利用视网膜图纹来控制的汽车门锁。这种锁内设有视网膜识别和记忆系统，车主开锁时只需凑近门锁看一眼，视网膜图形与记录相吻合时，车门会自动打开，但缺点是价格昂贵。

2. 汽车防盗系统的工作原理

当有人擅自打开装有防盗系统汽车的任一车门时，防盗系统以及与其相关联的声光电路立即起动并报警，且在发动机起动时会自行熄火，以达到防盗的目的。

防盗系统主要由电子模块、触发继电器、报警继电器、起动中断继电器、门框侧柱开关以及门锁开关等组成，如图9-36所示。当把自动门锁开关置于LOCK位置时，关闭车门，则系统进入防盗准备状态。这时如有人打开车门或由行李箱拉出锁筒，防盗电路就会起动：扬声器发出声响，尾灯、顶灯、外灯等发光；同时接通起动中断电路，阻止发动机起动。

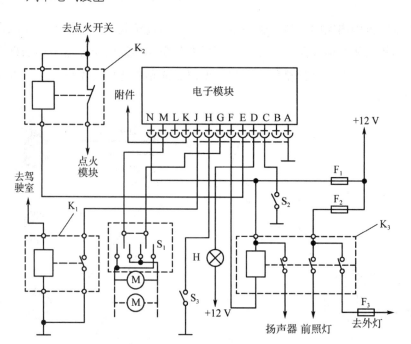

K_1—触发继电器;K_2—起动中断继电器;K_3—报警继电器;F_1、F_2、F_3—熔断器;H—指示灯;
S_1—门框侧柱开关;S_2—后行李箱开关(当锁筒拉出时闭合);S_3—门锁开关。

图 9-36 防盗系统电路图

驾驶员要想防盗系统进入准备状态,其操作应按以下步骤进行。

(1) 关掉点火开关,使电子模块 K 端子失去电压。

(2) 打开车门,借以闭合门框侧柱开关,使蓄电池电压加到触发继电器线圈,使其动作,把电子模块 J 端子搭铁,J 端子搭铁后引进电子模块 D 端子断续搭铁,使与其相连接的指示灯闪烁,以提醒驾驶员系统没有进入准备状态。

(3) 将自动门锁开关置于锁定位置,这时蓄电池电压加到电子模块的 G 端子,使电子模块 D 端子稳定搭铁,指示灯一直点亮。

(5) 关闭车门,借以打开门框侧柱开关,触发继电器失压释放,电子模块的 J 端子不再搭铁,使指示灯 2 s 后熄灭,此时系统进入防盗准备状态。

当系统进入防盗准备状态后,如有人擅自开门,报警继电器动作,起动声、光系统报警,并由起动中断继电器阻止发动机起动。

防盗系统准备状态的解除有两种情况。一是在关闭车门以后,车门必须用钥匙打开。在用钥匙打开车门时,锁筒开关闭合,使电子模块 H 端子搭铁后,系统准备状态随即解除;二是在驾驶员关门以前想要解除准备状态,可将自动车门锁置于开锁位置,以供电给电子模块 M 端子,解除防盗系统准备状态。也可利用点火开关转到 ACC 或 RUN 位置,此时电源电压经点火开关加到电子模块 K 端子,使系统准备状态解除。

第六节 汽车音响系统

一、汽车音响系统的基本知识

1. 声音的基本概念

声音是由机械振动产生的。

2. 汽车音响系统的结构组成

汽车音响系统分普通汽车音响系统和多媒体汽车音响系统两大类。

1）普通汽车音响系统

普通汽车音响系统的组成：主机、功率放大器、喇叭（扬声器）、均衡器、分频器、天线、线材、电容器、电源、开关、易熔线、继电器等，如图9-37所示。

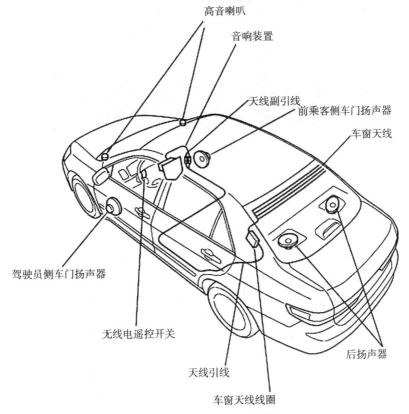

图9-37 普通汽车音响系统的结构组成

（1）主机。提供各种音源，有些具有显示图像功能，具有内置功率放大器，有些高档的主机只提供纯音频信号。主要面板如图9-38所示。

图 9-38 主机面板

(2) 功率放大器。放大音频信号,推动喇叭。

如图 9-39 所示,图中 4/3/2 代表可以接 4 个、3 个或 2 个扬声器,XA-9800 是厂家型号,下面是 4 路 600 W 和 2 路 1 200 W。

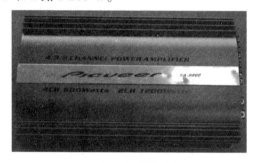

图 9-39 功率放大器

如图 9-40 所示,图中 FRONT/REAR 为前场/后场接线和调节区域;IN/OUT 为音频信号输入/输出,R 右输入,L 左输入;Gain 为音频信号量大小调节旋钮;FULL 为全音频信号;HPF/LPF 为高/低音频滤波信号调节,0、6、12 是声级衰减选择开关。

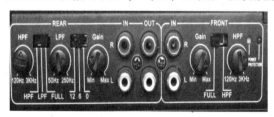

图 9-40 功率放大器前面板

如图 9-41 所示,图中 B+ 为蓄电池正极;GED 为搭铁;REM 为来自主机的控制线(12 V);FUSE 为保险丝;FRONT/REAR SPEAKER 为前/后场扬声器接线端。

图 9-41 功率放大器后面板

(3）电子均衡器。它是通过调节前后场及重低音的高低音的变化，以达到最佳听音效果的设备。其外观结构如图 9-42 所示。

（4）电容器。它是稳定音响系统电源的控制设备，可以防止声音突变给蓄电池带来不断变化的电流，影响蓄电池使用寿命。一般电容器规格为：$0.8 \times 10^{-2} F$、$1.0 \times 10^{-2} F$、$1.2 \times 10^{-2} F$、$1.5 \times 10^{-2} F$、$2.0 \times 10^{-2} F$、$2.5 \times 10^{-2} F$。其外观结构如图 9-43 所示。

图 9-42　电子均衡器外观结构　　图 9-43　电容器外观结构

（5）扬声器与分频器。扬声器分为高音扬声器，中音扬声器，低音扬声器和全音频扬声器。低音扬声器如图 9-45 所示。分频器分为电子型和电阻电容电感型，改善音色的元件。高音、低音扬声器和分频器如图 9-44 所示。

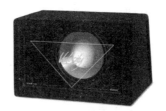

图 9-44　高音、低音扬声器和分频器　　图 9-45　低音扬声器

（6）线材。线材包括音频/视频线材，扬声器（喇叭）线材和电源线材，如图 9-46 所示。

图 9-46　线材

2）多媒体汽车音响系统

汽车车载多媒体主机一般多为 1DIN 结构，如图 9-47 所示。

图 9-47　汽车车载多媒体主机

（1）多媒体汽车音响系统一般由 VCD/DVD 组成。

（2）车载 DVD 系统一般由以下几方面构成：

①车载 DVD 子系统由 DVD 机芯伺服控制，具有音视频数据解码，根据用户选择的电视制式编码成模拟视频信号等功能。

②AM/FM 收音子系统由收音机锁相环、收音高频头构成，用于 AM/FM 收音功能。

③LCD 显示子系统由 LCD 显示驱动 IC、LCD 显示屏构成，用于完成显示功能。

④板面控制模块用于处理用户在车载 DVD 系统的前面板上的按键操作。

⑤遥控器处理模块用于处理用户的遥控器操作。

实训项目一　电动门锁的接线实验

1. 实训目的

掌握汽车电动门锁的接线方法，能够利用现有工具、仪器进行检测调试。

2. 实训器材

门锁开关 1 个、继电器 2 只、门锁电机 1 个、导线、万用表、稳压电源、常用工具。

3. 实训内容及步骤

（1）如图 9-48 所示根据门锁电路图接好线路。

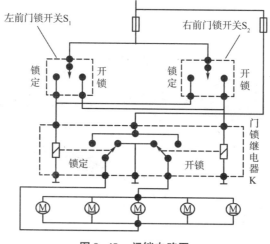

图 9-48　门锁电路图

(2)接好 12 V 电压。

(3)操作门锁开关,观察门锁功能状态。

实训项目二 电动雨刮器的接线实验

1. 实训目的

掌握汽车电动雨刮器的接线方法,能够利用现有工具、仪器进行检测调试。

2. 实训器材

雨刮控制开关 1 个、雨刮控制器 1 只、雨刮器电动机 1 个、导线、21 W/12 V 灯泡 1 只(代替喷水电动机)、万用表、稳压电源、常用工具。

3. 实训内容及步骤

(1)根据如图 9-49 所示电路图接好线路。

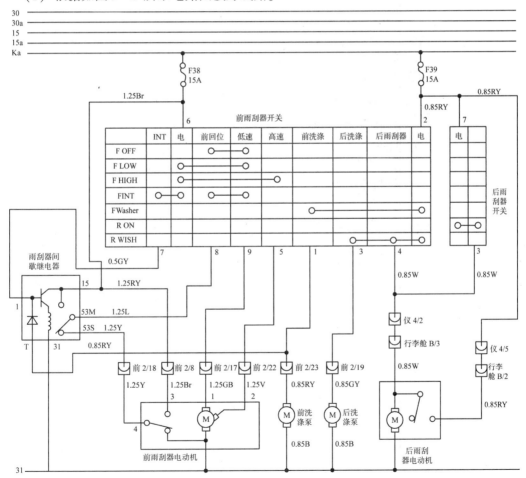

图 9-49 电动雨刮器电路

(2)线要接牢,并使用电工胶布缠好。

(3)观察电动机动作,发现问题及时解决。

实训项目三　汽车铁将军防盗器的安装

1. 实训目的

掌握汽车铁将军防盗器电路接线方法，能够利用现有工具、仪器进行检测调试。

2. 实训器材

汽车铁将军防盗器1套、导线、21 W/12 V灯泡4只、万用表、稳压电源、常用工具。

3. 实训内容及步骤

1）连接电路图

根据如图9-50所示电路图接好线路。

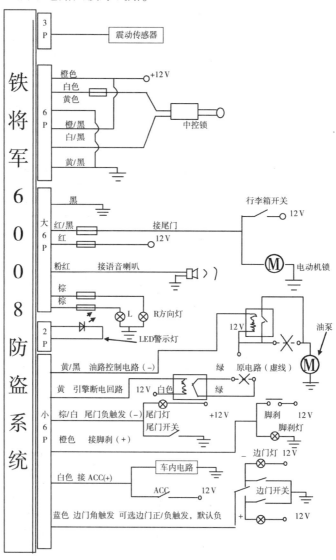

图9-50　铁将军防盗器电路原理图

2）安装汽车铁将军防盗器的注意事项

(1) 拆装车辆时要认真仔细，并对各种车型结构要了解清楚。

(2) 对各种车型的线路要按规定方式科学查找，不可凭经验。只查找与安装防盗器有关的线路，千万不要好奇。严禁测试电脑线路和安全气囊、ABS 线路。

(3) 很多车会因断点火线造成电脑故障；刹车带助力的车型、方向盘带助力的车型，若断点火线（ON），在设定防抢时，会在30 s 左右灭火，若此时的车辆在高速行驶，熄火后车辆的刹车以及转向都很沉重或失效，将会给第三者造成重大伤害，建议短接起动电动机线，不要断点火线。

(4) 当安装可断 ON 线的车型时（如化油器、柴油车类不带电脑的），30 A 断电器的白线要接在 ON 线上，防盗器上的输出负电的黄线要接在断电器上的黄线。

3）安装防盗器的步骤

(1) 先查验车辆的状况：如电瓶电压、水温表、机油表、大灯、小灯、转向灯、刹车灯、室内灯、气囊灯、ABS 灯、SRS、天窗等。

(2) 查接安装：查找要接的+12 V 常火线、地线（搭铁）、转向灯线、门边线、刹车线、起动电动机线、中控线、开/关信号线等。

(3) 查接安装后必须要自检车辆全部功能是否正常，之后再把所拆下的饰板件装回原位。

4）安装工具与工艺

(1) 安装时需正确使用工具。正确拆装车辆饰板、车门及仪表盘。注意工具使用规格尺寸的正确性，工具包括不同规格的十字螺丝刀、剥线钳、内梅花、内六角、剪钳等。

(2) 正确剥线、接线和缠线，根据线径不同，将接线端外缘皮剥去 25 mm 左右，剥线时要注意内部铜线可能受伤或被剪断。铜线应完好无损，线皮剥好后，将露出的铜线绕束扭紧在一起，用绝缘胶布缠好。在搭接起动线或点火线时，剥线应剥去 30 mm 左右，线皮剥好后，先将铜线一分为二扭紧在一起。然后将两条线一分为二的部分分别扭紧在一起，再将它们合二为一扭紧并用胶布缠好。使用的胶布要符合电工标准，注意其绝缘性和有胶期。缠绕胶布时，要稍用点力将胶布稍稍拉长，然后缠绕。这样缠好的胶布会自然地缠紧在搭接好的导线上，不易松开，安全、牢固性较好。缠绕常火线、起动线和 ON 线时，需按胶布的标准使用方法缠绕两次。缠绕时胶布要有外延，不得有铜线丝露出。断电继电器下的几条线，接好后不要用胶布大面积将几条线缠绑在一起，否则不易散热，易出危险。

(3) 应注意正确使用试电笔和万用表等仪器、仪表。注意万用表的挡位设置是否正确。

5）安装防盗器技术要求

(1) 布线要求：先找好主机固定的位置，线分两路，一路接往方向盘底盖，把电源线（红色）、ON 线（白色）、控制 30 A 断电器线（黄色）、转向灯线（两条棕色）接入；其余的线接往保险盒，前盖（喇叭线米红色）、车门开关线（蓝色）、中控锁线、仪表台上（LED 灯线、天线）。

(2) 安装前,先将线全部接上,检查线路正确无误后,再分别把电源、震动感应器、LED 灯插上主机,主机及震动感应器的位置应避免音响喇叭等高磁场的地方。

(3) 固定主机、震动感应器的位置,注意它们的电器部位是否会产生高温,还要注意防水(漏水)。

(4) 防盗器装得好与不好,体现在查找车线是否正确,接线质量是否过关等。线的查找必须正确,线不能虚接,不该搭铁的地方不能搭铁,搭铁的地方必须搭实。接线处必须紧固、绝缘,否则极易造成烧毁防盗器主机或车辆电路的严重后果。

6) 安装防盗器

首先把原车方向盘下面的护板和脚踏板去掉;然后先找个地方把防盗器主机固定好,主机不要装得离原车电脑板太近,以免影响电脑板和主机信号,之后开始查找需要接的线。

(1) 找到 12 V 火线。查找方法:先把车钥匙拔掉,把试电笔一头接到搭铁,也就是原车 12 V 负极线,车上任何金属部分即可;电笔另一头去点要查找的 12 V 正极线,点到 12 V 正极线(不要接太细的电源线)电笔灯会亮。12 V 电源一般在方向盘下面和通往主门处。

(2) 找转向灯线。查找方法:首先把钥匙插上打开到 ON 位置,打开原车转向灯,然后用电笔一头搭铁、另一头查找转向灯线,查找线时发现电笔灯和转向灯同步闪烁又同步灭的是转向灯线,转向灯线一般在方向盘下面和门边踏板处。

(3) 找后备行李箱控制线:查找方法:①电笔一端搭铁,然后去点行李箱开关上的线,点线的同时如果行李箱会自动开,那么这根线就是行李箱控制线 12 V 负极;如果把开关上的线找了一遍也没反应,就说明控制线可能为 12 V 正极控制和低电位控制。②电笔一端搭铁一端点线,在点线的同时按一下行李箱开关,如果电笔灯会亮就说明行李箱控制线为 12 V 正极。行李箱控制线一般在控制开关和脚踏板 A 柱处。防盗器主机上的行李箱控制线一般都是 12 V 正极线,如果查找的线也是正极那么直接接上就可以,如果是 12 V 负极线就需要加一个继电器来转换。

(4) 找门边负触发线和正触发线,查找方法:打开主门、关闭其他车门,电笔一头夹 12 V 电源,另一头找门边线,电笔点到能让电笔灯亮而且关闭边门开关电笔灯会灭的是门边开关负触发线。找边门正触发线把电笔搭铁去点线,点到能让电笔灯亮关闭车门开关电笔灯会灭的就是门边正触发线。门边线一般在通往主门处和脚踏板 A 柱处。

(5) 找 ACC 线:把原车钥匙打开到 ACC 的位置,ACC 线就是钥匙打开到 ACC 处才会通电的 12 V 正极线。查找方法:首先把原车钥匙打开到 ACC 位置,然后电笔搭铁点线,点到能让电笔灯亮而关闭钥匙电笔灯会灭的就是 ACC 线 12 V 正极。ACC 线一般在防线盘下面和脚踏板或保险盒处。

(6) 接引擎断电负极,也就是加断电器控制原车起动电动机。首先找到电动机线。查找方法:电笔搭铁量线,量线的同时用钥匙发动一下车,在发动车时电笔灯会亮而车着火后电笔灯会灭的线就是起动电动机线,确认线之后把线剪断加装断电器。加装方法:断电器白色线和绿色线接到打开钥匙线路有电的一头,另一根绿色线接在剪断线路的另一头,然后把防盗器引擎断电负极（黄色）接在断电器的黄色线上就可以了。起动电动机线一般在钥匙锁头下面。

（7）接油路控制负极。查找方法：电笔搭铁钥匙打开到 ON 位置的同时点到一根线带电（大约 1 s 油压检测），在起动车时带电的线就是油路控制线。有些车不带油压检测，要把后座拆下，下面有线。此线也是要剪断加装断电器，和上面引擎断电一样接法，此线一般在后门脚踏板处和后座下面。

（8）接脚刹车线。查找方法：踩下脚刹车，电笔搭铁点线，点到能让电笔灯亮而松开脚刹电笔灯会灭的线就是刹车线。此线一般在脚刹上面。

（9）接尾箱负触发线。查找方法：电笔接 12 V 正极量线，负极搭铁打开尾箱能让电笔灯会亮关闭尾箱能让电笔灯会灭的线就是尾箱线，此线尾箱可以找到。

（10）接中控门锁线。中控门锁线（以下简称锁线）根据车型的不同其接法也不一样，关键是要知道锁线是什么触发，然后再根据锁线触发开始找线。查找锁线方法如下。

①首先判断是否为负触发，用电笔搭铁去点线，点到一线中控门锁能开，点另一线中控门锁能关，是负触发。

②接好负触发后遥控不动作，在保证线接好没脱落的情况下是可判断开关串联负触发，再找下搭铁线，就是主机里面的搭铁线（或主门电机的接地线上的搭铁线）而不是自己接的搭铁线。

③如果只能找到一根线，再也找不到另一根线，用试笔搭铁给一个负极能开或关，再给信号中控门锁也不会反方向动作，用剪刀剪开会动作，这就是单线串联。

④找到一根线，给负信号中控门锁能开也能关就是单线负触发。（单线负触发和单线串联负触发的区别是：单线负触发无论给多少次信号都会相反动作，而单线串联负触发给过信号后不会反方向动作，只有断开才会动作）。

⑤如果只能找到一根线给信号不能反方向动作的话就要考虑在开锁线加个电阻（一般是 300~1 500 Ω）再去测看是否有动作，是的话就是双电位负触发。

⑥正电回路：电笔搭铁推动中控开关，中控开关关或开测到电笔与推动动作同步闪烁的就是主机信号线（瞬间信号）。接线方法是把开闭锁信号线剪段，橙色和橙黑色接靠中控门锁控制器那边，白色和白黑色接靠主门电动机这边，黄色和黄黑色接 12 V 常火线。橙色对应的是白色线，橙黑色对应的是白黑色线。

⑦正触发：电笔搭铁推动中控开关量线，当量到中控锁开的时候这根线是常火线，关的时候就没电。测另一根线的时候中控锁是关的时候是常火线而开的时候没电，那这就是正触发。

⑧正负触发，一般原车驾驶员门能控制另外三个门，但是没有动力（没有电动机，只是一个双向开关加装一个两线电动机）。在保证所有线都接好无误的时候就把防盗器负极线接上，可以接到车上任何金属部分，可以用螺丝固定以免以后脱落。

以下是中控触发的几个类型。

①负触发：黄色和黄黑色接负极，橙色和橙黑色剪断不接，白色和白黑色接中控开关锁信号线。

②正触发：黄色和黄黑色接正极，橙色和橙黑色剪断不接，白色和白黑色接中控开关锁信号线。

③正负触发：黄色和黄黑色接正极，橙色和橙黑色接负极，白色和白黑色就直接接到电动机上的两根电动机信号线上。

④正电回路：黄色和黄黑色接正极，橙色和橙黑色接到找好的两根电动机信号线上，电动机线剪断，白色和白黑色接到通往主门的线上，橙色和橙黑色接到通往主机盒的这边，注意要对应颜色！橙色对白色，橙黑色对白黑色。

⑤双电位负触发：黄色和黄黑色接负极，橙色和橙黑色不接，白色和白黑色其中一根要串电阻接到一根中控信号线上（根据自己查找线时确认电阻串在哪根线上）。

⑥单线串联负触发：接法一为橙色不接，黄色接负极，黄黑色剪断不接，然后把中控信号线剪断，白色和白黑色串在一起接到中控主机盒这边，橙黑色接到主门那边；接法二为黄色不接，橙黑色不接，黄黑色接负极，然后剪断中控信号线，橙色接到中控盒这边，白色和白黑色接到主门这边；接法三为黄色和黄黑色接负极，橙色和橙黑色接到一起，然后把中控信号线剪断分别接上。实际查找中控信号线时需自行选择接法。

⑦开关串联负触发：把原车中控电动机上的负极线剪断，橙色接到电动机这边，白黑色接到中控盒这边，白色和橙黑色接到一起，黄色和黄黑色分别接到中控信号线上。

⑧单线负触发：需加一只5线电动机，黄色和黄黑色接负极，橙色和橙黑色不接，白色和白黑色接到5线电动机棕色线和白色线上，电动机黑色线接原车中控信号线，蓝色线和绿色线接到原车电动机信号线上。防盗器主机中央控制线橙、白、黄、橙黑、白黑、黄黑色。工作原理：橙、白、黄色3根线在主机里共用一个5线继电器，橙黑、白黑、黄黑色共用一个5线继电器。白色和橙色、白黑色和橙黑色在主机里是长闭合的状态，只有在遥控器发出开锁或关锁的指令时才会和黄色或黄黑色接触（瞬间接触）。

实训项目四　汽车音响的安装

1. 实训目的

掌握汽车音响电路接线方法，能够利用现有工具、仪器进行检测调试。

2. 实训器材

音响主机1套、功率放大器1台、导线及音响线、扬声器4只、万用表、蓄电池、常用工具。

3. 实训内容及步骤

（1）按图接线，汽车音响的安装电路图如图9-51所示。

（2）检查接线无误后，将功率放大器（图9-51中简称功放）音量调至最小，接通电源。

（3）打开主机，放音乐，慢慢调节音量，调节音调，调节平衡。

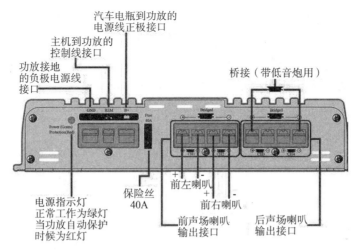

图 9-51　汽车音响的安装电路图

本章小结

1. 为了使汽车的使用更加舒适和安全，现代轿车多数都安装了中控门锁控制系统。

2. 中控门锁系统一般由门锁开关、门锁控制器和门锁执行机构组成。

3. 中控门锁根据驱动方式不同分为直流电动机式中控门锁、电磁线圈式中控门锁、双向压力泵式中控门锁。

4. 防盗的方式为使起动机无法起动、使发动机无法工作、使发动机电脑处于非工作状态。

5. 发动机止动系统是防止发动机未被授权的情况下，依靠自己的动力起动。

6. 防盗器系统组成为防盗器控制单元、点火开关上的读/写线圈（天线）、点火钥匙（送码器）、发动机控制单元。

7. 雨刮器复位均为低速复位。

复习思考题

1. 怎样使用 X431 更换汽车的防盗器控制单元？

2. 怎样在线匹配轿车的钥匙？

3. 电动座椅一般由哪些部件构成？

4. 大多数电动座椅使用什么电动机，怎样操纵电动机？

5. 带存储功能的电动座椅采用了什么控制方法？

6. 电动雨刮器一般设有几个挡位？分别在什么情况下使用？

7. 简述三刷式雨刷电动机的变速原理。

8. 简述电动雨刮器、电动门锁、电动座椅、电动门窗升降器及其控制电路的共同之处和各自的特点。

9. 简述电动门窗升降器的形式与原理,以及如何保证运动平稳不发生运动干涉。
10. 简述汽车防盗系统的工作原理。
11. 汽车高级音响系统由哪几个部分组成?
12. 安全气囊属于汽车辅助电气系统吗?

第十章 汽车空调系统

学习目标

- 了解汽车空调的分类与功用
- 掌握汽车空调的结构
- 掌握汽车空调的控制电路
- 掌握汽车空调的正确维护与检测方法

汽车空调系统的作用是根据驾车人员的需要，调节汽车车厢内空气的温度、相对湿度、清洁度、气流速度及方向等，使汽车车厢内的空气处于比较理想的状态，保障驾乘环境舒适。

第一节 汽车空调概述

一、空调系统的分类

汽车空调系统按功能不同分为三类：第一类仅有通风装置，强制性换气，保证车内空气清洁和对流；第二类除了通风装置外还有采暖装置，用于提高车内空气的温度；第三类不仅有通风装置、采暖装置，还有制冷系统，用于降低车内空气的温度与湿度。现代汽车空调系统多为第三类。

按控制方法不同汽车空调系统分为两类：手动空调和自动空调。手动空调是指车内调节温度、气流方向和流速等完全依靠手动设定调节；自动空调是指车内调节温度、气流方向和流速等既可以手动设定调节，又可以根据车辆运行情况和车内外环境自动调节。自动空调又分自动空调、恒温空调和智能空调。恒温空调可以调整温度和湿度，智能空调在恒温空调基础上增加了分区功能，使乘坐更舒服。

（1）汽车空调出风口

汽车空调出风口是为了将空调冷风送进汽车的每一个角落。特别地，汽车后座的出风口主要解决前后排乘客对车内温度感受不均的问题，有助于全车乘客都能享受到空调的功用，甚至可以单独关闭前排空调出风口或者后排空调出风口来满足不同体质乘员的需求。汽车空调出风口如图 10-1 所示。

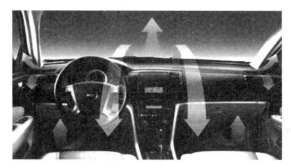

图 10-1　汽车空调出风口

(2) 汽车空调结构

汽车空调系统是对车厢内空气进行制冷、加热、换气和空气净化的装置。它可以为乘车人员提供舒适的乘车环境，降低驾驶员的疲劳强度，提高行车安全。空调装置已成为衡量汽车功能是否齐全的标志之一。汽车空调结构如图10-2所示。

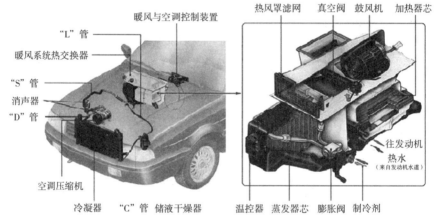

图 10-2　汽车空调结构

(3) 汽车空调控制面板

按照空调系统的控制方式，汽车空调可以分为手动控制式、半自动控制式和全自动控制式，分别采用手动空调控制面板、半自动空调控制面板和全自动空调控制面板。汽车空调控制面板如图10-3所示。

图 10-3　汽车空调控制面板

二、汽车空调的功用

汽车空调系统的功能是通过人为的方式创造一个对人体适宜的环境,即对车内的温度、湿度、气流速度进行调节,并具有净化空气的功能。除此之外,汽车空调还能除去风窗玻璃上的雾、霜、冰、雪,给驾驶员一个清晰的视野,确保行车安全。

1. 调节车内的温度

调节车内温度是汽车空调的基本功能,汽车空调利用其制冷装置和加热装置,可将车内空气温度调至舒适状态。

2. 调节车内的湿度

普通汽车空调一般不具备这种功能,只有高级豪华汽车采用的冷暖一体化空调器,才能对车内的湿度进行适量调节。它通过制冷装置冷却降温,去除空气中的水分,再由采暖装置升温以降低空气的相对湿度。在汽车上目前还没有安装加湿装置,只能通过打开车窗或通风设施,靠车外新风进行调节。

3. 调节车内的空气流动

研究表明空气的流速和方向对人体舒适性影响很大。夏季,气流速度稍大,有利于人体散热降温,但过大的风速直接吹到人体上,会使人感到不舒服,舒适的气流速度一般为 0.25 m/s。冬季,风速大了会影响人体保温,所以希望气流速度尽量小一些,一般为 0.15~0.20 m/s。根据人体生理特点,头部对冷比较敏感,脚部对热比较敏感,因此,在布置空调出风口时,应让冷风吹到乘员头部,暖风吹到乘员脚部。

4. 过滤净化车内空气

由于车内空间小,乘员密度大,车内易出现缺氧和二氧化碳浓度过高的情况。汽车发动机废气中的一氧化碳和道路上的粉尘、野外有毒的花粉都容易进入车内,造成车内空气污浊,影响乘员的身体健康。因此,必须要求汽车空调具有补充车外新鲜空气、过滤和净化车内空气的功能。

三、汽车空调的组成

汽车空调一般由制冷系统、暖风系统、通风系统等组成。

1. 制冷系统

汽车空调制冷系统是在车内温度较高时对车内空气进行冷却,使车内驾驶员和乘员有良好的乘坐舒适度。它利用液态物质的蒸发吸热的特点来达到对车内的空气进行冷却的目的。

2. 暖风系统

暖风系统是把车内的空气或吸进来的新鲜空气加热,使车内保暖或除湿,同时还可以对前风窗玻璃进行除霜。

3. 通风系统

通风系统是把车外的新鲜空气引入车内,同时通过排风口把车内的污浊空气排出车外。尤其是在雨天不能打开车窗时,要想保持车内空气新鲜,通风系统就显得尤为重要。

4. 操纵控制系统

操纵控制系统一般由电气系统、真空系统和操纵装置组成,对制冷系统和暖风系统进行控制,同时对车内的空气温度、风量、流向进行操纵,保证空调系统正常工作。

5. 空气净化系统

空气净化系统是除去车内存在的灰尘和难闻的气味。空气净化系统一般设有空气过滤器(过滤及除味),可对进入车内的空气进行过滤,也可在车内空气进行内循环时,进行对车内空气的过滤。

第二节 汽车空调的制冷系统

汽车空调制冷系统是利用液态物质的蒸发吸热从而对车内的空气进行冷却降温。汽车空调原来使用氟里昂12(R12)作制冷剂,由于氟里昂12(R12)是破坏大气臭氧层的主要物质之一而被禁用;现代汽车空调系统多采用四氟乙烷(R134a)作为制冷剂。

一、制冷系统的组成

制冷系统主要由压缩机、冷凝器、膨胀阀、蒸发器、储液干燥器、输液(气)管等组成。汽车空调制冷系统的组成如图10-4所示。

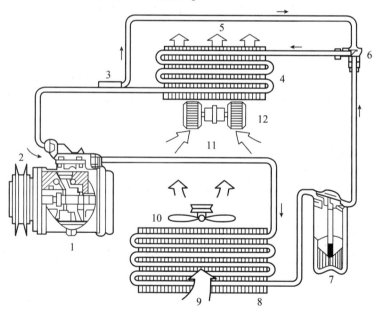

1—压缩机;2—低压阀;3—感温包;4—蒸发器;5—冷气;6—膨胀阀;7—储液干燥器;
8—冷凝器;9—迎面风;10—发动机冷却风扇;11—热风;12—鼓风机。

图10-4 汽车空调制冷系统的组成

二、制冷组成部件的结构原理

1. 空调压缩机

压缩机是制冷回路的心脏,它起到输送和压缩气态制冷剂,保证制冷循环正常工作的作用。汽车空调压缩机采用容积型压缩机,大多是斜盘式压缩机和可变容量式压缩机,利用活塞在气缸中作往复运动来改变压缩室的容积从而吸入制冷剂和增压。

1)斜盘式压缩机的结构原理

斜盘式压缩机的结构组成如图10-5所示。

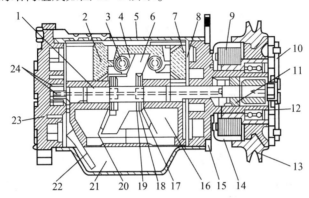

1—主轴;2—活塞;3—钢球;4—支承盘;5—外壳;6—旋转斜盘;7—吸簧;8—外放泄阀板;
9—轴封;10—离合板及毂;11—密封座;12—滑动轴承;13—带滑轮;14—离合器线圈及外壳;
15—前端盖;16—气缸的前半部;17—推力座圈;18—推力轴承;19—推力座圈;
20—气缸后半部;21—油池;22—吸油管;23—后端盖;24—油泵齿轮。

图10-5 斜盘式压缩机的结构组成

斜盘式压缩机的工作原理如图10-6所示。

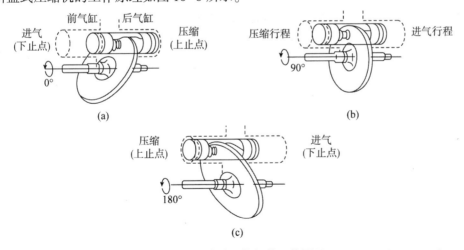

图10-6 斜盘式压缩机的工作原理

(a)旋转斜盘向右摇摆;(b)旋转斜盘居中;(c)旋转斜盘向左摇摆

压缩机主轴旋转时,旋转斜盘作左右摇摆运动,旋转斜盘通过钢球驱动活塞在前、后气缸中作往复运动,进行吸气和压缩过程,使气态制冷剂压力提高。斜盘式压缩机结构紧凑、转矩小、运动的平衡性较高、效率高、性能可靠，是最适合小型高速车辆使用的压缩机。当压缩机的主轴转动时，驱动油泵把曲轴箱中的润滑油泵入轴的油道，压入各轴承、油封、活塞、球盘等需要润滑的部件。

2）可变容量式压缩机的结构原理

由于空调压缩机转速随发动机转速而变化，从节约能源等方面考虑，出现了可变容量式压缩机，能够根据蒸发器制冷负荷的变化自动调节排量。

日本丰田佳美20系列轿车采用的可变容量压缩机在10缸旋转斜盘压缩机的基础上增加了一套可变排量机构，能使压缩机在全容量（100%）或半容量（50%）两种状态下工作。

可变排量机构主要由柱塞、电磁阀、电磁线圈、单向阀和排出阀组成，如图10-7（a）所示。

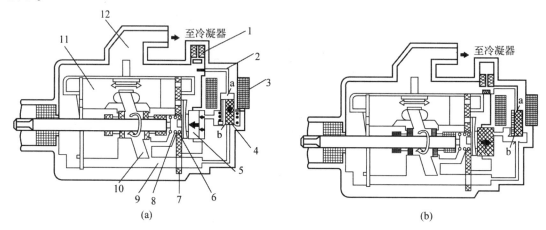

1—单向阀；2—旁通回路；3—电磁线圈；4—电磁阀；5—柱塞；6—排出阀；7—阀盘；8—弹簧；9—低压制冷剂；10—旋转斜盘；11—活塞；12—高压制冷剂。

图10-7 可变量式压缩机工作方式
(a) 压缩机全容量工作；(b) 压缩机半容量工作

可变容量式压缩机在全容量工作时，电磁线圈不通电，电磁阀在弹簧弹力的作用下，将a孔打开，b孔关闭，高压制冷剂经过旁通回路，从a孔进入电磁阀，压向电磁阀后端。因此，柱塞克服弹簧弹力，向左移动，排出阀挤压在阀盘上。于是，压缩机的10个气缸都工作，此时在压缩机后部产生的高压将单向阀向上推起，来自压缩机后部的高压气体与来自压缩机前部的高压气体一起流至冷凝器。

可变容量式压缩机半容量工作时，电磁线圈通电，电磁阀阀芯在磁场力的作用下上移，将a孔关闭，b孔打开。高压制冷剂不能经过旁通回路进入电磁阀，作用于电磁阀后端的压力降低，柱塞在弹簧弹力的作用下回到右侧，排出阀离开阀盘，使压缩机后部的5个气缸停止工作。此时单向阀被前后压差吸出，关闭后部高压气体的排出通道，防止压缩机前部的高压气体回流。当压缩机停止工作时，高压端和低压端内部压力逐渐平衡，柱塞被弹簧弹力推回右侧。单向阀随高压端压力下降而落下，关闭在后部的高压制冷剂排出通道，排出阀和单向阀以半容量工作。当压缩机起动时以半容量工作，从而减小压缩机起动时的振动。如图10-7（b）所示。

2. 冷凝器

汽车空调冷凝器的作用是把压缩机排出的高温、高压制冷剂气体,通过冷凝器将热量散发到车外空气中,从而使高温、高压的制冷剂气体冷凝成较高温度的高压液体。从压缩机压出高温约 80 ℃、高压约 1.5 MPa 的气态制冷剂流入冷却芯管中,在风扇转动或车辆行驶时空气吹过冷凝器,冷却芯管中的制冷剂变为中温约 40 ℃、高压约 1.1 MPa 的液态制冷剂。冷凝器由铜管或铝管制成芯管,并在芯管周围焊接散热片,多数车辆的冷凝器安装在发动机水箱的前方,也有的装在车顶上。

冷凝器的散热面积通常比蒸发器大 1 倍,冷凝器的散热面积越大,冷却效果越好。为了保证更好的冷却效果,提高制冷能力,常在冷凝器前装有电控辅助风扇,增强冷凝器的散热效率。安装冷凝器时,注意从压缩机排出的制冷剂必须由冷凝器的上端入口进入,其出口必须在下方,否则会引起制冷系统压力升高,导致冷凝器胀裂。冷凝器一般采用平行流式,其外形结构如图 10-8 所示。

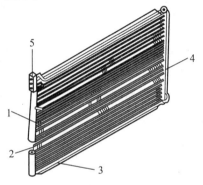

1—圆筒集管;2—铝制内肋扁管;3—波形散热翅片;4—集流管;5—接头。

图 10-8 平行流式冷凝器的外形结构

平行流式冷凝器由圆筒集管、铝制内肋扁管、波形散热翅片及集流管等组成,是为适应制冷剂四氟乙烷(R134a)而研制的新结构冷凝器。平行流式冷凝器工作原理如图 10-9 所示。

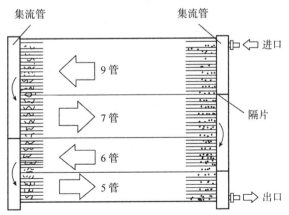

图 10-9 平行流式冷凝器工作原理

平行流式冷凝器在两条集流管间用多条扁管相连,中间插入隔片将几条扁管隔成一组,形成进入处管道多,每组管道数逐渐减少的结构,实现了冷凝器内制冷剂温度及流量分配均匀，提高了换热效率，降低了制冷剂在冷凝器中的压力损耗，这样就可减少压缩机功耗。由于管道内散热面积得到充分利用，对于同样的迎风面积，平行流散热器的换热量得到了提高。

3. 膨胀阀

汽车空调的节流膨胀装置主要是热力膨胀阀，它是一种自动调节制冷剂流量的元件。膨胀阀工作特性的好坏，直接影响整个制冷系统能否正常工作。它以蒸发器出口的过热度为信号，自动调节制冷系统的制冷剂流量，因此，它是由发信器、调节器和执行器组合成一体的自动调节器。具体地说，热力膨胀阀一般有3个作用。

（1）节流降压。将从冷凝器来的高温、高压液态制冷剂节流降压成为容易蒸发的低温、低压雾状制冷剂进入蒸发器，热力膨胀阀将制冷剂分成高压侧和低压侧。

（2）自动调节制冷剂流量。大多数汽车空调制冷系统在运行过程中，其冷负荷是变化的。如系统刚开始降温时，车内的温度较高，这时就要求蒸发器的制冷剂流量增大，而当车内温度较低时，冷负荷减少，这时要求蒸发器的制冷剂流量减小。因此，热力膨胀阀的作用需根据系统冷负荷的变化调节制冷剂流量，使制冷系统能正常地工作。

（3）控制制冷剂流量，防止液击和异常过热现象的发生。热力膨胀阀膨胀时以感温包作为感温元件控制流量大小，保证蒸发器尾部有一定量的过热度，从而保证蒸发器容积的有效利用，避免液态制冷剂进入压缩机而造成液击，同时又能控制过热度在一定范围内，防止异常过热现象的发生。

热力膨胀阀有内平衡和外平衡两种形式，下面以外平衡式热力膨胀阀为例说明热力膨胀阀的结构原理。外平衡式热力膨胀阀主要由上阀体、下阀体、阀针、弹簧、薄膜、感温包、外平衡管接头等组成；其结构如图10-10所示。

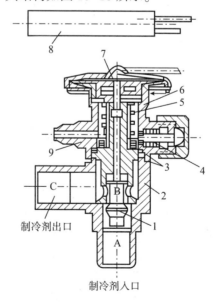

1—阀针；2—下阀体；3—垫；4—调节齿轮；5—弹簧；6—上阀体；7—薄膜；8—感温包；9—外平衡管接头。

图10-10 外平衡式热力膨胀阀的结构

外平衡式热力膨胀阀的工作原理如图 10-11 所示。

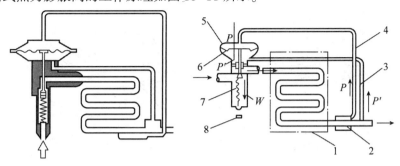

1—蒸发器；2—感温包；3—外部均压管；4—毛细管；5—膨胀阀；6—波纹膜片；7—过热调整弹簧；8—调整螺管。

图 10-11　外平衡式热力膨胀阀的工作原理

图 10-11 中 P 为感温包感受到的蒸发器出口温度相对应的饱和压力，P' 为蒸发器出口蒸发压力，W 为过热调整弹簧的压力。当车室内温度处在某一工况时，膨胀阀处在一定开度，P、P' 和 W 应处在平衡状态，即 $P=P'+W$。如果车室内温度升高，蒸发器出口过热度增大，则感受温度上升，相应的饱和压力 P 也增大，这时 $P>P'+W$，因此，波纹膜片向下移，推动传动杆使膨胀阀孔开度增大，制冷剂流量增加，制冷量也增大，蒸发器出口热度相应下降。相反，如果蒸发器出口处过热度降低，则感受温度下降，相应的饱和压力 P 也减小，这时 $P<P'+W$，使波纹膜片上移，传动杆也随之上移，膨胀阀的阀孔开度减小，制冷剂流量减小，制冷量也减小，蒸发器出口过热度也相应上升，满足了蒸发器变化的需要。由于在蒸发器出口处和膨胀阀波纹膜片下方引有一个外部均压管，所以称此膨胀阀为外平衡式热力膨胀阀。

4. 蒸发器

蒸发器的作用与冷凝器的作用相反，蒸发器起吸热作用，流经蒸发器的空气受到冷却，制冷系统工作时，高压液态制冷剂通过膨胀阀膨胀而压力降低，变成湿蒸气进入蒸发器芯管，蒸发器芯管吸收散热片及周围空气的热量。

蒸发器有管片式、管带式和层叠式 3 种结构。管片式蒸发器结构简单、加工方便，但换热效率比较差。管带式蒸发器工艺复杂，但换热效率比管片式蒸发器高。层叠式蒸发器由冲压成复杂形状的铝板叠在一起组成制冷剂通道，每两片通道之间夹有蛇形散热铝带，加工难度最大，换热效率也最高。管片式蒸发器与管带式蒸发器的结构如图 10-12 所示；层叠式蒸发器的结构如图 10-13 所示。

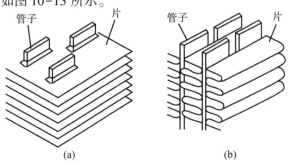

图 10-12　管片式蒸发器与管带式蒸发器的结构
（a）管片式蒸发器；（b）管带式蒸发器

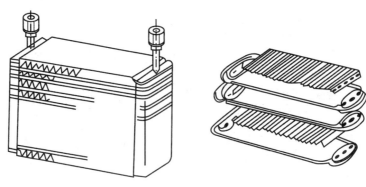

图 10-13 层叠式蒸发器的结构

5. 储液干燥过滤器

储液干燥过滤器的作用是存储制冷剂,除去制冷剂中的水分,过滤制冷剂中的杂质。储液干燥过滤器主要由玻璃观察窗、吸取管、粗过滤器、干燥剂、过滤器及壳体组成。玻璃观察窗用以观察制冷剂是否够量,若观察窗很明净,表示系统制冷剂够量;若出现气泡,说明系统内进入了空气或制冷剂不足;若看到乳白色雾状物,表示干燥剂已从储液干燥过滤器中逸出,随制冷剂一起在系统中循环。

有些储液干燥过滤器上还装有易熔塞,如图 10-14 所示。若因冷凝器散热不良或其他零部件过热使其温度急剧上升,当储液干燥过滤器的温度升至 100~156 ℃,压力高达 3.0 MPa 时,易熔塞的低熔点易熔合金就会熔化,从而排泄系统中的高温、高压制冷剂,防止制冷系统中其他机件的损坏。

6. 管路

管路把制冷系统各元件连成一个封闭系统。由于发动机在工作时会产生抖动,安装在发动机上的压缩机也会随之抖动,因此汽车空调装置中

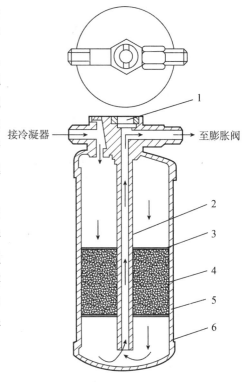

1—玻璃观察窗及易熔塞;2—吸取管;3—粗过滤器;
4—干燥剂;5—过滤器;6—壳体。

图 10-14 储液干燥器过滤器

与压缩机、排气接头相连的管路都采用橡胶软管。此外,走向复杂地方的金属管不容易满足要求,也使用橡胶软管,因为橡胶软管具有很好的随和性。但橡胶软管最大的缺点是容易泄漏,所以应尽量少用或不用,而多用金属管。

三、制冷循环工作原理

1. 压缩过程

压缩机把从蒸发器出来的 0 ℃、0.15～0.2 MPa 的气态制冷剂变成 70 ℃、1.0～1.5 MPa 的过热制冷剂气体，送往冷凝器冷却降温。

2. 冷凝过程

在冷凝器里，过热气态制冷剂受到空气冷却，冷凝过程后，制冷剂变成 40 ℃、1.0～1.2 MPa 的过冷液态制冷剂，流经冷凝器的空气温度上升。

3. 膨胀过程

冷凝后的液态制冷剂经过膨胀阀后体积变大，其压力和温度急剧下降，变成 -5 ℃、0.15～0.2 MPa 的湿蒸气，以便进入蒸发器中迅速吸热蒸发。

4. 蒸发过程

-5 ℃、0.15～0.2 MPa 的湿蒸气不断吸收热量而汽化，转变成 0 ℃、0.15～0.2 MPa 的气态制冷剂，使流过蒸发器的空气温度下降。

从蒸发器流出的气态制冷剂又被吸入压缩机，就这样，制冷系统利用有限的制冷剂在封闭的制冷系统中，重复地将制冷剂压缩、冷凝、膨胀、蒸发，对车内的空气进行制冷循环，过程如图 10-15 所示。

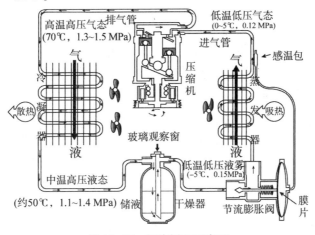

图 10-15　制冷循环示意图

第三节　汽车空调暖风系统

汽车空调暖风系统的功能是将冷空气送入热交换器，吸收某种热源的热量，提高空气的温度，并将热空气送入车内。

汽车空调暖风系统的种类很多，根据热源的不同，汽车暖风系统可分为水暖式暖风系统、气暖式暖风系统、独立燃烧式暖风系统和综合预热式暖风系统。

水暖式暖风系统是利用发动机冷却液的热量，这种形式多用于轿车上。

水暖式暖风系统的结构与工作原理：水暖式暖风系统一般以发动机冷却系统中的冷却液为热源，将冷却液引入车室内的热交换器中，用鼓风机送来的车内空气或车外空气与热交换器中的冷却液进行热交换，鼓风机将加热后的空气送入车内。

水暖式暖风系统的管路连接：在发动机冷却液进口处装有水泵，它是冷却液循环的动力。不使用暖风时，冷却液通过散热器进水管进入散热器，放热后的冷却液由散热器出水管回到发动机。使用暖风时，经发动机上的冷却液控制阀分流出来的冷却液送入暖风机的加热器芯，加热后的冷却液由加热器出水管回到发动机。冷空气则在鼓风机的作用下，通过加热器被加热后，由不同的风口吹入车内。暖风系统的暖风流经驾驶员座位左右的空间，在车内均匀分布。为了防止风窗玻璃上结霜，还应使暖风通过风窗玻璃下面的出风口吹到风窗玻璃上，以保持风窗玻璃内侧温度在露点之上。

第四节　通风与空气净化系统

一、通风系统

通风系统的作用是在汽车运行中从车外引入一定程度的新鲜空气，并将车内的污浊空气排出到车外，同时还可以防止风窗玻璃结霜。

1. 通风系统的通风方式

通风系统的通风方式一般有自然通风、强制通风和综合通风3种通风方式。

（1）自然通风是利用汽车行驶过程中所产生的气流压力差而形成的，在适当的地方设置进风口和出风口，这样便可将车外的空气引入车内，同时排出一部分车内空气，以此不断地更换车内空气，使车内空气保持新鲜。

（2）强制通风是利用鼓风机或风扇强制将车外空气送入车内进行通风换气。这种方式需要能源和设备，在备有冷暖气设备的车身上大多采用通风、供暖和制冷的联合装置。

汽车空调制冷系统采用的鼓风机，大部分是靠电机带动的气体输送机械，它对空气进行较小的增压，以便将冷空气送到所需要的车内，或将冷凝器四周的热空气吹到车外。因而鼓风机在空调制冷系统中是十分重要的设备。

汽车上的通风系统一般设有停止、自然迎风（指车内外空气通过风窗口自然流通）、进气、排气和循环5种功能。这些功能的实现，都靠改变风门模式（各个风门的开度、关闭之间的相互组合关系）来实现。风门的开闭、开度都采用真空驱动器控制。

（3）综合通风是指同一辆汽车上同时采用自然通风和强制通风。采用综合通风系统的汽车比单独采用强制通风或单独采用自然通风的汽车结构要复杂得多。最简单的综合通风系统是在自然通风的车身基础上，安装强制通风风扇，根据需要可分别使用和同时使用，这样基本上能满足各种气候条件的通风换气要求。

2. 通风管路与壳体系统的组成

通风管路与壳体系统包括空气流通的管路，固定蒸发器、加热器芯、鼓风机、控制空气流动方向的风门及壳体等。

二、空气净化系统

汽车空气净化系统通常分为空气过滤式和静电除尘式两种。前者是在空调系统的进风和回风口处设置空气滤清装置，它仅能滤除空气中的灰尘和杂物，但结构简单，工作可靠，只需定期清理过滤网上的灰尘和杂物即可，目前广泛用于各种汽车空调系统中。后者则是在空气进口的过滤器后再设置一套静电除尘装置或单独安装一套用于净化车内空气的静电除尘装置。它除了具有过滤和吸附烟尘等微小颗粒杂质的功能外，还起到了除臭、杀菌作用，有的还能产生负离子使车内空气更为新鲜洁净。由于其结构复杂、成本高，所以只用于某些高级轿车和旅游车上。

预滤器用于过滤空气中粗大的尘埃杂质。

静电除尘器以静电除尘方式把微小的颗粒尘埃、烟灰及汽车排出的气体中含有的微粒吸附在除尘板上。其工作原理是通过辉光放电时产生的加速离子通过热扩散或相互碰撞而使浮游尘埃颗粒带电，然后在辉光放电的电场中，浮游尘埃颗粒在库仑力的作用下，克服空气的黏性阻力而被吸附在集成电极板上。

灭菌灯用于杀死吸附在集成板上的细菌，它是一只低压水银放电管，能发射出波长为353.7 nm 的紫外线光，其杀菌能力约为太阳光的 15 倍。

除臭装置用于除去车厢内的汽油及香烟等气味，一般是采用活性炭过滤器、纤维式空气过滤器或滤纸式空气过滤器来吸附烟尘和臭气等有害气体。

净化后的空气清洁度很高，可以充分满足乘员的舒适性要求，对于制冷或暖风采用内循环方式的大客车，使用空气净化装置后效果更加明显。

第五节　汽车空调的控制系统

使用空调系统的目的是对车厢内空气的温度、湿度、洁净度以及流速进行合理调节，以营造出一个舒适的乘驾环境。为此，在车内、外环境不断变化的情况下，必须对空调系统的工作状态进行必要的调节和控制，以适应变化着的环境并使其更有效地发挥作用，同时控制系统也起着保证系统安全运行的作用。汽车空调的控制系统有手动式，半自动式和全自动控制式 3 种空调控制系统。

手动式空调控制系统只能调节出风量和制冷制热，其风机转速、出风温度及送风方式等功能是驾驶员手动操纵和调节的。当驾驶员通过操纵仪表板上的温度控制杆和风扇开关来设定温度和风速时，空调会一直保持设定的工作状态，但当驾驶员或乘员觉得冷或热时，只能手动去反复调节，用起来很不方便。

自动式空调控制系统即微机控制的空调系统。这种空调系统利用各种传感器随时检测车内外温度、阳光强度等信号，并把传感器的信号送到空调系统的电子控制单元（ECU），电子控制单元按照预先编制的程序对传感器信号进行处理，并通过控制执行机构不断地对风机转速、出风温度、送风方式及压缩机工作状况等进行调节，从而使车内温度、空气流动状况等始终保持在驾驶员设定的水平上，大大提高了汽车的乘坐舒适性，并减小了驾驶员的操作疲劳强度。

半自动式空调控制系统通过程序装置检测空气温度和气流混合风门的位置来达到驾驶员选择的舒适程度。驾驶员手动操作控制器总成上的按键，选择空调系统的工作模式和风机转速。自动式空调控制系统与半自动式空调控制系统的主要区别是自动式空调控制系统有自诊断功能，即计算机控制模块设置有故障自诊断电路，检修时可读取故障代码。此外，自动式空调控制系统能不断地提供变化的风机转速信号，以间隔数秒调节一次的较高频率调整车内温度。

一、半自动式空调控制系统

1. 控制面板总成

控制面板总成装在仪表板上，它是驾驶员给空调系统计算机芯片输入控制数据的设备。驾驶员通过操纵面板上的开关按键选择空调的工作模式（冷气、暖气、除霜和通风）和风机转速。

2. 传感器

半自动式空调控制系统最常用的传感器是车内温度传感器、外界温度传感器和日照强度传感器。

1）车内温度传感器

车内温度传感器是一个负温度系数热敏电阻。它的电阻值随温度降低而增大。当车内空气温度较低时，传感器的电阻较高；反之，传感器的电阻较低。车内温度传感器有两个接线端子与空调计算机相连，当车内温度传感器电阻发生变化时，空调计算机检测传感器两端电压降的变化来获得车内温度信号。车内温度传感器通常安装在仪表板后面的吸气装置内。

2）车外温度传感器

车外温度传感器也是一个负温度系数的热敏电阻，用于向空调计算机输入车外环境温度变化的信号。它通常安装在散热器护栅后面，也有的安装在发动机罩锁扣处。

3）日照强度传感器

日照强度传感器是一个光敏电压二极管，在受到光照时产生电压及电流输送至空调ECU，ECU根据此信号调节空调的风速与温度。日照强度传感器安装在汽车上能够感受阳光强度的地方，一般安装在仪表板上方。

3. 程序装置

程序装置即空调ECU，它通过接收控制面板的开关信号和传感器的输入信号，控制半自动空调系统的风机转速、气流控制风门、真空执行机构等。通过控制器总成给程序装置输入数据控制各风门执行机构；再通过接收到的车内温度和外界温度传感器的输入信号，来控制制冷压缩机电磁离合器、暖气加热器供水阀并把各个风门放到适当工作模式位置等。

二、自动式空调控制系统

1. 信号输入装置

1) 开关信号

(1) 空调控制面板：面板包括一组驾驶员操作的开关，这些开关将输入信号送至空调计算机。其结构示意图如图 10-16 所示。

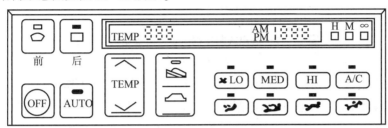

图 10-16 自动式空调控制系统的操作面板结构示意图

(2) 点火开关：每次点火开关接通时，点火系统工作电源电压信号就被送到空调计算机。

(3) 车门半开开关：有些空调系统中存在车门半开开关，车门半开开关将车门信号送至空调计算机，在汽车停车后只要汽车的任何一扇门开着，车门半开开关信号即送到空调计算机，使制冷系统工作或提高制冷量，确保车内温度的恒定。

(4) 灯光开关：当停车灯或前照灯点亮时，就有一个信号被送到空调计算机，计算机利用这些信号控制在空调控制板的照明设备。

(5) 压力开关：制冷回路高压侧压力低于 0.22 MPa 或高于 3.2 MPa 时，断开压缩机电磁离合器，实现高压保护和低压保护。只有制冷回路高压侧压力在 0.22～3.2 MPa 时，电磁离合器才处于接通状态，空调系统正常工作。

2) 传感器信号

(1) 车内温度传感器、车外温度传感器和日照强度传感器：同半自动式空调控制系统。

(2) 蒸发器出口温度传感器：该传感器安装在空调的蒸发器出口位置，用来检测蒸发器表面的温度变化，发送适当的信号给空调 ECU。空调蒸发器出口温度传感器的工作环境温度范围为 $-20\sim0\ ℃$。

(3) 冷却液温度传感器：该传感器直接安装在暖风水箱底部的水道上，用于检测冷却液温度，将产生冷却液温度信号输送给空调 ECU。

(4) 压缩机锁止传感器：该传感器安装在空调压缩机的内部，用于检测压缩机的转速，压缩机每转一圈，锁止传感器产生 4 个脉冲信号并输送给空调 ECU。如果压缩机转速与发动机转速之比小于预定值，则空调 ECU 便使压缩机停转，指示器以约 1 s 间隔闪光一次。

(5) 静电式制冷剂流量传感器：该传感器安装在储液罐和膨胀阀之间。在自动式空调控制系统中，静电式制冷剂流量传感器用于检测制冷剂流量。其结构原理如图 10-17 所示。

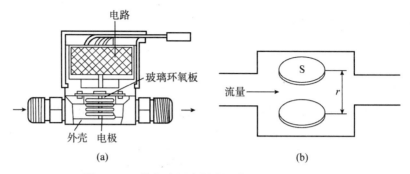

图 10-17　静电式制冷剂流量传感器结构与原理

(a) 结构图；(b) 原理图

传感器内部有多个电极，当通过传感器的制冷剂流量发生变化时，电极之间的静电电容量也随之发生变化，由此可检测出制冷剂流量。当制冷剂流量发生变化时，传感器以频率信号输入空调 ECU，空调 ECU 根据此信号判断制冷剂流量是否正常。当出现异常时，ECU 利用监控系统进行报警。

（6）烟雾浓度传感器：该传感器采用光电型散热光式烟雾浓度传感器检测烟雾，通过空调 ECU 可使空气交换器在有烟雾时自动运转，没有烟雾时自动停止，保持车内空气清新。烟雾浓度传感器的结构如图 10-18（a）所示，由发光元件、光敏元件及信号处理电路 3 部分组成。

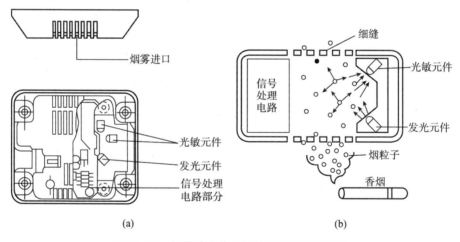

图 10-18　烟雾浓度传感器的结构与工作原理

(a) 传感器的结构；(b) 工作原理

烟雾浓度传感器的工作原理如图 10-18（b）所示，通过细缝的空气可以自由地流动，发光元件间歇地发出红外线，在没有烟雾的情况下，红外线射不到光敏元件上，电路不工作；但当烟雾等进入传感器内部时，烟雾粒子对间歇的红外光进行漫反射，就有红外光射到光敏元件上，这时空调 ECU 判断出车内有烟雾，就会使风机旋转。

（7）湿度传感器：湿度传感器主要有热敏电阻式和结露式两种形式。热敏电阻式湿度传感器，可用于汽车风窗玻璃的防霜和车内相对湿度检测。它是利用金属氧化物系列陶瓷材料制成的烧结体表面对水分的吸附作用来工作的，当烧结体表面吸附了水分子时，其电阻值发生变化，根据这一变化就可以检测出车内湿度的变化。当湿度增加时，传感器的阻值降低。其结构与工作特性曲线如图 10-19 所示。

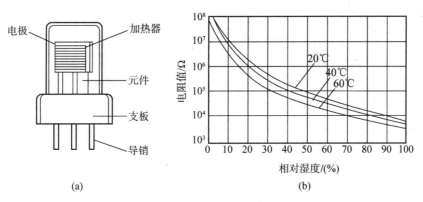

图 10-19 热敏电阻式湿度传感器结构与工作特性曲线

（a）传感器的结构；（b）工作特性曲线

结露式湿度传感器是利用厚膜状陶瓷半导体的阻值在接近结露状态的湿度区域时将急剧地变化这一原理制成的。其结构及工作特性曲线如图 10-20 所示，其内部由电极、感湿膜、热敏电阻及铝基板组成。在高湿度情况下，传感器把湿度转换成阻值的变化并对湿度进行测定，该传感器测试精度高、响应特性好，可用于检测车窗结露，当处于结露状态时，传感器使汽车空调以除霜方式工作，从而保持车内乘员的良好视野。

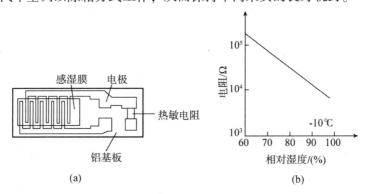

图 10-20 结露式湿度传感器的结构及工作特性曲线

（a）传感器的结构；（b）工作特性曲线

（8）风门位置传感器：该传感器是一个滑动可变电阻器，将风门位置状态转变成电信号送至空调 ECU，作为控制风门开度的反馈信号。

2. 空调 ECU

空调 ECU 与操纵面板制成一体，它对输入的各种传感器信号和功能选择键的输入指令进行计算、分析、比较后，发出指令，控制各个执行机构动作，使车内温度、空气流动等状况始终保持在驾驶员设定的水平上。另外，自动式空调 ECU 还有故障自诊断功能。空调 ECU 主要作用如下。

（1）计算所需送风温度。空调 ECU 根据驾驶员设定温度及车内温度、车外环境温度、光照传感器输送数据等，计算所需的送风温度。空调 ECU 再根据送风温度，向伺服电动机等执行机构发出控制信号，实现各种控制功能。但是当驾驶员将温度设置在最冷或最热时，空调 ECU 将用固定值取代上述计算值进行控制，以加快响应速度。

（2）空气混合风门控制。空调 ECU 根据驾驶员设定温度和蒸发器温度调节空气混合风门向冷的方向转动或者向热的方向转动，降低或提高出风温度，直至调节到设定值。

（3）鼓风机转速控制。当按下"自动控制"按键时，空调 ECU 根据送风温度自动调整鼓风机转速。若水温传感器检测到水温低于 40 ℃时，空调 ECU 控制鼓风机停止转动。

（4）进风方式控制。当按下"进风方式"按键时，空调 ECU 控制进风伺服电动机转动，将进风挡板固定在"车外新鲜空气导入"或"车内空气循环"位置上。当按下"自动控制"按键时，空调 ECU 根据送风温度在上述两种方式之间交替并且自动改变进风方式。

（5）送风方式控制。当按下"送风方式"按键时，空调 ECU 控制送风方式伺服电动机动作，将送风方式固定在相应状态上。当进行自动控制时，空调 ECU 根据计算得出的送风温度，自动调节送风方式。当送风温度非常低时，最冷控制挡风板完全开启。

（6）压缩机控制。进行自动控制时，如果环境温度或蒸发器温度降至一定值以下，空调 ECU 将控制压缩机间歇工作，即电磁离合器交替导通与断开，以节省能源。空调装置工作时，空调 ECU 同时从发动机点火器及压缩机锁止传感器采集发动机转速信号与压缩机转速信号并进行比较。若两种转速信号的偏差率连续 3 s 超过 80%，空调 ECU 则判定压缩机锁止，同时电磁离合器断开，防止空调装置进一步损坏，并使操纵面板上的 A/C 指示灯闪烁，以提示驾驶员故障发生。

3. 执行机构

自动式空调控制系统的执行机构主要组成如下。

（1）进风伺服电动机。该电动机控制空调的进风方式，电动机的转子经连杆与进风风门相连。该伺服电动机内装有一个电位计，向空调 ECU 反馈进风伺服电动机的位置信号。

当驾驶员使用进风方式控制按键选择"车外新鲜空气导入"或"车内空气循环"模式时，空调 ECU 即控制进风伺服电动机带动连杆顺时针旋转或逆时针旋转，从而带动进风风门开启或闭合，达到改变进风方式的目的。

当按下"自动控制"按键时，空调 ECU 首先计算出所需要的送风温度，并根据计算结果自动改变进风伺服电动机的转动方向，从而实现进风方式的自动调节。

（2）空气混合伺服电动机。当进行温度调节时，空调 ECU 控制空气混合伺服电动机连杆顺时针旋转或逆时针旋转，改变空气混合风门的开启角度，从而改变冷、暖空气的混合比例，调节送风温度。电动机内电位计的作用，是向空调 ECU 输送空气混合风门的位置信号。

（3）送风方式控制伺服电动机。当按下操纵面板上"送风方式"按键时，空调 ECU 便将电动机上的相应端子接地，而电动机内的驱动电路使电动机连杆转动，将送风控制风门转到相应的位置上，打开某个送风通道。当按下"自动控制"按键时，空调 ECU 根据计算结果（送风温度）在吹脸、吹双肩和吹脚三者之间自动改变送风方式。

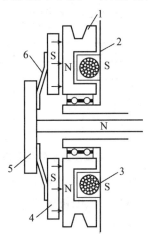

1—带轮；2—压缩机壳体；3—线圈；4—摩擦板；5—驱动盘；6—弹簧爪。

图 10-21　电磁离合器的组成

（4）最冷控制伺服电动机。该电动机操纵的最冷控制风门有全开、半开和全闭 3 个位置。当空调 ECU 使其中一个位置的端子接地时，电动机驱动电路使电动机旋转，带动最冷控制风门处于相应位置。

（5）鼓风机。鼓风机的转速可以通过操作空调控制面板上的"高速""中速"和"低速"按键设定。当按下"自动控制"按键时，空调 ECU 根据送风温度自动调整鼓风机转速。若水温传感器检测到水温低于 40 ℃时，空调 ECU 控制鼓风机停止转动。

（6）压缩机电磁离合器功用、结构组成及工作原理如下。

①功用。接受空调 ECU 的指令，ECU 根据输入信号控制压缩机电磁线圈的通电状态，从而控制压缩机的工作。当同时按下"A/C"按键和"风机"按键，空调 ECU 使压缩机电磁离合器吸合，压缩机开始工作；若环境温度或蒸发器温度降到一定值以下，空调 ECU 将控制压缩机间歇工作，即压缩机的电磁离合器交替地导通与截止，以节省能源。

②结构组成及工作原理。电磁离合器由三大部件组成：带轮组件、衔铁组件和线圈组件，如图 10-21 所示。带轮由轴承支撑，可以绕主轴自由转动，其侧面平整，开有条形槽孔，表面粗糙，以便衔铁吸合后有较大的摩擦力。带轮有单槽、双槽和齿形槽等。带轮以冲压件居多，以使它的另一侧有一定空间可嵌入线圈绕组。线圈绕组是用于产生电磁场的，有固定式和转动式两种。固定式线圈绕组被固定在压缩机壳体上，有引线引出供接电源使用。衔铁组件由驱动盘、摩擦板、复位弹簧等组成，整个组件靠花键与压缩机主轴连接。电磁离合器的工作原理：当线圈绕组中有电流通过时，产生较强的电磁场，使吸合衔铁与带轮组件紧密结合，这样，带轮的转动带动压缩机工作；当电流消失后，衔铁靠复位弹簧迅速与带轮分离，带轮仍在转动，但压缩机停止工作。

空调压缩机的控制电路如图 10-22 所示。

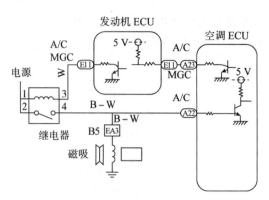

图 10-22 空调压缩机的控制电路

空调 ECU 的 MGC 端子首先向发动机 ECU 发出压缩机工作信号，发动机 ECU 的 A/C 端子随即搭铁，使空调继电器触点闭合，压缩机电磁离合器线圈电路接通，电磁离合器吸合，使压缩机开始工作。

第六节　汽车空调控制电路原理

一、手动空调控制电路

1. 上海桑塔纳 3000 型轿车的空调系统组成

上海桑塔纳 3000 型轿车的空调系统电子控制电路如图 10-23 所示，它由电源电路、鼓风机控制电路、进气门电磁阀控制电路、散热器风扇控制电路、空调电磁离合器控制电路，以及空调保护电路等组成。

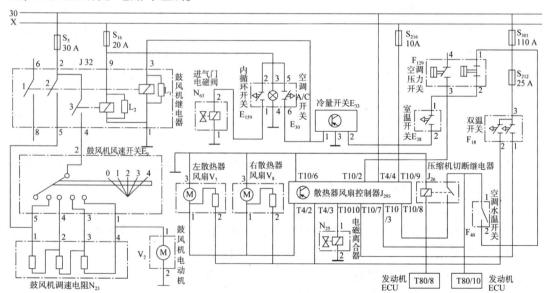

图 10-23 上海桑塔纳 3000 型轿车的空调系统电子控制电路

桑塔纳3000型轿车空调系统的工作受发动机控制，发动机必须能正常工作。发动机ECU（J_{220}）的T80/8端输出高电平时，压缩机切断继电器J_{26}才能吸合，制冷系统才能工作。

2. 工作原理

1）电源电路

空调系统由30号电源线和X号电源线供电，30号电源线为常带电线，与蓄电池正极连接，X号电源线受点火开关及卸荷继电器（中间继电器）控制。当卸荷继电器线圈得电吸合，其常开触点闭合后，30号电源线上的蓄电池电压就会加到X号电源线上，使连接在X号电源线上的鼓风机、空调电磁离合器，以及散热器风扇控制部分（除风扇水温控制外）等均得电。

2）进气门电磁阀控制电路

进气门电磁阀N_{63}线圈的电流通路为：蓄电池正极→X号电源线→空调熔断器S_{16}→内循环开关E_{159}→进气门电磁阀N_{63}线圈→搭铁→蓄电池负极。

3）鼓风机控制电路

（1）鼓风机电动机V_2的供电受控于鼓风机继电器J_{32}，当闭合点火开关，X号电源线通电，鼓风机继电器吸合，V_2才会得电工作。

鼓风机共有4种不同的转速，以满足不同送风量的要求，转速的变换是由鼓风机风速开关E_9通过切换鼓风机调速电阻N_{23}来实现的。

当点火开关处于ON位置时，X号电源线通电，由此形成了以下的电流通路：蓄电池正极→X号电源线→熔断器S_{16}→鼓风机继电器J_{32}内的线圈L_2→搭铁→蓄电池负极。

当将鼓风机风速开关置于1、2、3、4挡时，就形成了以下的电流通路：蓄电池正极→30号电源线→熔断器S_5→继电器J_{32}内的线圈L_2的已闭合常开触点3→风速开关E_9的2端子。此时，E_9若在1～4位，则鼓风机电动机V_2会得电工作，可从"1"位依次接通到"4"位，使鼓风机以依次升高的4种不同转速进行转动，实现对通风量的控制。当E_9处于"0"位时，鼓风机将停止工作。

（2）当E_9在"0"位，接通空调A/C开关E_{30}时，鼓风机继电器J_{32}吸合，以保证在起动空调系统时，鼓风机与空调系统同步工作。其电流通路如下：蓄电池正极→X号电源线→熔断器S_{16}→空调A/C开关E_{30}→鼓风机继电器J_{32}内的线圈L_1→搭铁→蓄电池负极。

上述这一电流通路使J_{32}内继电器常开触点2得电闭合，从而又形成了如下的电流通路：蓄电池正极→30号电源线→熔断器S_5→继电器J_{32}内的线圈L_1的已闭合常开触点2→鼓风机调速电阻N_{23}→鼓风机电动机V_2→搭铁→蓄电池负极。

4）空调电磁离合器控制电路

空调电磁离合器的状态除了受X号电源线、空调A/C开关E_{30}、冷量开关E_{33}、室温开关E_{38}、空调水温开关F_{40}以及空调压力开关F_{129}的控制外，还受散热器风扇控制器J_{293}和发动机ECU的控制。如果不满足上述任意一单元所设定的条件时，空调电磁离合器的供电都将被切断，从而压缩机停止工作。

开启空调后，12V电压从X号电源线经熔断器S_{16}、空调A/C开关E_{30}、冷量开关

E_{33}、室温开关 E_{38}、空调压力开关 F_{129}（低压开关）、空调水温开关 F_{40} 后分成 3 路：第 1 路到发动机控制单元 ECU 的 T80/10 端子，作为空调的请求信号；第 2 路到散热风扇控制器 J_{293} 的 T10/3 端子，作为散热器风扇低速挡工作信号；第 3 路经过空调压缩机切断继电器 J_{26} 触点加至散热器风扇控制器 J_{293} 的 T10/8 端子，作为电磁离合器的工作信号。

当发动机 ECU（J_{220}）的 T80/10 端子收到空调请求信号时，发动机 ECU 的 T80/8 端子输出高电压，压缩机切断继电器 J_{26} 电流通路使继电器吸合。

当散热器风扇控制器 J_{293} 的 T10/8 端子为高电平时，散热器风扇控制器的 T10/10 端子输出 12 V 电压控制空调电磁离合器吸合，空调工作。

5）散热器风扇控制电路

散热器风扇除了受冷却水温度和发动机舱温度的控制外，还受空调系统工作状态的控制。

(1) 散热器风扇低速运转。当发动机运转时，如果接通冷量开关 E_{33}，散热器风扇控制器 J_{293} 的 T10/3 端子为高电平时，散热器风扇控制器的 T4/3 端子输出 12 V 电压控制左、右散热器风扇 V_7、V_8 低速运转。当发动机冷却液温度达到 95 ℃ 时，双温开关 F_{18} 内的低温触点 1（右边）闭合，12 V 电源电压经触点接通风扇电动机的低速挡，左、右散热器风扇 V_7、V_8 低速运转。

(2) 散热器风扇高速运转。当发动机冷却液温度达到 102 ℃ 时，双温开关 F_{18} 内的高温触点 2（左边）闭合，12 V 电压经闭合的触点到散热器风扇控制器 J_{293} 的 T10/7 端子。散热器风扇控制器的 T4/2 输出 12 V 电压控制左、右散热器风扇 V_7、V_8 高速转动。

6）高低压及其他保护电路

当空调管路静态压力高于 1.5 MPa 时，空调压力开关 F_{129} 中的 1.5 MPa 压力开关（左边）闭合，散热器风扇控制器 J_{293} 的 T10/2 端子为高电平，其 T4/3 端子输出 12 V 电压控制左、右散热器风扇 V_7、V_8 高速运转，冷却强度加强，使空调系统的冷凝器迅速散热，用于降低制冷系统中的压力。

当空调制冷剂泄漏后，如果空调管路静态压力低于 0.15 MPa，空调压力开关 F_{129} 内的低压压力开关（左边）则断开，散热风扇控制器 J_{293} 的 T10/3 端子失电，空调停止工作，以防止空调压缩机在润滑不良的情况下运转而损坏。当空调管路静态压力高于 0.2 MPa 时，低压压力开关（左边）也断开，空调不工作，以保护空调管路和压缩机。同理，当发动机冷却液温度高于 119 ℃ 时，空调水温开关 F_{40} 断开，空调也将停止工作。

空调压缩机切断继电器 J_{26} 由发动机 ECU 的 T80/8 端子控制。它有双向作用：一是控制全负荷时切断空调；二是空调工作时，控制发动机的怠速提升。

当发动机 ECU 有故障或处于急加速工况时，发动机 ECU 的 T80/8 端子输出低电平，使压缩机切断继电器 J_{26} 停止工作，散热器风扇控制器 J_{293} 的 T10/8 端子为低电平，从而压缩机停止工作。

二、自动空调控制电路

1. 自动空调控制电路组成

帕萨特自动空调控制电路由电源电路、鼓风机控制电路、进气门电磁阀控制电路、散热器风扇控制电路、空调电磁离合器控制电路、空调保护电路及自诊断电路等组成，如图10-24所示。

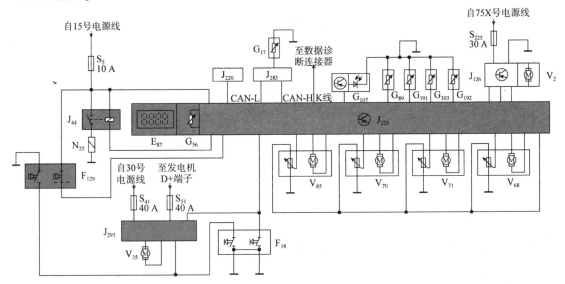

E_{87}—自动空调操作和显示单元；F_{129}—空调压力开关；F_{18}—热敏开关；G_{56}—室内温度传感器；
G_{17}—环境温度传感器；G_{107}—光照强度传感器；G_{89}—新鲜空气进口通道温度传感器；
G_{191}—中央通风温度传感器；G_{308}—蒸发器表面温度传感器；G_{192}—脚部通风温度传感器；
J_{44}—空调压缩机电磁离合器继电器；J_{220}—发动机控制单元；J_{285}—组合仪表控制单元；
J_{255}—自动空调控制单；J_{126}—鼓风机调速模块；J_{293}—散热器风扇控制单元；
N_{25}—空调压缩机电磁离合器；V_2—鼓风机；V_{85}—脚部/除霜风门电动机；
V_{70}—中央风门电动机；V_{71}—空气内外循环风门电动机；V_{68}—混合风门电动机；V_{35}—散热风扇。

图10-24 帕萨特自动空调控制电路

2. 帕萨特自动空调控制电路的原理

（1）鼓风机的控制电路主要由鼓风机调速模块J_{126}、鼓风机V_2及自动空调控制单元J_{255}组成。根据驾驶员手动设定的温度、室内温度、环境温度及光照强度等信号，自动空调控制单元J_{225}向鼓风机调速模块J_{126}输出占空比控制信号，通过控制鼓风机V_2电流的大小实现对鼓风机转速的控制。

（2）空调压缩机的控制原理为：自动空调控制单元J_{255}通过各开关及传感器的信号确定允许空调压缩机工作后，控制空调压缩机电磁离合器继电器J_{44}工作，空调压缩机电磁离合器N_{25}吸合，空调压缩机开始工作。

（3）散热风扇的控制原理为：散热风扇控制单元J_{293}根据空调压力开关F_{129}和热敏开关F_{18}的信号控制散热风扇V_{35}的转速。

(4) 自动空调的所有风门执行器均为电动机式,自动空调控制单元 J_{255} 根据各传感器信号可自动控制各风门的位置。

(5) 自动空调控制单元 J_{255} 具有自诊断功能,用故障检测仪可以通过 K 线读取自动空调控制单元 J_{255} 内存储的数据,以供自动空调诊断故障时参考。

第七节　汽车空调系统的维修

一、常用检修工具及设备

1. 通用工具

通用工具即普通的汽车维修工具,一般都比较熟悉,是汽车空调维修必不可少的工具。常用的通用工具有:各种扳手,如活动扳手、开口扳手、梅花扳手、管子扳手、呆扳手等;各种螺丝刀,如一字螺丝刀、十字螺丝刀等;各种钳子,如钢丝钳、鲤鱼钳、尖嘴钳、电工钳等;以及榔头、电筒和各种钻头等。

2. 常用设备

温度计、压力表、真空压力表、万用表、电烙铁、手电钻,以及氧气-乙炔焊割设备等。

二、专用工具与设备

1. 歧管压力表组

歧管压力表组是汽车空调系统维修中必不可少的设备,它与制冷系统相接,可以进行制冷剂排空、抽真空、加注制冷剂、添加冷冻机油及诊断制冷系统故障等。其外形结构如图 10-25 所示。

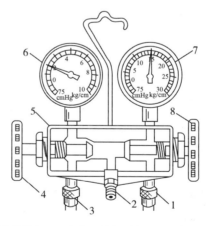

1—高压工作阀接头;2—加注、抽真空接头;3—低压工作阀接头;
4—低压手动阀;5—阀体;6—低压表;7—高压表;8—高压手动阀。
图 10-25　歧管压力表组外形结构

1）组成

歧管压力表组是由高压表、低压表、高压手动阀（HI）、低压手动阀（LO）、阀体及 3 个软管接头组成。歧管压力表组配有不同颜色的 3 根连接软管，一般规定蓝色软管用于低压侧（接低压工作阀），红色软管用在高压侧（接高压工作阀），黄色（也有绿色）软管用在中间，接真空泵或制冷剂罐。

2）工作过程

（1）高压手动阀（HI）和低压手动阀（LO）同时关闭，歧管压力表组可对高、低压侧压力进行检测。

（2）高压手动阀和低压手动阀同时打开，全部管道连通。此时接上真空泵歧管压力表组则可对系统进行抽真空。

（3）高压手动阀关闭，而低压手动阀打开，歧管压力表组则可由低压侧充注气态制冷剂。

（4）高压手动阀打开，而低压手动阀关闭，歧管压力表组则可由高压侧充注液态制冷剂，也可排出制冷剂，使系统放空。

2. 制冷剂注入阀

目前，为便于充注，市场上出现有罐装制冷剂，但它必须有一只制冷剂注入阀配套才能开罐使用。制冷剂注入阀的结构如图 10-26 所示。

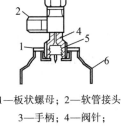

1—板状螺母；2—软管接头；
3—手柄；4—阀针；
5—衬垫；6—制冷剂罐。

图 10-26 制冷剂注入阀

1）主要组成

注入阀主要由手柄、软管接头、板状螺母和阀针组成。

2）使用方法

（1）首先将注入阀手柄逆时针旋转，使阀针完全缩回，然后将板状螺母也旋至最高位置。

（2）把注入阀装在罐的顶部，然后顺时针转动板状螺母，使其与罐顶上的螺纹连接，于是，注入阀便固定在罐的顶部。

（3）将歧管压力表组中间的软管与注入阀的接头连接，拧紧。

（4）顺时针方向旋转手柄，阀针将把罐顶刺破。

（5）加注制冷剂时将手柄逆时针旋转，使阀针提起，与此同时打开歧管压力表组相应的手动阀，开始向系统加注。

（6）如要停止加注，可再顺时针转动手柄，使阀针下落将被刺穿的小孔封闭，同时关闭歧管压力表组的手动阀。

3. 检修阀门

对空调系统进行检测和维修时要用到检修阀门，通过检修阀门可对系统进行抽真空、加注或排出制冷剂、检测系统压力等操作。

4. 空调检漏仪

空调检漏仪是对制冷剂的泄漏状态进行检测，常用的仪器有卤素检漏灯和电子检漏仪两种。

1）卤素检漏灯使用方法

（1）检查储气瓶内液态丙烷是否装满。

(2) 将储气瓶与漏气检测器主体连接。

(3) 将划着的火柴插入检漏灯的点火孔里,同时朝逆时针方向缓慢转动调节把手,让储气瓶内的丙烷汽化成气体逸出,遇火焰即燃烧,将卤素检漏灯点燃。

(4) 在反应板加热到红热状态后,方可使用卤素检漏灯检漏。燃烧的火焰应调节到最小,火焰越小对制冷剂泄漏的反应越灵敏。

(5) 将吸入管口靠近检测部位,并观察火焰的颜色。

注意:卤素检漏灯只能用于 R12 等含有氯原子的卤素制冷剂的检漏,可测出空气中 R12 容积浓度为 0.1% 的泄漏位置。在 R12 浓度很大时,火焰可能熄灭。经燃烧后的 R12 蒸气有毒。

2) 电子检漏仪

电子检漏仪的优点是使用方便、不需点火、不产生毒性物质、预热时间短、灵敏度高、质量轻、体积小、检测范围广等,它可以探测到微量制冷剂泄漏,但价格较贵。5650 型制冷剂自动检漏仪是一种常用的电子检漏仪,其外观结构如图 10-27 所示。

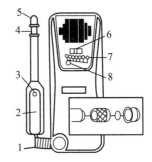

1—导线;2—手柄;3—复位键;
4—传感器;5—保护套;6—选择开关;
7—泄漏强度指示;8—电源指示。

图 10-27　5650 型制冷剂自动检漏仪外观结构

5. 空调专用成套维修工具

如图 10-28 所示,它可实现以上所介绍的工具和设备的所有功能。

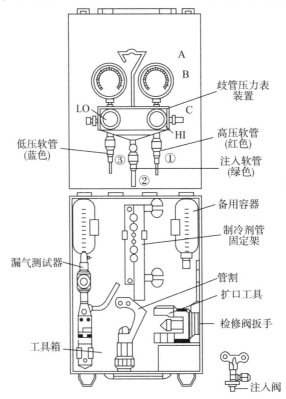

图 10-28　空调专用成套维修工具

三、其他维修工具及设备

1. 真空泵

空调系统初次加注制冷剂前,或拆卸更换系统零部件后,必须对系统进行抽真空操作,然后才能充注制冷剂。抽真空的目的是把系统中的空气和水分排出。因此真空泵是空调系统抽真空操作的必备设备。

2. 制冷剂加注、回收多功能机

在汽车空调系统的维修中常常要对系统抽真空或加注、回收制冷剂。为了提高维修质量,规范、简化操作程序,特别是防止制冷剂的排空(防止对环境造成污染,又减少经济损失),在规范的维修站中都配有制冷剂加注、回收多功能机。如美国 SPX 公司 ROBINAIR(罗宾耐尔)制冷剂加注、回收多功能机:17701A 型(R12 专用)、34701 型(R134a 专用)、12135A 型(R12、R134a 共用),以及北京瑞雪飞制冷技术研究所生产的 RX-BH 型多功能机。

3. 制冷剂管维修工具

维修制冷剂管的工具有截(割)管器、胀管器、弯管器,等等。

第八节 汽车空调系统的检测

一、空调系统的检漏

常用的汽车空调制冷系统的检漏方法有目测检漏法、皂泡检漏法、染料检漏法、检漏灯检漏法、电子检漏仪检漏法、抽真空检漏法和加压检漏法等。

1. 目测检漏

目测检漏法是指用肉眼查看制冷系统(特别是制冷系统的管接头部位)是否有润滑油渗漏痕迹的一种检漏方法。因为制冷剂通常与润滑油(冷冻机油)互溶,所以在泄漏处必然也带出润滑油,因此,制冷系统管道有油迹的部位就是泄漏处。

2. 皂泡检漏(肥皂水检漏)

皂泡检漏是指在检漏时,对施加了压力的制冷系统,用毛刷或棉纱蘸肥皂水涂抹在被检查部位,查看被检查部位是否有气泡产生的一种检漏方法。若被检查的部位有气泡产生,则说明这个部位是泄漏处(点)。肥皂水检漏法简便易行,而且很有效,但操作比较麻烦,维修工采用此法检漏时,一定要细致、认真。

3. 染料检漏(着色检漏)

染料检漏法确定冷漏点或压力漏点,是通过把黄色或红色的颜料溶液通过表座引入空调系统来指出漏点的准确位置,因为漏点周围有红色和黄色两种染料积存,此方法不会影响系统的正常运行。

有的制冷剂中含有染料，如杜邦公司生产的加有红色染料的制冷剂 R-12，名字叫 Dytel，其注入空调系统方法和注入 R-12 完全一样。

4. 检漏灯检漏

检漏灯（卤素灯）检漏是指在检漏时，利用卤素与吸入的制冷剂燃烧后产生的不同颜色火焰进行检漏的一种方法。

5. 电子检漏仪检漏

使用电子检漏仪检查时，应当遵照电子检漏仪制造厂家的有关规定。一般按下列步骤进行：

（1）转动控制器或敏感性旋钮至断开（OFF）或"0"位置；

（2）电子检漏仪接入规定电压的电源，接通开关，如果不是电池供电，应有 5 min 的升温期；

（3）升温期结束后，放置探头于参考漏点处，调整控制器和敏感性旋钮至检漏仪有所反应为止，移动探头，反应应当停止，如果继续反应，则是敏感性旋钮调整得过高，如果停止反应，则是调整合适；

（4）移动寻漏软管，依次放在各接头下侧，并检查全部密封件和控制装置；

（5）断开和系统连接的真空软管，检查真空软管接头处有无制冷剂蒸气；

（6）如发生漏点，电子检漏仪就会出现一定的状况来反应制冷剂发生泄漏；

（7）探头和制冷剂的接触时间不应过长，也不要把制冷剂气流或严重泄漏的地方对准探头，否则会损坏探测仪的敏感元件。

6. 抽真空检漏（负压检漏）

抽真空检漏，通过做气密性试验法进行检漏，是对制冷系统抽真空以后，保持一段时间（至少 60 min），观察系统中的真空压力表指针是否移动（即指针是否发生变化）的一种检漏方法。需要注意的是，采用这种方法检漏，只能说明制冷系统是否泄漏，而不能确定泄漏的具体部位。

7. 加压检漏（正压检漏）

加压检漏法是指将 1.5~2 MPa 压力的氮气、二氧化碳或混有少量制冷剂的氮气、二氧化碳等介质加入制冷系统中，再用肥皂水或卤素检漏灯进行检漏的一种方法。这种方法常用于空调制冷系统中的制冷剂全部漏光时的检漏。要注意的是，在高压条件下操作时尽量不要用空气压缩机加压或制冷系统本身的压缩机加压，因为这样会使制冷系统带入一部分水分。

二、空调系统的压力检测和温度检测

汽车空调简单性能测试的方法是用压力表组测量其高、低压力值，以及用温度计测量空调器吹出的空气温度。检测步骤如下。

（1）将压力表组表阀和空调制冷系统压缩机吸、排气检修阀连接。连接时，先关紧高/低压手动阀,并在接好后,排除胶管内的空气,否则管内空气会跑到制冷系统内。

(2)起动发动机,使压缩机的转速保持在 2 000 r/min;设置空调控制板上的功能选择按键在"Max"(或 A/C)位置,温度按键在"Cool"位置,风扇按键在"Hi"位置,并打开车窗门,用大风扇对准冷凝器吹风。

(3)将一根玻璃温度计放进中风门空调出风口,而将干湿温度计放在车内空气循环进气口处,干湿温度计的球部要覆盖饱蘸水的棉花。

(4)空调系统至少要正常工作 15 min 后,才能进行测试工作,记录数据。空调的正常值要达到标准要求。

三、空调系统的制冷剂排空

制冷剂排空有两种方法,一种是传统排空法;另一种是回收排空法。

1. 传统排空方法

传统排空方法结构如图 10-29 所示。

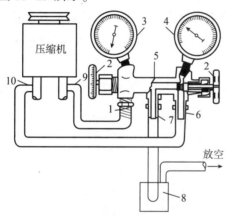

1—低压管;2—手柄;;3—低压表;4—高压表;5—表阀;6—高压管;
7—维修软管;8—集油罐;9—吸气阀;10—排气阀。

图 10-29 传统排空法结构图

(1)把歧管压力表组连接到系统的高、低压检修阀上。

(2)起动发动机并使转速维持在 1 000 ~ 1 200 r/min,并运行 10 ~ 15 min。

(3)风扇开至高速运转,将系统中所有的控制开关都放到最冷位置使系统达到稳定状态。

(4)把发动机转速调到正常怠速状态。

(5)关闭空调的控制开关,关闭发动机。

(6)打开歧管压力表组上高、低压阀,让制冷剂从中间软管流入回收装置中。

(7)若歧管压力表组的高、低压力表指示为 0,说明系统内制冷剂已排空。

2. 回收排空法

用表阀系统将汽车空调制冷系统中的制冷剂引入到储液瓶。其中,高压阀连接压缩机排气管,低压阀连接压缩机吸气管。表阀的中间接口连接 $\phi 60$ mm×100 mm 的钢瓶。钢瓶的底部有一个截止阀,用来放泄制冷剂带出的润滑油(冷冻机油)。降压时,先慢慢拧开低压手动阀,让制冷剂徐徐流出而尽量不带出润滑油。当压力下降到 345 kPa 时,再慢慢拧开高压手动阀,让制冷剂经降压、除酸、干燥、过滤等工序处理后,重新压缩、冷凝、液化,装入储液瓶中。在此过程中,对生成的酸性物质的清除方法,常采用中和法或膜处理方法(使酸性物质自动分离);对混入制冷剂中的水分清除采用分子筛吸附,使制冷剂的含水量降低到可重新使用的标准(含水量0.001%);对不溶杂质(如铁屑、油污、灰尘等)可采用空调用的过滤装置加以清除。

3. 注意事项

(1) 回收场地应通风良好,防止排出的制冷剂靠近明火产生有毒气体。
(2) 制冷剂排出而冷冻润滑油并非全部排出,因此应测定排出的油量,以便补充。

四、空调制冷系统抽真空

抽真空的目的是排除制冷系统内残留的空气和水分,同时也可以进一步检查系统的密闭性,为向系统内充注制冷剂做好准备。实际上抽真空并不能直接把水分抽出制冷系统,而是压力降低后水的沸点也降低了,水汽化成水蒸气抽出系统外。抽真空管路连接如图 10-30 所示。

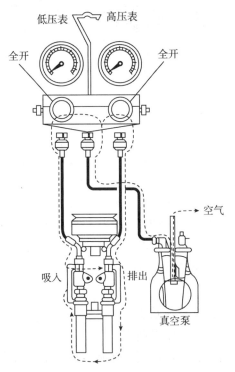

图 10-30 抽真空管路连接

五、空调系统制冷剂充注

在制冷系统经过抽真空并确认没有泄漏后,可开始对系统充注制冷剂。充注方法主要有两种：一种是从高压端充注；一种是从低压端充注。

六、空调系统冷冻机油添加

1. 压缩机冷冻机油油量的检查

压缩机冷冻机油油量的检查方法一般有以下两种。

1）观察视镜

通过压缩机上安装的视镜玻璃，可观察冷冻机油油量，如果压缩机冷冻机油油面达到观察高度的80%，一般认为是合适的，如果油面在这个界线之下，则应添加冷冻机油；如果在这个界线之上，则应放出多余的冷冻机油。

2）观察油尺

未装视镜玻璃的压缩机，可用量油尺检查其油量。这种压缩机一般只有一个油塞，油塞下面有的装有油尺，有的没有油尺，需要另外用专用油尺插入检查。观察油面的位置是否在规定的上、下限之间。

2. 添加冷冻机油

添加冷冻机油一般可在系统抽真空之前进行，添加方法有直接加入法和真空吸入法。

1）直接加入法

将冷冻机油装入干净的量瓶里，从压缩机的旋塞口直接倒入即可，这种方法适合于更换蒸发器、冷凝器和贮液干燥器时采用。

2）真空吸入法

真空吸入法的步骤如下。

（1）首先将系统抽真空到 100 kPa。

（2）准备一带刻度的量杯并装入稍多于应添加量的冷冻机油。

（3）关闭高压手动阀及辅助阀门，将高压软管一端从歧管压力表组上卸下，并插入量杯中，如图10-31所示。

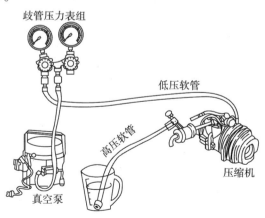

图10-31 真空吸入法

(4) 打开辅助阀门, 油从量杯内被吸入系统。

(5) 当油面到达规定刻度时, 立即关闭辅助阀门。

(6) 将高压软管与歧管压力表组连接, 打开高压手动阀, 起动真空泵, 先对高压软管抽真空, 然后打开辅助阀门对系统抽真空。

3) 冷冻机油添加量

(1) 系统新加油量。新装汽车空调系统中, 只有压缩机内装有冷冻机油, 油量一般为280~350g。不同型号的压缩机内充油量也不同, 具体可查看供应商手册。

(2) 补充油量。维修当中, 如果更换了系统部件或管路, 由于这些部件中残存有冷冻机油, 因此, 更换的同时应当向系统内补充冷冻机油; 如果更换压缩机, 新压缩机内应补充的油量为原有油量减去上述部件残存油量上限之和的油量。

4. 注意事项

(1) R12 与 R134a 制冷剂所用冷冻机油牌号不同, 因此, 添加冷冻机油时应注意防止混淆。

(2) 添加时应保证容器的洁净, 防止水分或杂物混入冷冻机油中。

第九节 汽车空调系统的故障诊断

一、汽车空调系统基本诊断与检测

1. 基本诊断

基本诊断方法是指根据看、听、摸等方式直观感觉故障的部位。

1) 看

(1) 首先查看仪表板上的压力、水温、油压, 及各性能指示灯是否显示正常。

(2) 观察冷凝器、蒸发器及管路连接处是否有油污, 如有则说明有制冷剂和冷冻机油泄漏。

(3) 观察系统部件和管路接头处是否有结霜、结冰现象。

(4) 从贮液干燥器视液窗观察制冷剂量, 观察效果图如图 10-32 所示。

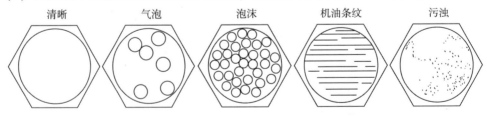

图 10-32 从视液窗观察制冷剂量的观察效果图

2) 听

用耳朵听压缩机、送风机、排风机是否有异常声音。作为维修人员, 还应当仔细了解、听取驾驶人员对故障现象的描述。

3）摸

开启制冷系统 15~20 min 后，用手触摸系统部件，感受其温度。

（1）压缩机进、排气管应有明显温差。

（2）冷凝器进、出口管应有温差，出口管温度应低于进口管温度。

（3）贮液干燥器进、出口管温度的比较：进口管温度与出口管温度相等时，表示冷气系统正常；进口管温度低于出口管温度时，表示制冷剂不足；进口管温度高于出口管温度时，表示制冷剂过多。

（4）膨胀阀进、出口管温差明显。

注意：在用手触摸高压区部位时要防止烫伤。如果压缩机高、低压侧之间没有明显温差，则说明制冷剂泄漏严重。

二、压力表组检测

制冷系统工作时，内部压力变化与温度变化是密切相关的，这正是进行仪表诊断的依据。我们可根据压力的变化情况，进一步诊断出系统可能出现故障的原因及部位。对于制冷系统而言，歧管压力表组是最常用的工具。

1. 诊断方法

首先将压力表组的高、低压手动阀关闭，然后将压力表组的高、低压软管分别连接到系统的高、低压检修阀上，并利用系统内制冷剂压力排除管内空气。起动空调系统，待压力表指示稳定后即可读取压力值。

2. 诊断标准

R134a 空调系统正常工作压力范围表读数如下。

$$低压侧 \quad 0.15~0.25 \text{ MPa}$$
$$高压侧 \quad 1.37~1.57 \text{ MPa}$$

R12 空调系统正常工作压力范围表读数如下。

$$低压侧 \quad 0.15~0.20 \text{ MPa}$$
$$高压侧 \quad 1.45~1.50 \text{ MPa}$$

根据车型不同，测试工况不同，压力范围略有差异。

制冷系统的故障，经常用系统内各部位的压力进行分析，制冷效果和制冷剂泄漏也是分析事故的重要依据。电气系统方面的故障常表现为：电气元件损坏、保险丝烧断、触头接触不良、电动机过载烧坏、电动机不工作等，这些故障使制冷循环停止工作，并且常伴有异味、过热等现象；机械元件出现异常一般为压缩机、风机、皮带轮、离合器、膨胀阀、轴封、热交换器、轴承、阀片等出现故障。

第十节　电动汽车空调系统的工作原理

一、电动汽车空调系统：压缩机制冷系统

电动汽车与传统汽车在系统构成上存在着差别，不同类型的电动汽车又有不同的特点。纯电动汽车没有发动机作为空调压缩机的动力源，也没有发动机余热可以利用以达到取暖、除霜的效果。燃料电池电动汽车也没有发动机作为空调压缩机的动力源，但是燃料电池发动机可以产生比较稳定的余热。

电动汽车空调制冷系统的工作原理如图10-33所示。

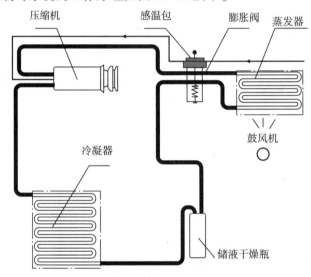

图10-33　电动汽车空调制冷系统

混合动力电动汽车，发动机由其控制策略决定不能随时作为制冷压缩的动力源。汽车空调对车厢内部空气的调节首要的是调节空气的温度，通过制冷来降低空气温度。根据电动汽车的特点，电动汽车目前选择的制冷空气调节方式主要有热电式制冷、电动压缩机制冷、余热制冷，其中余热制冷在燃料电池电动汽车上得到应用。

二、电动汽车空调系统：有压缩机的制冷制暖系统

燃油汽车空调系统的暖风热源主要由发动机冷却液提供，而电动汽车的制暖系统与之不同，电动汽车空调系统制暖的常见方案如下。

1）压缩机动力源

由传动带驱动压缩机的电动汽车空调系统工作原理如图10-34所示。空调系统的制冷/制热模式由四通换向阀转换。从原理上讲，该系统与普通的热泵空调并无区别，但是用于电动汽车上，其专门开发了双工作腔滑片压缩机、直流无刷电动机和逆变器控制系统。在压缩机作动力源工况下，系统从融霜模式转为制热模式时，风道内换热器上的冷凝水将迅速蒸发，在风窗玻璃上结霜，影响驾驶的安全性。

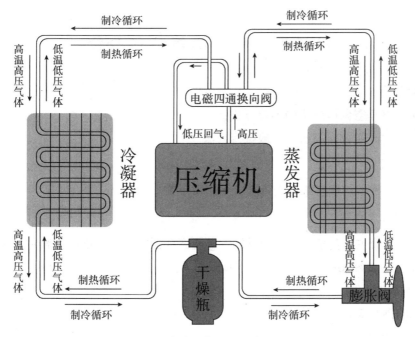

图 10-34 电动汽车空调系统工作原理

2) PTC 电加热器

PTC 电加热器是采用 PTC 热敏电阻元件为发热源的一种加热器。PTC 热敏电阻通常是用半导体材料制成的，它的电阻随温度变化而急剧变化，当外界温度降低，PTC 电阻值随之减小，发热量反而会相应增加。PTC 热敏电阻按材质可以分为陶瓷 PTC 热敏电阻和有机高分子 PTC 热敏电阻。用于空调辅助电加热器的是陶瓷 PTC 热敏电阻。PTC 热敏电阻元件因具有随环境温度高低的变化，其电阻值随之增大或减小的变化特性，所以 PTC 加热器具有节能、恒温、安全和使用寿命长等特点。

空调辅助电加热器可以分为黏接式陶瓷 PTC 加热器和金属 PTC 管状加热器。黏接式陶瓷 PTC 加热器是将多个陶瓷 PTC 芯片及铝波纹散热片用耐高温树脂胶黏接在一起的加热器，其散热性好，电气性能稳定。其中黏接式陶瓷 PTC 加热器又分为加热器表面带电型和加热器表面不带电型。

金属 PTC 管状加热器采用进口镍铁合金丝为发热材料，发热管外镶铝散热片，其散热效果非常好。加热器配有温度控制器和热熔断器，使产品使用更安全可靠。这种加热器具有 PTC 材料的良好特性，一些空调均采用此类加热器作为辅助加热。

3) 余热+辅助 PTC

利用大功率器件（功率变换、驱动电机、电机控制器等）工作时产生的热量，对车内环境进行热交换。当热量不足时，启用辅助 PTC 加热器。

实训项目一　压缩机的检修

1. 实训目的

(1) 掌握汽车空调压缩机的拆装方法；

(2) 掌握汽车空调压缩机的一般检修方法。

2. 实训器材

汽车空调系统专用成套维修工具箱，常用扳手 1 套。

3. 实训内容及步骤

压缩机的检修主要包括压缩机的拆卸、电磁离合器的检修、压缩机轴封的更换和斜盘式压缩机拆装（如图 10-35 所示）。操作步骤如下：

1) 压缩机的拆卸

压缩机的拆卸步骤如下。

(1) 拆除电磁离合器连接导线。

(2) 排出制冷剂。

(3) 卸下压缩机吸、排气口的连接软管，并将各接头加盖密封，防止灰尘进入系统。

(4) 拆除压缩机驱动皮带。

(5) 拆下压缩机，并将其固定在台钳上。

(6) 排出压缩机内的机油，并检查油量和油质。

图 10-35　斜盘式压缩机拆装

2) 电磁离合器的检修

电磁离合器的检修步骤如下。

(1) 用专用"Y"形夹具固定离合器压盘，用套筒扳手拆下主轴上的锁紧螺母。

(2) 用专用拉器拆下压板，用卡簧钳拆下内卡簧。

(3) 将离合器驱动盘和轴承一同拆下。

(4) 拆下键和垫片。垫片用来调整离合器驱动盘和压板之间的间隙，一般为 0.3 ~ 0.6 mm。

(5) 拆下离合器电磁线圈。

(6) 检查离合器压盘摩擦表面，将其表面的油污和脏物用清洁剂擦洗干净，如离合器表面有刮痕损伤或变形则更换离合器总成。

(7) 检查离合器轴承是否损坏，若损坏必须更换相同规格的新轴承。

(8) 检查离合器电磁线圈有无短路或断路，如有故障则需更换。

(9) 按拆卸相反的顺序将检查完的电磁离合器装好。装好后要检查各部件能否自如转动。

3）压缩机轴封的更换

压缩机轴封的更换步骤如下。

(1) 拆下电磁离合器。

(2) 用卡簧钳拆下轴封座卡簧。

(3) 使用专用工具拉出轴封座。

(4) 用轴封拆卸专用工具拆下轴封。

(5) 取出轴封上的 O 形密封圈。

(6) 第（3）、(4) 和 (5) 步中拆下的零件不能再用，必须更换新的零件。

(7) 用清洁的冷冻机油清洗压缩机的密封部位。

(8) 用清洁的冷冻机油涂抹新的零件。

(9) 安装新的 O 形密封圈，要确保安装正确。

(10) 安装轴封保护器，并用清洁的冷冻机油充分润滑。

(11) 用轴封安装工具将轴封安装到位。

(12) 拆下轴封保护器。

(13) 使用专用工具安装轴封座。

(14) 安装卡簧。

(15) 装上电磁离合器。

实训项目二　空调系统压力的检测

1. 实训目的

(1) 将歧管压力表组正确安装并连接到制冷系统，正确检测制冷系统高低压力；

(2) 能根据检测的压力确定系统工作状况，分析系统可能存在的故障。

2. 实训器材

装备有空调系统的实车 1 辆，歧管压力表组 1 套。

3. 实训内容及步骤

1）连接歧管压力表组

卸掉系统高低压管路上的检修阀护帽；将歧管压力表组高低压侧手动阀都关闭，蓝色的低压软管接低压检修阀，红色的高压软管接高压检修阀。连接歧管压力表组的结构如图10-36所示。

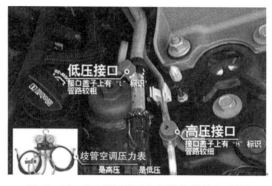

图 10-36　连接歧管压力表组的结构示意图

2）起动空调检测系统压力

起动发动机，调整发动机转速至 1 250 r/min，起动空调，将有关控制器调至最高位置（风机亦应在最高速），按需要使发动机温度正常（运行 5～10 min）后，进行检测。

3）技术标准

R134a 空调系统正常工作压力范围表读数如下。

低压侧　0.15～0.25 MPa

高压侧　1.37～1.57 MPa

R12 空调系统正常工作压力范围表读数如下。

低压侧　0.15～0.20 MPa

高压侧　1.45～1.50 MPa

4）结果分析

（1）歧管压力表组的读数，高低压侧压力均很低，说明制冷剂不足。如空调系统工作一段时间出现此现象，可能系统内某处出现泄漏，必须找出漏点并加以排除。

（2）歧管压力表组的读数，高低压侧压力均过高。很可能是制冷剂过多引起，应从低压侧放出一部分制冷剂，直到歧管压力表组显示规定压力为止。如开始时正常，后来出现上述现象，这是由于冷凝器散热差造成的。可检查冷凝器散热片是否堵塞，风扇皮带是否过松，风扇转速是否正常，并加以排除。

（3）经上述方法排除后，高低压侧压力还是高，可能是加注制冷剂过程中没有将空气抽尽而使系统内有空气，可更换干燥剂，清洁冷冻机油，重新加注制冷剂。

（4）歧管压力表组读数，低压侧偏高，高压侧偏低，或增加发动机转速，高低压变化都不大。这种情况一般是压缩机工作不良造成。应检查压缩机内阀片是否损坏，活塞及环是否磨损，并加以排除。

（5）歧管压力表组读数，低压侧接近 0，高压侧压力过低。这种情况多出现在膨胀阀感温包内的制冷剂完全泄漏，使膨胀阀无法打开，制冷剂不流动，系统不能制冷。排除的办法是更换或拆修膨胀阀。

（6）检测完后，关掉发动机，卸掉歧管压力表组，把检修阀的护帽旋回。

5）注意事项

（1） R12 与 R134a 不可使用同一个歧管压力表组；

（2） 检查过程中应注意旋转件，以免受伤；

（3） 歧管压力表组的高低压管位置不能接反。

本章小结

1. 汽车空调系统包括制冷系统、供暖系统、通风系统、净化系统和控制系统等。

2. 制冷系统的四大部件分别是压缩机、冷凝器、节流阀及蒸发器；制冷循环的四个过程分别在四大部件中完成，即压缩过程、冷却冷凝过程、节流降压过程和蒸发吸热过程。

3. 汽车供暖系统常以热源的种类来进行分类，常见的有水暖式、气暖式、独立燃烧式和综合燃烧式。

4. 汽车通风系统的通风方式有自然通风、强制通风与综合通风三种；其中综合通风既能保证车内的空气质量又可以节约能源，因此得到广泛应用。

5. 空气净化系统通常有空气过滤式和静电除尘式两种。前者是在空调系统的进风口和回风口处设置空气滤清装置，仅能滤除空气中的灰尘和杂物；后者则是在空气进口的过滤器后再设置一套静电除尘装置或单独安装一套用于净化车内空气的静电除尘装置，除具有过滤和吸附烟尘等微小颗粒的杂质外，还有除臭、杀菌作用，有的还能产生负离子以使车内空气更为新鲜洁净。

6. 汽车空调的控制系统有手动式，半自动式和自动式三种空调控制系统。自动式空调控制系统即微机控制的自动空调，它利用各种传感器随时检测车内外温度、阳光强度等信号，并通过控制执行机构不断地对风机转速、出风温度、送风方式及压缩机工作状况等进行调节，使车内温度、空气流动状况等始终保持在驾驶员设定的水平上。且自动式空调控制系统还具有自诊断功能，即计算机控制模块设置有故障自诊断电路，检修时可读取故障代码。

7. 汽车空调常见的故障有制冷系统不制冷、制冷量不足及产生噪声等，引起故障的原因有机械、电气或制冷剂方面出现故障。

8. 汽车空调常用检修工具有歧管压力表组、制冷剂注入阀、真空泵、检修门阀及检漏仪。

9. 检修安装过程中，给汽车制冷系统充灌制冷剂的具体操作程序为制冷剂排放与回收、系统检漏、抽真空及加注制冷剂。

复习思考题

1. 汽车空调系统包括哪些分系统？它们的作用分别是什么？

2. 制冷系统的四大部件与制冷循环的四个过程分别是什么？

3. 汽车供暖系统的热源分别有几种？请简述水暖式供暖系统的工作原理。
4. 汽车通风与空气净化系统的工作原理分别是什么？
5. 自动空调控制系统的组成部分有哪些？列举常用的传感器并说明其作用。
6. 画出汽车空调的基本电路，并说明其工作原理。
7. 汽车空调的常用检修工具有哪些？它们分别可以完成哪种任务？
8. 怎样给汽车空调的制冷系统充灌制冷剂与冷冻机油？
9. 新能源汽车空调与传统汽车空调有什么不同？

第十一章 汽车电气新技术应用

学习目标

- 了解汽车电气新技术的基础知识
- 掌握汽车电气新技术系统的电路组成
- 掌握汽车电气新技术系统的电路工作原理
- 掌握汽车电气新技术系统的检修

自 2014 以来,技术成为全球汽车产业愈发注重的话题,而众多技术中,电子电气技术占据着非常重要的地位。汽车的稳定性和安全性大部分都需要依靠电子电气系统,并且通过网络系统与其他电气设备互相通信,建立连接。例如:动力系统、主动安全行车系统、车身稳定控制系统、自动巡航系统、主动刹车系统等通过 CAN 建立连接的系统。

第一节 汽车总线实验开发系统概述

CAN 是控制器局域网络(Controller Area Network)的简称,是由研发和生产汽车电子产品著称的德国 BOSCH 公司开发的,并最终成为国际标准(ISO 11898),是国际上应用最广泛的现场总线之一。

一、PFAutoECU-Ⅳ系统概述

PFAutoECU-Ⅳ系统由 10 个 CAN 总线节点组成,每个 CAN 节点为一个联网且具备独立控制功能的电子控制单元,充分体现了基于 CAN 总线的分布式控制系统的优势。每个节点都具有 CAN 总线通信功能,每个节点都可以独立工作或与其他模块通过 CAN 总线联网工作。根据每个节点在整个 CAN 网络系统中的不同作用,分别组成物理层为容错 CAN(ISO 11898-3)的低速 CAN 网络和物理层为高速 CAN(ISO 11898-2)的高速 CAN 网络,容错 CAN 网络物理层和高速 CAN 网络物理层具有不同的 CAN 总线通信网络优势,是实际应用最为广泛的两种 CAN 网络物理层。PFAutoECU-Ⅳ系统外观如图 11-1 所示,PFAutoECU-Ⅳ系统网络结构图如图 11-2 所示。

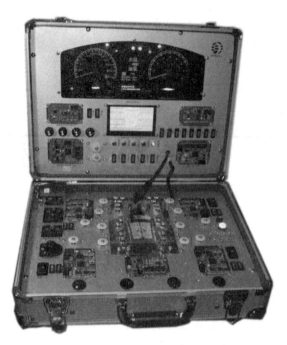

图 11-1　PFAutoECU-Ⅳ总线实验开发系统

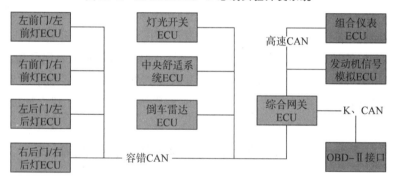

图 11-2　PFAutoECU-Ⅳ总线实验开发系统网络结构

备注：

容错 CAN 网络通信速率为 100 kbit/s，一般应用于汽车舒适系统、娱乐系统 CAN 网络；高速 CAN 网络通信速率为 500 kbit/s，一般应用于汽车动力系统、底盘系统 CAN 网络；OBD-Ⅱ接口 K 线（预留，未安装硬件），通信速率为 5 kbit/s+9 600 kbit/s，CAN 总线通信速率为 500 kbit/s，用于实验箱与外部诊断仪的接口。每个 ECU 即为一个 CAN 网络节点。

PFAutoECU-Ⅳ系统中的 CAN 总线收发器分别采用 ISO 11898-2（高速 CAN）和 ISO 11898-3（容错 CAN）两种 CAN 物理层标准，分别对应于高速 CAN 网络（500 kbit/s 通信速率，对应于动力系统 CAN 网络）和容错 CAN 网络（100 kbit/s 通信速率，对应于舒适系统 CAN 网络），两个系统之间通过网关进行必要的数据交换。

二、左前车门/车灯 ECU 概述

1. 左前车门/车灯 ECU

左前车门/车灯 ECU 是本地控制或报文控制四门电动车窗、电控门锁、左右电动后视镜的 ECU,利用 ECU 及 CAN-BUS 网络的优点,实现了电动车窗、电控门锁、后视镜的智能控制,并减少了汽车线束的数量,使控制变得更加智能,功能扩展变得更加容易。该模块同时具备 5 路大功率开关量输出接口,可驱动左前组合灯中的远光灯、近光灯、左转向灯、雾灯、示宽灯。

通过"ECU+网络化"的方式,可以轻易实现车门、电动车窗、电控门锁的智能化控制,如遥控开/关锁、开/关窗、自动上锁等功能。

左前车门/车灯 ECU 的设计预留了足够的软硬件扩展空间,硬件满足如汽车随动转向大灯的硬件设计需求,汽车随动转向大灯除了基本的车灯开/关控制外,还包括了对车灯高度调节、左右调节、远近光切换这 3 个电机的控制。

2. 左前车门/车灯 ECU 硬件整体结构

1) 左前车门/车灯 ECU 硬件结构

左前车门/车灯 ECU 外观及系统结构框图如图 11-3 所示。

图 11-3 左前车门/车灯 ECU 外观及系统结构框图

2) 输入设备

车锁位置开关预留接口,车窗电动机霍尔开关电路接口(预留),车门控制组合开关接口电路,后视镜控制开关接口电路等。

3) 输出设备

车窗升降模拟伺服电动机 1 个,车锁模拟直流电动机 1 个,后视镜角度调整伺服电动机 2 个，模拟的左前车灯 1 个。

三、左前车门/车灯 ECU 机构及各硬件

左前车门/车灯 ECU 结构图如图 11-4 所示。

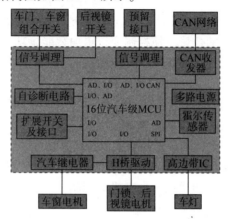

图 11-4　左前车门/车灯 ECU 结构图

1) 车门、车窗组合开关 (ECU 外接)

车门、车窗组合开关是左前驾驶位侧车门上安装的控制 4 个车门门锁、车窗的组合开关，输出电压信号到左前车门/车灯 ECU。ECU 采集该开关输出的模拟电压信号，程序本地控制左前车门的车窗升降电机、车锁电机，报文控制其他 3 个车门的车窗升降电机、车锁电机。根据左前车门/车灯 ECU 的电路设计，每个开关输入口都通过电阻上拉到外部+12 V 电源电压，输出的电压大小将会随着外部电源电压的变化而变化；设计程序时，需要采集外部电源电压作为参考值，并根据采集到的电压值计算出最终有效的开关状态；以电源电压作为参考的目的是减小电磁干扰对最终测量值的影响。车门、车窗组合开关电路图如图 11-5 所示。

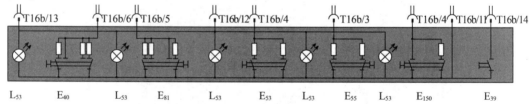

E_{39}—后电动车窗锁止开关（驾驶员远程控制禁止左后、右后车窗升降）；

E_{40}—左前电动车窗升降开关（驾驶员本地控制左前车窗一键连续升、降，实时升、降）；

E_{53}—左后电动车窗升降开关（驾驶员远程控制左后车窗升、降）；

E_{55}—右后电动车窗升降开关（驾驶员远程控制右后车窗升、降）；

E_{81}—右前电动车窗升降开关（驾驶员远程控制右前车窗一键连续升、降，实时升、降）；

E_{150}—中控门锁开关（驾驶员本地控制/远程控制四门车锁电机开锁、闭锁）；

L_{53}—开关内置的背光灯；

T16b/11—信号、背光照明地线；

T16b/12、T16b/13—背光电源输入和输出。

图 11-5　车门、车窗组合开关电路图

2）后视镜开关（ECU 外接）

后视镜开关是控制左、右侧后视镜上、下、左、右方向运动的组合开关，输出模拟电压信号到 ECU。ECU 对该开关的输入电压进行检测，并判断出后视镜开关的操作动作，程序本地控制左侧后视镜的 2 个调节电机动作，CAN 总线报文控制右侧后视镜的 2 个调节电机动作。每个输入口都经过电阻上拉到+12 V 电源，这样做的目的是减小周围电磁环境引起对最终测量结果的干扰。后视镜开关电路图如图 11-6 所示。

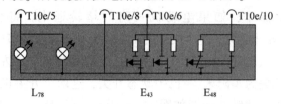

E_{43}—后视镜调节开关（调节后视镜上、下、左、右）；

E_{48}—后视镜调节转换开关（转换选择左侧后视镜、右侧后视镜、后视镜加热）；

L_{78}—开关内置的背光灯；

T10e/8—信号、背光照明地线（与车门、车锁中控开关连接）；

T10e/5—背光电源输入口（与车门、车锁中控开关连接）。

图 11-6　后视镜开关

3）后视镜电动机（ECU 外接）

后视镜电动机是后视镜进行上、下、左、右方向运动的驱动设备，根据 ECU 的输出来驱动电动机运动。后视镜电动机由 X 轴调节电动机、Y 轴调节电动机共两个电动机组成，实车中为了节约线束成本等，采用了如图 11-7 所示的接线方式。

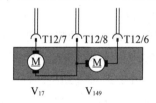

V_{17}—后视镜 X 轴调节电动机（后视镜左、右调节）；

V_{149}—后视镜 Y 轴调节电动机（后视镜上、下调节）。

图 11-7　后视镜调节电动机接线原理图

后视镜总成调节电动机控制逻辑如表 11-1 所示。

表 11-1　后视镜总成调节电动机控制逻辑

序号	T12/6 输入	T12/7 输入	T12/8 输入	V_{17} 电动机动作	V_{149} 电动机动作
1	搭铁	搭铁	搭铁	静止	静止
2	搭铁	正电压	正电压	静止	正转
3	正电压	搭铁	搭铁	静止	反转
4	正电压	搭铁	正电压	正转	静止
5	搭铁	正电压	搭铁	反转	静止

注：除以上控制输出外，其他情况不允许输出。

在实际的后视镜总成控制中，如果不按照以上表格输出控制后视镜调节电动机，就有可能损坏后视镜总成，而 PFAutoECU-Ⅳ 系统的设计方式避免了在程序调试阶段损坏后视镜总成的可能。

4）门锁电动机（ECU 外接）

门锁电动机是控制车门闭锁器的电动机，通过 ECU 对门锁电动机通电方向、时间、次数的控制，辅以机械机构，实现了半锁止、全锁止、半开启、全开启车门闭锁器的功能。实际的车门闭锁器中，如果电动机长时间堵转通电，将会造成电动机损坏，PFAutoECU-Ⅳ 系统的设计避免了这个问题的出现，有利于开发环节中软硬件的调试。

门锁中的两个位置状态开关由船型开关提供，方便程序调试。左侧的开关为车门门锁锁止状态开关，右侧开关为车门未关/已关状态开关。这两个开关也可以根据程序或设计需要进行自定义。其电控门锁结构图如图 11-8 所示，车门闭锁器电动机电路如图 11-9 所示。

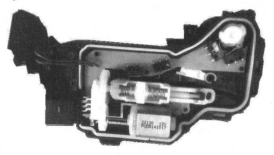

图 11-8　电控门锁结构图

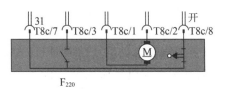

图 11-9　车门闭锁器电动机电路

5）车窗升降电动机（ECU 外接）

车窗升降电动机是控制车门闭锁器的电动机，通过 ECU 对门锁电动机的通电方向、时间进行控制，辅以机械机构，实现了车窗的升、降功能；配合 ECU 板载的霍尔传感器和电动机轴承上安装的径向磁铁，可实现对电动机转速、圈数的测量和反馈控制，并且扩展实现堵转控制、车窗防夹等功能。实际的车窗升降电动机中，如果电动机长时间堵转通电，将会造成电动机损坏，PFAutoECU-Ⅳ 系统的设计避免了这个问题的出现，有利于开发环节中软硬件的调试。车窗升降电动机电路图如图 11-10 所示。

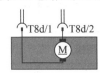

图 11-10　车窗升降电动机电路

6）MCU 最小系统电路

MCU 是整个 ECU 的核心，在此以飞思卡尔公司 16 位 MC9S12P128 芯片为例讲解。该芯片具有很高的性价比，并满足汽车对使用环境的要求。MCU 最小系统电路如图 11-11 所示。

第十一章 汽车电气新技术应用

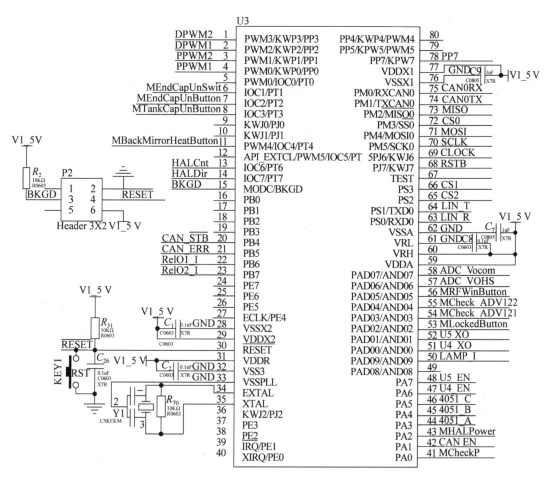

图 11-11　MCU 最小系统电路图

7）CAN 收发器电路

CAN 收发器是用于 CAN 总线通信的物理层芯片。结合舒适系统 CAN 总线常用容错 CAN 物理层的实际需求，在此选用 NXP 半导体 TJA1055T 芯片作为 CAN 收发器。该收发器满足汽车对使用环境的需求，并具有很高的物理层可靠性。CAN 收发器电路如图 11-12 所示。

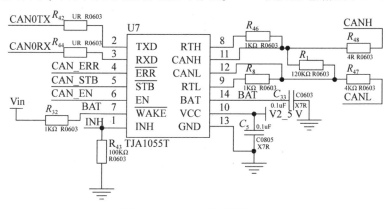

图 11-12　CAN 收发器电路

8）自诊断电路

自诊断电路是用于检测硬件故障或所在状态的电路。如检测电源电压的自诊断电路，不仅可以反馈出当前 ECU 的工作电压，还能反馈出由于电源供电原因造成的故障。本系统的自诊断电路具有供电故障的自诊断功能等。自诊断电路如图 11-13 所示。

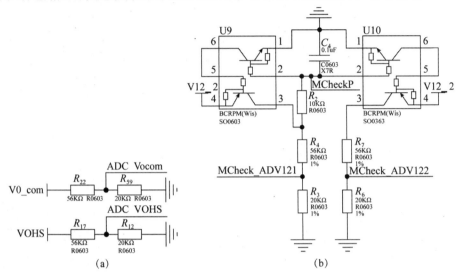

图 11-13 自诊断电路

（a）内部电压探测；（b）供电探测

9）扩展开关及接口

扩展开关及接口是用于系统扩展的硬件接口，适用于 ECU 的功能扩展，如可扩展带车锁位置检测功能的车锁等，实时反馈出外置设备动作所引起的开关量变化。在本系统中，扩展开关及接口接入了两个船型开关，模拟车锁位置开关等。扩展开关及接口电路如图 11-14 所示。

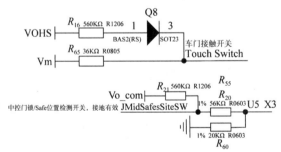

图 11-14 扩展开关及接口电路

10）系统功率控制电路与电动机驱动电路

该单元是系统中多数用电器的驱动电路。在汽车 ECU 设计中，为了提高 ECU 及其系统的可靠性，供电分为 ECU 控制部分供电和驱动部分供电两部分供电电源，这样设计的目的是在驱动部分有短路等故障，导致电源保险丝烧毁时，ECU 控制部分还可以正常工作并检测出系统故障。该功率控制电路采用意法半导体公司 L9952GXP 芯片，该芯片同时具备 LIN 收发器的功能，并具有硬件故障自诊断功能。在外接设备出现短路等故障时，该电源芯片将会自动保护设备，断开电源供电。系统功率控制电路如图 11-15 所示。

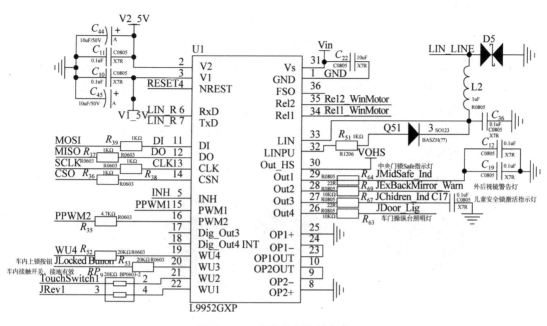

图 11-15 系统功率控制电路

车门/车灯 ECU 中,除车窗升降电动机由双胞继电器直接驱动以外,其他如车锁、后视镜开关电动机则是由 L99DZ70XP 芯片驱动,该芯片专用于小功率电动机驱动的高集成度芯片,并具有自诊断和自动保护功能,当外部电动机短路时,将会自动切断对该路电动机的驱动输出。在采用不恰当阻抗的电动机时(阻抗低于芯片驱动的技术要求),一样会进行输出保护,电动机将不动作。系统电动机驱动电路如图 11-16 所示。

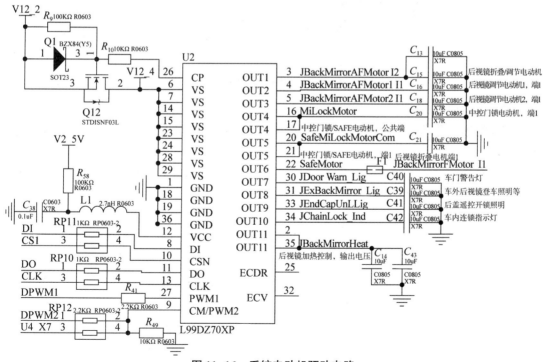

图 11-16 系统电动机驱动电路

11)霍尔传感器电路

霍尔传感器是用于检测磁通量的传感器,在这里是用于扩展车窗升降电动机位置检测的位置传感器,部分高档汽车的车窗升降电动机转动轴上嵌套一个多极径向磁铁(该磁铁具有多个南极、北极极性,并在环形扇面上交错布局),可将电动机转动角度、速度、圈数信息传递给霍尔传感器,霍尔传感器将测量到的信号传递给 MCU,MCU 据此判定车窗电动机运行状态,如转动圈数、角度、速度等,并执行电动机的启停和车窗防夹开启等操作,霍尔传感器检测电动机如图 11-17 所示。

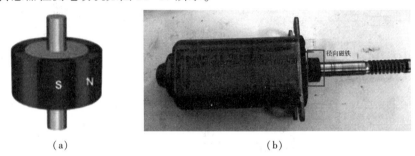

图 11-17 霍尔传感器检测电动机

(a)径向磁铁原理图;(b)带径向磁铁的车窗升降电动机结构图

霍尔传感器电路如图 11-18 所示。

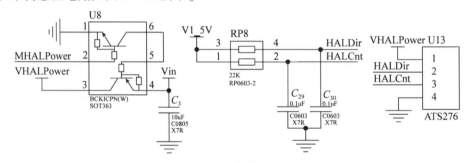

图 11-18 霍尔传感器电路

12)车窗电动机驱动继电器电路

实际的车窗升降电动机由于工作电流较大,一般直接采用机械开关控制或大功率继电器控制。

在汽车的车窗 ECU 中,绝大多数采用了大功率继电器控制。驱动车窗电动机的继电器是由两个独立的传统继电器组成的复合型的继电器,称为"双胞继电器"。双胞继电器的好处是,一个继电器即可完成需要两个传统继电器的单刀双掷继电器才可以完成的工作,双胞继电器根据 MCU 输入数字逻辑控制输出端输出正向电源、反向电源、不输出,用于驱动车窗升降电动机的升窗动作、降窗动作、停止。

在 PFAutoECU-Ⅳ 系统中采用了汽车专用双胞继电器,该继电器具有工作电流大、运行可靠的特点,设计寿命可达 100 万次。车窗继电器电路如图 11-19 所示。

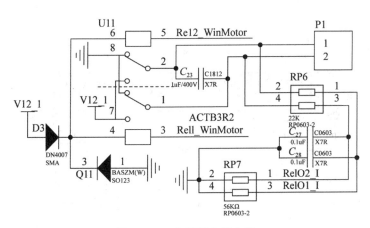

图 11-19 车窗继电器电路

13）高边带 IC 电路

高边带 IC 电路具有输出高电平、内阻小等特点，适用于无继电器机械触点的大功率高电平驱动输出，在这里用于驱动远光灯、近光灯、雾灯、转向灯、示宽灯等。芯片采用飞思卡尔汽车专用芯片 MC06XS3517，该芯片具有 5 路高边带驱动输出接口，其中 OUT2、3、4 路的输出内阻为 6 mΩ，OUT1、5 路的输出内阻为 17 mΩ，所有输出接口带保护功能，可防止外部设备故障引起芯片损坏。

MC06XS3517 这种设计完全满足汽车前照灯的设计需求，OUT2、3、4 可以用于驱动输出远光灯、近光灯、前雾灯；OUT1、5 可以用于驱动示宽灯、转向灯。

注意：MC06XS3517 由于自身内部结构、功能设计、诊断设计需求等因素，只能外接大功率 LED 灯、氙气灯等起动时阻抗较高的车灯；而对于传统卤素灯的驱动，仅限于示宽灯等起动时内阻较大的车灯；在外接内阻过小的车灯时（如近光灯起动时的内阻非常小，与工作时比较相对差距很大），该芯片的起动自检会误判外部设备短路到搭铁（地线），将不再输出，并进入保护模式。高边带 IC 电路如图 11-20 所示。驱动电路管脚分配如图 11-21 所示。

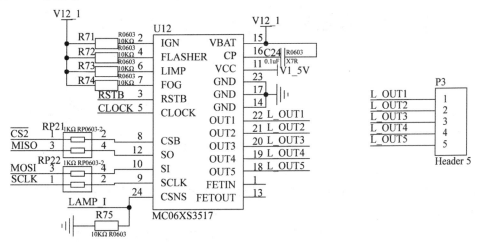

图 11-20 高边带 IC 电路

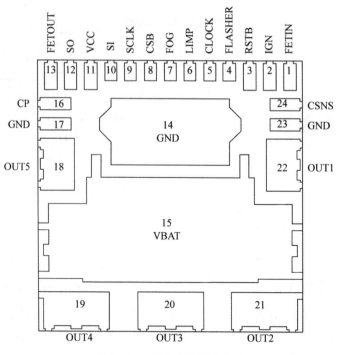

图 11-21 驱动电路管脚分配

14）告警输入接口

告警输入接口用于检测车锁的多个位置状态，并唤醒 ECU 进行工作和发出告警信息，在 PFAutoECU-Ⅳ中，该功能为预留功能。告警输入接头电路如图 11-22 所示。

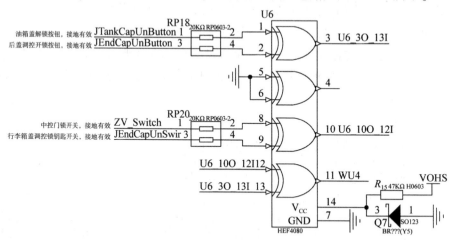

图 11-22 告警输入接头电路

15）模拟量开关/按钮信号输入接头

车门/车窗组合开关、后视镜开关等为模拟量输出的开关，需要配套的模拟量检测电路来完成模拟量开关的位置检测。由于有太多的模拟量开关输出，为了节约 MCU 的 A/D 输入接头，采用模拟选择开关的方式来完成对多路模拟量输入的选择性测量。模拟量开关/按钮信号输入电路如图 11-23 所示。

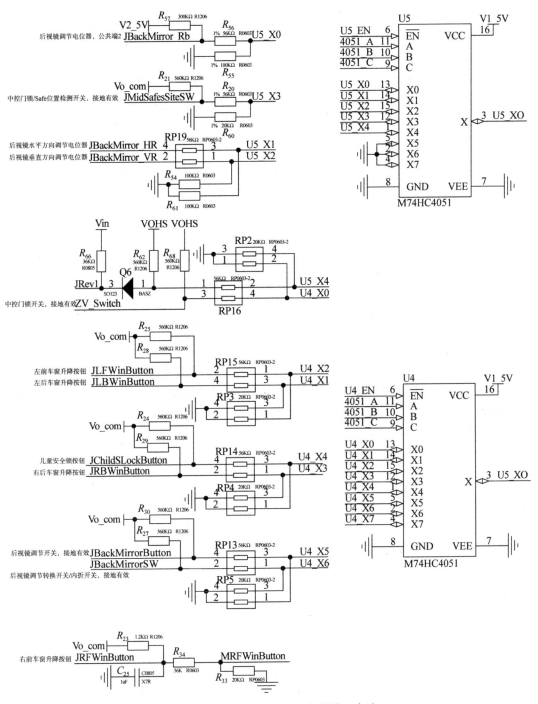

图 11-23　模拟量开关/按钮信号输入电路

4. 左前车门/车灯控制单元功能

1）本地车窗升降电动机、车锁电动机、后视镜电动机控制

根据本地的中控车门/车窗开关、后视镜开关输入，可本地控制左前门车窗电动机、车锁电动机、后视镜电动机。

2）网络车锁电动机、车灯控制

根据网络信息，如中央舒适单元（车灯、遥控、防盗信息）控制车锁电动机、转向灯，并反馈控制结果到网络。

根据网络上的车灯控制信息，控制左前车灯的 5 个 LED 指示灯。

根据本地的车门未关开关信息，报文控制（通过综合网关 ECU）组合仪表 ECU 中的车门未关开关指示灯。

根据本地的其他 3 个车门车窗控制开关、禁止升降开关、中控锁开关输入状态，报文控制其他 3 个车门的车窗电动机、车锁电动机。根据转向柱组合开关 ECU 发送的车灯控制报文控制左前车灯。

五、综合网关单元概述

1）综合网关控制单元功能

综合网关单元在汽车中主要作用是将各个网络之间需要共享的信息进行选择性转发。比如将动力系统 CAN 网络的车速信号传输给舒适系统 CAN 网络用于车门控制电脑控制车门门锁；将舒适系统 CAN 网络的大灯开启信号传输到动力系统 CAN 网络，告知发动机电脑提升发动机输出功率。

在汽车使用环境中，动力 CAN 系统由于要求较高的数据传输速度和较高的数据实时性，一般采用 500 Kbit/s 的总线速度；此时网络布局受到局限，设计时会将这些控制单元就近分布，缩短总线传输距离。舒适 CAN 系统要求的数据传输速度、数据实时性等相对较低，一般采用 100 Kbit/s 的总线速度；舒适系统的 CAN 网络分布比动力系统 CAN 网络分布更广，节点可能也会更多。另外由于部分电脑单元的通信要求更低，为了降低成本，采用了 LIN 总线作为 CAN 网络的一个补充，通常情况下网关单元作为 LIN 总线主节点使用，在本系统的综合网关 ECU 中 LIN 总线接口作为预留接口使用。

综合网关在汽车中一般集成于组合仪表单元内，同时作为控制仪表指示输出的设备使用。在本实验开发系统中，综合网关采用相同的设计理念，可控制多个 LED 指示灯、4.3 寸彩色液晶显示屏、倒车雷达语音播报等设备。

2）综合网关单元硬件系统组成简介

（1）ECU 硬件结构介绍。ECU 由 16 位网关专用 MCU 作为核心处理器，具备 4 路 CAN 总线接口，1 路 LIN 总线接口。并同时具备组合仪表单元的多个 LED 指示灯控制能力，实现这些指示灯的网络信号控制。综合网关 ECU 同时具备倒车雷达障碍物距离语音播报功能和彩色液晶屏显示控制功能。

4 路 CAN 接口中，1 路为容错 CAN 接口，3 路为高速 CAN 接口（其中 1 路 CAN 接口预留）。

1 路 LIN 总线接口作为后期扩展预留使用，在本系统中 LIN 收发器与 4.3 寸人机交互的液晶屏通信串口共用 UART 接口。

综合网关 ECU 实物如图 11-24 所示；其结构框图如图 11-25 所示。

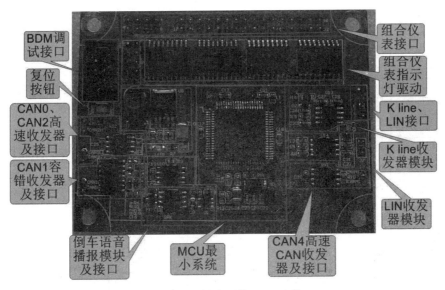

图 11-24 综合网关 ECU 实物

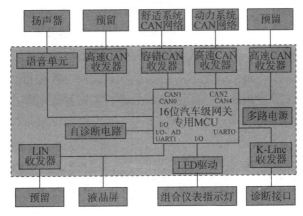

图 11-25 综合网关 ECU 结构框图

（2）输入设备介绍。网关单元除 CAN 总线外无其他输入设备。

（3）输出设备介绍。输出设备包括组合仪表内 LED 指示灯、8Ω 小型扬声器、液晶屏。

3）综合网关单元硬件系统各功能模块介绍

（1）MCU 最小系统。MCU 是整个综合网关 ECU 的核心，由于综合网关需要具有强大的网络通信信息处理能力，所以选用飞思卡尔公司具有 XGATE 协处理器功能的 S912XEQ512 芯片，该芯片具有很强的网络通信信息处理能力。该芯片最小系统如图 11-26 所示。

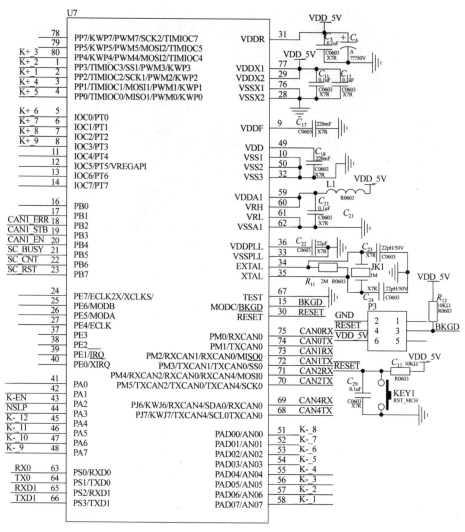

图 11-26　S912XEQ512 芯片最小系统

（2）语音播报模块。语音播报模块的功能是将 MCU 输出的串行数据转换为真人语音进行输出的电路。由于语音芯片的工作电压是 3.0～3.6 V，所以额外为此语音芯片提供了一路 3.3 V 电源。语音播报模块电路如图 11-27 所示。

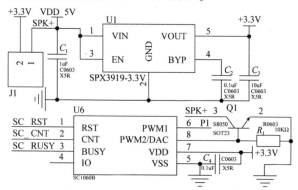

图 11-27　语音播报模块

（3）+5V 电源模块。+5V 电源模块是供给整个系统中需要+5V 电源的电路，采用飞思卡尔 TLE4270 芯片，具有比较高的性价比。该芯片带有复位输出功能，可以为系统中需要严格复位时序的芯片提供可靠的复位信号输出。+5V 电源模块电路如图 11-28 所示。

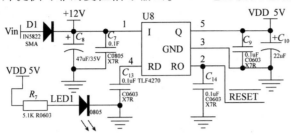

图 11-28　+5V 电源模块电路

（4）LED 指示灯驱动电路。组合仪表中有很多 LED 指示灯，可以用于指示如左/右转、远/近光灯开启、机油液位报警等多种信号，在 PFAutoECU-Ⅳ系统中，这些为预留功能。LED 指示灯驱动电路如图 11-29 所示。

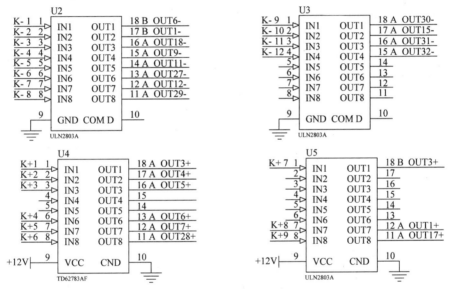

图 11-29　LED 指示灯驱动电路

（5）容错 CAN 接口电路。容错 CAN 采用容错 CAN 专用收发器，容错 CAN 相较于标准 CAN 在汽车中使用时，具有以下特点：

①差分传输的两条信号线中，一根线断路时仍然可以单线通信；

②CAN-L、CAN-H 短路后仍然可以通信；

③两条 CAN 传输线的其中一根线与电源（包括电瓶电源）短路后或与地线（搭铁）短路后，仍然可以通信；

④收发器具备物理链路层故障输出功能，MCU 可以得到该信息。

容错 CAN 收发器具备的这些特点，让其在汽车舒适系统 CAN 总线上得到了广泛的应用。

容错 CAN 和高速 CAN 比较，容错 CAN 无中断电阻，每个节点自带匹配电阻，匹配电阻的大小根据网络节点数量决定，匹配电阻经过计算后 CAN-L、CAN-H 各为 100Ω 左右，如容错 CAN 网络具有 10 个节点，则单个节点的匹配电阻应该为 1kΩ。另外容错 CAN 由于驱动能力等因素，网络节点数量一般不超过 32 个，并采用 NXP 半导体 TJA1055T 芯片，容错 CAN 收发器电路如图 11-30 所示。

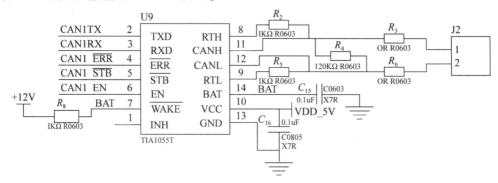

图 11-30　容错 CAN 收发器电路

（6）高速 CAN 接口电路。高速 CAN 是常用的 CAN 物理层之一，高速 CAN 相对容错 CAN 等物理层标准，具备更高的通信速率和更大的网络节点容量，单个网络内（无中继器等网络扩展手段情况下）最大节点数量可以达到 110 个以上。在综合网关 ECU 中，具有 3 路高速 CAN 接口，其中 1 路作为备用使用，1 路接入高速 CAN 网络使用，1 路作为 OBD-II 诊断接口 CAN 通信使用，并采用 NXP 公司 TJA1050 芯片，高速 CAN 收发器电路如图 11-31 所示。

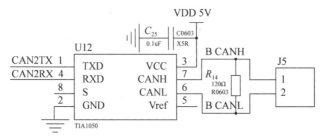

图 11-31　高速 CAN 收发器电路

（7）LIN 总线接口。LIN 总线通常作为 CAN 总线的一种补充，用于短距离内的低速网络通信。在综合网关 ECU 系统中，LIN 收发器与液晶屏共用一路 UART 接口。所以在使用 LIN 总线接口时，液晶屏显示将无效，而在使用液晶屏显示时，LIN 接口将无效。

LIN 收发器采用 NXP 公司的 TJA1020 芯片，该芯片在汽车上得到了广泛应用，在使用时网关 ECU 一般作为 LIN 总线主节点使用。LIN 总线接口电路如图 11-32 所示。

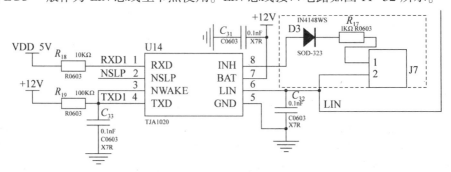

图 11-32　LIN 总线接口电路

（8）OBD 诊断接口用 K 线电路。K 线作为汽车上广泛使用的诊断连接总线，具有简单易用的特点。K 线诊断中，常用的通信速率有 9 600 bit/s 和 10 400 bit/s，常用于 OBD-Ⅱ、KWP2000（ISO 4230）诊断协议物理层。K 线收发器采用飞思卡尔公司 MC33290 芯片。K 线接口电路如图 11-33 所示。

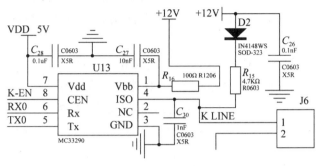

图 11-33　K 线接口电路

第二节　PFAutoCAN 总线仿真开发平台概述

一、PFAutoCAN 总线仿真开发平台概述

PFAutoCAN 软件平台是成都盘洋科技有限公司开发的一款 CAN 总线仿真开发工具软件，该软件集成了 CAN 总线通信数据库、总线测量、总线仿真等功能，该软件具有功能强大、易用等特点。结合 PFAutoCAN2 接口卡可以实现软硬结合的 CAN 总线测量、仿真开发。该软件界面如图 11-34 所示。

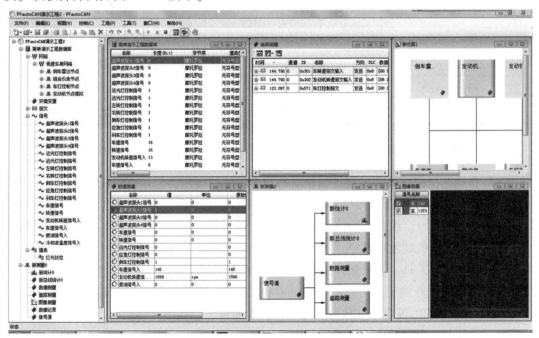

图 11-34　PFAutoCAN 软件平台界面

二、OBD-Ⅱ接口单元介绍

OBD-Ⅱ接口是用于诊断车辆状态的接口，连接该接口可以获取到车辆的部分运行状态信息，包括实时的数据信息（数据流）以及故障情况（故障码）等。OBD-Ⅱ接口已经在汽车行业得到了广泛的使用。本实验开发系统的 OBD 接口具有能够实时读取运行信息、故障信息的功能。

关于 OBD-Ⅱ接口的相关技术文档可查阅网络相关资料。

PFAutoCAN 实验系统的接口满足 OBD-Ⅱ物理层结构标准，并网络连接到综合网关单元，该接口结构如图 11-35 所示，OBD-Ⅱ接口定义如表 11-2 所示。

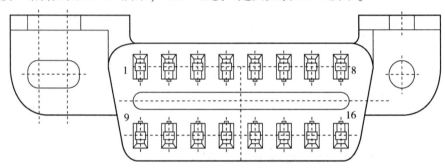

图 11-35　OBD-Ⅱ接口结构（16 孔插座）

表 11-2　OBD-Ⅱ接口定义

引脚编号	标准 OBD-Ⅱ引脚定义	硬件连接
4、5	车身搭铁	实验系统电源，GND
6	高速 CAN-H	综合网关 ECU CAN，CAN-H
14	高速 CAN-L	综合网关 ECU CAN，CAN-L
7	K-Line	K 通信
15	L-Line	L 通信
16	蓄电池正极	实验系统电源，+12 V 电源

三、总线开发工具

CAN 总线在汽车领域和工业控制领域得到了广泛的应用，但是由于现阶段使用的绝大多数计算机不具备 CAN 总线接口（部分工业控制计算机和绝大多数的汽车维修诊断电脑具备 CAN 总线接口），因此我们需要总线协议的转换设备来实现将 CAN 总线报文传输到计算机和实现计算机端发送 CAN 总线报文。

汽车总线开发工具、诊断接口及程序下载器的概念如下。

（1）汽车总线开发工具同时与 PFAutoCAN 总线仿真开发平台上位机软件配套使用，具有完成 CAN 总线协议设计、数据库建立、总线测量、总线仿真等功能。

（2）诊断接口是连接汽车电控单元网关的通讯器。

（3）程序下载器是编好系统程序后把程序植入单片机的工具。

总线开发工具外观结构如图 11-36 所示。

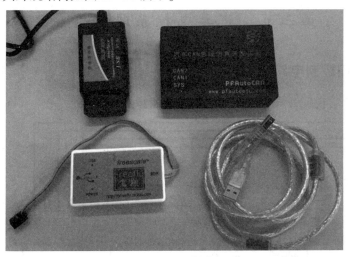

图 11-36　总线开发工具

常用设备连接端口结构示意图如图 11-37 所示。

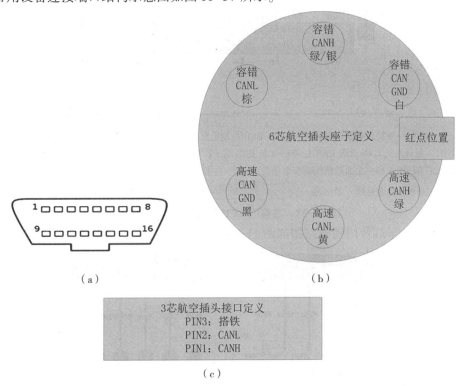

2—SAE-J1850 PWM 和 SAE-1850 VPW 总线（+）；4—车身接地；5—信号接地；
6—CAN high（TSO 1 5765-4 和 SAE-J2284）；7—ISO 9141-2 和 ISO 14230-4 总线的 K 线；
10—SAE-J1850 PWM 协议总线（-）；14—CAN low（ISO 15765-4 和 SAE-J2284）；
15—ISO 9141-2 和 ISO 14230-4 总线的 L 线；16—蓄电池电压。

图 11-37　设备连接端口结构示意图

(a) 16 芯 OBD-Ⅱ接口；(b) 6 芯航空插头；(c) 3 芯航空插头

第三节 汽车电控系统电路原理

一、左前门控制电路

左前门 ECU 后视镜开关电路图如图 11-38 所示。

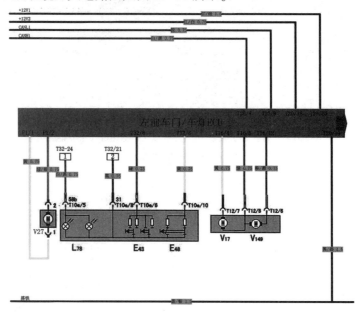

+12V1—外接设备驱动电源；+12V2—ECU 控制电源；CANL1—舒适系统 CAN 总线 CANL；
CANH1—舒适系统 CAN 总线 CANH；P1—2 针 ECU 端子；T32—32 针 ECU 端子；T16—16 针 ECU 端子；
T20—20 针 ECU 端子；V17—左前后视镜调节电动机；V27—左前电动摇窗机电动机；V149—左前后视镜调节电动机；
搭铁—电源地线（蓄电池一）； 1 2 —铰接到驾驶员侧车窗、车门控制开关。

图 11-38　左前门 ECU 后视镜开关电路图

左前门 ECU 车灯及门锁电路图如图 11-39 所示。

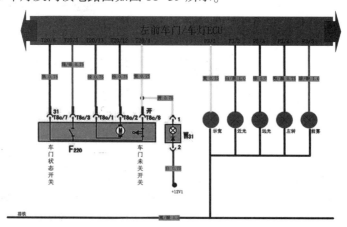

F220—左前闭锁控制单元；P3—5 针 ECU 端子；T20—20 针 ECU 端子；W31—左前门灯。

图 11-39　左前门 ECU 车灯及门锁电路图

车窗开关总成电路图如图11-40所示。

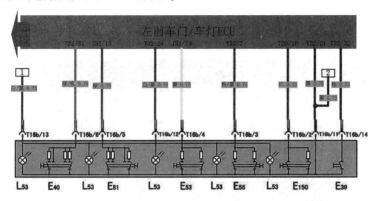

E39—后电动摇窗机开关锁止开关；E40—左前电动摇窗机开关；E53—左后电动摇窗机开关（驾驶员控制）；
E55—右后电动摇窗机开关（驾驶员控制）；E81—右前电动摇窗机开关（驾驶员控制）；
E150—车内中央闭锁开关（驾驶员控制）；L53—摇窗机开关指示灯；T32—32针ECU端子；T16—16针ECU端子；
T20—20针ECU端子；⬜1—铰接到后视镜开关；⬜2—铰接到后视镜开关。

图11-40 车窗开关总成电路图

后视镜及车窗开关电路图如图11-41所示。

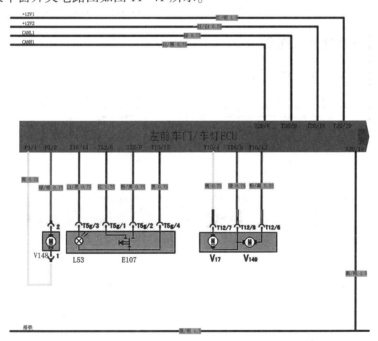

+12V1—外接设备驱动电源；+12V2—ECU控制电源；CANL1—舒适系统CAN总线CANL；
CANH1—舒适系统CAN总线CANH；L53—摇窗机开关指示灯；E107—右前电动摇窗机开关；P1—2针ECU端子；
T16—16针ECU端子；T20—20针ECU端子；V17—右前后视镜调节电动机；V149—右前电动摇窗机电动机；
V150—右前后视镜调节电动机；搭铁—电源地线（蓄电池一）。

图11-41 后视镜及车窗开关电路图

二、右前门控制电路

右前门锁及车灯电路图如图 11-42 所示。

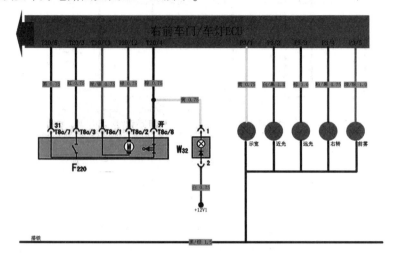

F220—右前闭锁控制单元；T20—20 针 ECU 端子；P3—5 针 ECU 端子；W32—右前门灯。

图 11-42　右前门锁及车灯电路图

三、转向柱组合开关电路

转向柱组合开关电路图如图 11-43 所示。

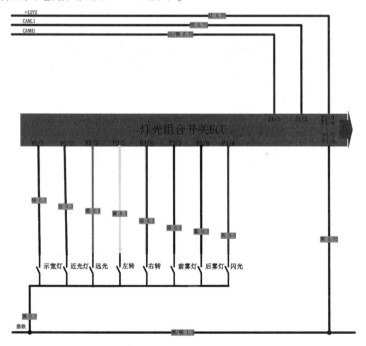

+12V2—ECU 控制电源；CANL1—舒适系统 CAN 总线 CANL；
CANH1—舒适系统 CAN 总线 CANH；P3—转向柱 ECU 端子；搭铁—电源地线（蓄电池一）。

图 11-43　转向柱组合开关电路图

四、综合网关控制电路

综合网关控制电路图如图 11-44 所示。

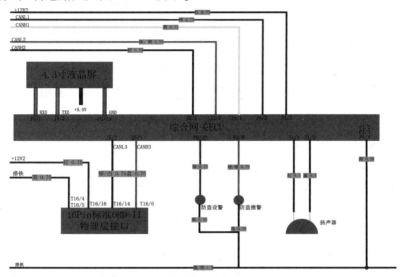

+12V2—ECU 控制电源；CANL1—动力系统 CAN 总线 CANL；CANH1—动力系统 CAN 总线 CANH；CANL2—舒适系统 CAN 总线 CANL；CANH2—舒适系统 CAN 总线 CANH；CANL3—诊断 CAN 总线 CANL；CANH3—诊断 CAN 总线 CANH；J2、4、5、8—综合网关 ECU 端子；T16—OBD-Ⅱ诊断 ECU 端子；P1—综合网关 ECU 端子；搭铁—电源地线（蓄电池一）。

图 11-44　综合网关控制电路图

五、组合仪表 ECU 控制电路

组合仪表 ECU 控制电路图如图 11-45 所示。

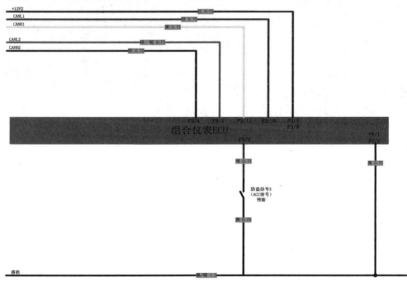

+12V2—ECU 控制电源；CANL1—动力系统 CAN 总线 CANL；CANH1—动力系统 CAN 总线 CANH；CANL2—舒适系统 CAN 总线 CANL；CANH2—舒适系统 CAN 总线 CANH；P3—组合仪表 ECU 端子；搭铁—电源地线（蓄电池一）。

图 11-45　组合仪表 ECU 控制电路图

实训项目一 单片机小单元的制作

1. 实训目的

(1) 掌握单片机电路的识图方法，掌握汽车电控单元的设计与制作技术；

(2) 掌握焊接工具的使用方法，掌握单片机调试技术，为汽车电控单元制作打好基础。

2. 实训器材

(1) 单片机小单元PCB如图11-46所示，AT89S52，40P插座，12M晶振，LED，电阻电容，排线和开关等。

(2) 多功能焊台1台（或电烙铁），焊锡，镊子。

(3) 数字万用表1只。

(4) 电脑1台，烧录器1套。

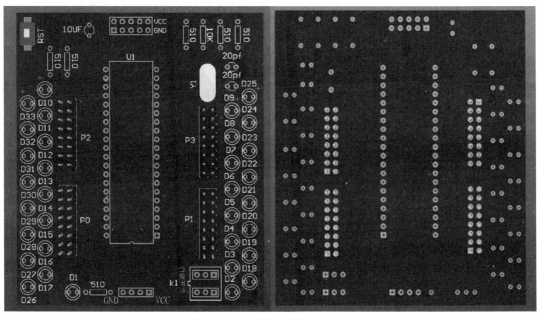

图11-46 单片机小单元PCB

3. 实训内容及步骤

(1) 按其接线方式进行焊接。先焊接电阻、电容、插排、40P插座、LED、再焊接芯片。

单片机小单元电路原理图如图11-47所示。

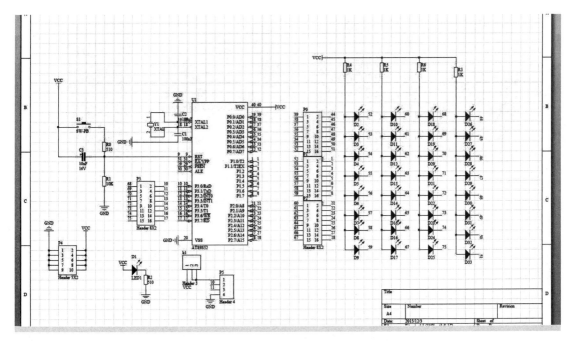

图 11-47　单片机小单元电路原理图

（2）严格按照规程操作，注意安全，电烙铁用完后及时放入烙铁架中。

（3）对不确定的元件要用万用表测量，确保元件焊接无误。

（4）在电脑及烧录器写入流水灯程序，并检验效果。

实训项目二　汽车左前电控单元的制作

1. 实训目的

（1）掌握汽车电控电路的识图方法，掌握汽车左前电控单元的设计制作技术；

（2）掌握焊接工具的使用方法，掌握电控单元调试技术。

2. 实训器材

（1）汽车左前电控单元 PCB 及相应的元件 1 套。

（2）多功能焊台 1 台，焊锡，镊子。

（3）数字万用表 1 只。

（4）电控单元电路一份。

实训器材如图 11-48 所示。

 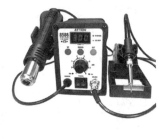 

图 11-48　实训器材

（a）PCB；（b）焊台；（c）万用表

3. 实训内容及步骤

（1）按照电路图 11-47 所示进行焊接，先焊接电阻、电容、电感，再焊接芯片，最后焊接继电器。

（2）严格按照规程操作，注意安全，电烙铁用完后及时放入烙铁架中。

（3）对不确定的元件要用万用表测量，确保元件焊接无误。

（4）写入程序，在实验台架或者车上检验，电控单元产品及实验台架如图 11-49 所示；整车验证如图 11-50 所示。

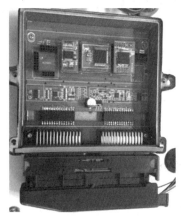 

图 11-49　电控单元产品及实验台架

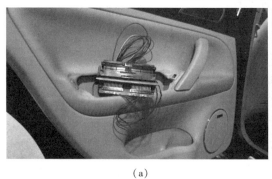 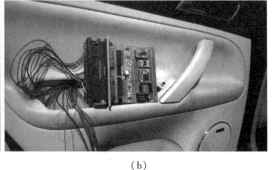

（a）　　　　　　　　　　　　　　　　（b）

图 11-50　整车验证

（a）原车接线；（b）制作电控单元验证

实训项目三　左前车门/车灯 ECU 实验

1. 实训目的

(1) 掌握飞思卡尔 16 位汽车 MCU 开发中具备 CAN 通信的综合应用程序开发；

(2) 掌握飞思卡尔 16 位汽车 MCU 的 MSCAN 控制器使用方法，实现程序的收发；

(3) 掌握一定的通信协议设计能力，实现报文数据的收发处理和应用；

(4) 掌握左前车门/车灯 ECU 的硬件原理；

(5) 掌握左前车门/车灯 ECU 的控制原理及编程实现本地及 CAN 网络控制功能。

2. 实训器材

(1) 计算机 1 台，需要装配有 Freescale Code Warrior IDE（集成开发环境软件）。

(2) PFAutoECU-Ⅳ实验箱 1 套，并使用左前车门/车灯 ECU。

(3) 飞思卡尔调试工具 USBDM 1 个，计算机需装好驱动程序。

(4) PFAutoCAN 总线开发工具 1 套，含 PFAutoCAN2 接口卡、计算机软件，计算机端需安装好软件和驱动。

3. 实训内容及步骤

(1) 使用 Freescale Code Warrior IDE 建立工程。

(2) 制定左前车门/车灯 ECU 的 CAN 总线通信协议。

(3) 根据功能需求和 CAN 总线通信协议编写程序，实现左前车门/车灯 ECU 的本地控制和网络控制。

(4) 根据功能需求和 CAN 总线通信协议编写程序，实现对其他 3 个车门的车窗电机、门锁电机的网络控制。

(5) 在计算机端利用 PFAutoCAN2 接口卡实现对左前车门/车灯 ECU 相关 CAN 报文的测量。

4. 实验要求

(1) 预习由设备公司提供的"Code Warrior 使用指南.pdf"。

(2) 预习由设备公司提供的"MC9S12P128.pdf"，对所用主控制器芯片有一定了解。

(3) 具备一定的 C 语言编程基础知识，或能够看懂和修改 C 语言应用程序。

(4) 具备一定的 CAN 总线技术基础知识。

(5) 具备一定的 CAN 总线通信协议设计能力。

(6) 掌握 PFAutoCAN 总线开发工具的使用方法。

(7) 具备一定的单片机系统硬件设计基础，或硬件设计分析能力。

(8) 了解左前车门/车灯 ECU 的硬件结构、设计思路及硬件之间的连接。

5. 实验步骤

(1) 根据功能需求建立控制策略和 CAN 总线通信协议。左前车门/车灯控制模块功能需求如下。

①实现本地车窗升降开关信号获取，并根据这些开关信号控制车窗升降电机的动作。

②实现本地车窗升降开关、门锁开关信号的获取，并将这些信号传输到 CAN 总线，用于其他 3 个车门的车窗电机、门锁电机的网络控制。

③实现本地后视镜开关信号获取，并根据这些信号本地控制左侧后视镜，并发送报文到 CAN 总线，实现对右侧后视镜的网络控制。

④获取本地中控门锁开关控制信号，实现本地中控门锁电机的动作控制，并发送报文到 CAN 总线实现对另外 3 个车门 ECU 控制下的门锁电机控制。

⑤获取 CAN 网络报文中的车灯控制信号，实现左前车灯的开关控制。

⑥通过 CAN 报文反馈 ECU 系统状态，如左前车灯状态、车锁状态、车窗状态。

⑦通过 CAN 总线反馈扩展输入接口的状态，如预留开关量输入口状态。

根据功能需求，控制策略如表 11-3 所示。

表 11-3 控制策略

发送器/发送信号	发送单元	传输路径	接收单元	执行器/执行动作
中控左后车门车窗升降开关 车窗停、降、升信号	左前车门/ 车灯 ECU	CAN	左后车门/ 车灯 ECU	左后车门车窗升降电动机 电动机停、正转、反转
中控右后车门车窗升降开关 车窗停、降、升信号	左前车门/ 车灯 ECU	CAN	右后车门/ 车灯 ECU	右后车门车窗升降电动机 电动机停、正转、反转
中控左前车门车窗升降开关 车窗停、降、升、一键升、一键降信号	左前车门/ 车灯 ECU	ECU 本地	左前车门/ 车灯 ECU	左前车门车窗升降电动机 电动机停、正转、反转
中控右前车门车窗升降开关 车窗停、降、升、一键升、一键降信号	左前车门/ 车灯 ECU	CAN	右前车门/ 车灯 ECU	右前车门车窗升降电动机 电动机停、正转、反转
左侧后视镜开关 $x+/x-$、$y+/y-$ 调节信号	左前车门/ 车灯 ECU	ECU 本地	左前车门/ 车灯 ECU	左侧后视镜 x、y 电动机 $x+/x-$、$y+/y-$ 调节动作
右侧后视镜开关 $x+/x-$、$y+/y-$ 调节信号	左前车门/ 车灯 ECU	CAN	右前车门/ 车灯 ECU	右侧后视镜 x、y 电动机 $x+/x-$、$y+/y-$ 调节动作

续表

发送器/发送信号	发送单元	传输路径	接收单元	执行器/执行动作
中控门锁开关 门锁开启、关闭信号	左前车门/ 车灯 ECU	ECU 本地	左前车门/ 车灯 ECU	左前车门门锁电动机 门锁电动机正转、反转
中控门锁开关 门锁开启、关闭信号	左前车门/ 车灯 ECU	CAN	左后(右后、右前) 车门/车灯 ECU	门锁电动机 门锁电动机正转、反转
无线遥控器 门锁开启、关闭信号	中央舒适 系统 ECU	CAN	左前车门/ 车灯 ECU	左前车门门锁电动机 门锁电动机正转、反转
车灯控制开关 车灯开、关控制信号	转向柱组合 开关 ECU	CAN	左前车门/ 车灯 ECU	左前车灯 车灯开启、关闭
车门未关状态信号 车门未关、已关	左前车门/ 车灯 ECU	舒适 CAN→ 网关→ 动力 CAN	组合仪表 ECU	车门未关报警信号灯 灯亮（未关）/ 灯灭（已关）
扩展开关输入 开关信号高、低电平	左前车门/ 车灯 ECU	CAN	无	预留报警信号

根据控制策略，需要用到 CAN 总线通信功能，建立 CAN 总线通信协议，其中表 11-4～表 11-7 所示为左前车门/车灯 ECU 发送报文 1、2、3、4；表 11-8 为左前车门/车灯 ECU 接收信号。

表 11-4 左前车门/车灯 ECU 发送报文 1

序号	信号	报文内布局	位宽	值表
1	左前车锁电动机动作	8～9	2	01b: 闭锁；10b: 开锁
2	中控左前车窗开关状态	10～12	3	001b: 升窗；010b: 降窗；000b: 停止； 100b: 一键升；110b: 一键降
3	左前车窗电动机动作	13～14	2	01b: 升窗；10b: 降窗；00b: 停止
4	左前雾灯状态	16	1	1b: 开启；0b: 关闭
5	左近光灯状态	17	1	1b: 开启；0b: 关闭
6	左远光灯状态	18	1	1b: 开启；0b: 关闭
7	左前示宽灯状态	19	1	1b: 开启；0b: 关闭
8	左前转向灯状态	20	1	1b: 开启；0b: 关闭
9	预留信号反馈 1	24～31	8	预留，用于霍尔传感器测转动圈数等
10	预留信号反馈 2	32	1	预留，用于开关状态反馈
11	预留信号反馈 3	33	1	预留，用于开关状态反馈
12	预留信号反馈 4	34	1	预留，用于开关状态反馈
13	预留信号反馈 5	35	1	预留，用于开关状态反馈

注：标准帧；ID 为 0x381；数据域长度 8 字节。

表11-5 左前车门/车灯ECU发送报文2

序号	信号	报文内布局	位宽	值表
1	中控右前车窗开关状态	8~10	3	001b：升窗；010b：降窗；000b：停止；100b：一键升；110b：一键降
2	中控左后车窗开关状态	11~12	2	01b：升窗；10b：降窗；00b：停止
3	中控右后车窗开关状态	13~14	2	01b：升窗；10b：降窗；00b：停止
4	中控禁止升降开关状态	40	1	1b：后车窗禁止升降；0b：后车窗允许升降
5	预留信号反馈1	24~31	8	预留，用于霍尔传感器测转动圈数等
6	预留信号反馈2	32	1	预留，用于开关状态反馈
7	预留信号反馈3	33	1	预留，用于开关状态反馈
8	预留信号反馈4	34	1	预留，用于开关状态反馈
9	预留信号反馈5	35	1	预留，用于开关状态反馈

注：标准帧；ID为0x181；数据域长度8字节。

表11-6 左前车门/车灯ECU发送报文3

序号	信号	报文内布局	位宽	值表
1	左侧后视镜开关状态	8~11	4	0001b：电动机 $x+$；0010b：电动机 $x-$；0100b：电动机 $y+$；1000b：电动机 $y-$；0000b：停止
2	右侧后视镜开关状态	12~15	4	0001b：电动机 $x+$；0010b：电动机 $x-$；0100b：电动机 $y+$；1000b：电动机 $y-$；0000b：停止

注：标准帧；ID为0x601；数据域长度2字节。

表11-7 左前车门/车灯ECU发送报文4

序号	信号	报文内布局	位宽	值表
1	中控锁开关状态	8~9	2	01b：闭锁；10b：开锁

注：标准帧；ID为0x281；数据域长度2字节。此报文仅在中控锁开关状态变化为01b或10b时发送一次，用于门锁控制的报文。

表 11-8 左前车门/车灯 ECU 接收信号

序号	发送单元	信号	报文 ID	布局	位宽	执行器/值表
1	转向柱组合开关 ECU	前雾灯开关状态	0x221	21	1	左前雾灯 1b：开启；0b：关闭
2		近光灯开关状态		17	1	左前近光灯 1b：开启；0b：关闭
3		远光灯开关状态		18	1	左前远光灯 1b：开启；0b：关闭
4		示宽灯开关状态		16	1	左前示宽灯 1b：开启；0b：关闭
5		左转向灯开关状态		19	1	左前转向灯 1b：开启；0b：关闭
6	中央舒适系统 ECU	左前车锁电机动作	0x151	8~9	2	左前门锁电机 01b：闭锁；10b：开锁

（2）根据通信协议建立 PFAutoCAN 总线开发工具通信协议数据库，并添加测量功能。请参照实验手册内容建立数据库和添加测量功能；也可以直接打开配套光盘的 PFAutoECU-Ⅳ实验系统综合工程，参考其已经建立好的数据库和测量功能。

（3）编写主程序，实现功能。主程序完成各个子程序、子功能的组合和逻辑的调用、控制，从而完成系统整体功能。主程序源码请参考配套光盘内容。

（4）在实验箱上进行功能验证。将编写好的程序下载到实验箱内的左前车门/车灯 ECU。并根据功能需求测试是否满足需要；若不满足，则检查和修改程序。程序代码请参考实验箱配套光盘内容。

（5）PFAutoCAN 总线开发工具进行通信功能验证。请参照总线实验指导书内容使用总线测量功能；在使用测量功能时可以建立工程，也可以直接打开配套光盘的 PFAutoECU-Ⅳ实验系统综合工程来实现通信功能的验证。

通信功能验证步骤：连接好开发工具和试验箱（或车辆），打开 PFAutoCAN 开发软件，单击"文件"菜单，单击"打开"，选择"工程"，在子菜单中选择"试验箱工程"，双击，左上脚出现 PFAutoCAN 试验箱工程，单击"新测量"，鼠标右击，选择"添加"，选择"追踪"，单击"确定"按钮，单击左上角"新测量"，选择"新追踪"，单击上层第二行有个三角形符号的图形（开始），则画面出现被追踪的测量数据，然后进行数据分析。试验箱左前车门/车灯 ECU 实验如图 11-51 所示。

图 11-51　试验箱左前车门/车灯 ECU 实验

（6）写出实验小结。

本章小结

（1）CAN 是控制器局域网络（Controller Area Network）的简称，是国际上应用最广泛的现场总线之一。

（2）汽车动力系统、主动安全行车系统、车身稳定控制系统、自动巡航系统、主动刹车系统等通过 CAN 建立连接。

（3）容错 CAN 网络通信速率为 100 Kbit/s，一般应用于汽车舒适系统、娱乐系统 CAN 网络；高速 CAN 网络通信速率为 500 Kbit/s，一般应用于汽车动力系统、底盘系统 CAN 网络；OBD-II 接口 K 线（预留，未安装硬件），通信速率为 5 bit/s+9 600 bit/s，CAN 总线通信速率为 500 Kbit/s，用于实验箱与外部诊断仪的接口。每个 ECU 即为一个 CAN 网络节点。

（4）OBD-II 接口是用于车辆状态的诊断接口，连接该接口可以获取到车辆的部分运行状态信息，包括实时的数据信息（数据流）以及故障情况（故障码）等。OBD-II 接口已经在汽车得到了广泛的使用。

（5）汽车总线开发工具、诊断接口及程序下载器。总线协议的转换设备来实现将 CAN 总线报文传输到计算机和实现计算机端发送 CAN 总线报文。

汽车总线开发工具同时与 PFAutoCAN 总线仿真开发平台上位机软件配套使用，完成 CAN 总线协议设计、数据库建立、总线测量、总线仿真等功能。

诊断接口是连接汽车电控单元网关的通讯器。

程序下载器是编号系统程序后把程序植入单片机的工具。

参 考 文 献

[1] 《汽车工程手册》编辑委员会. 汽车工程手册——设计篇 [M]. 北京,人民交通出版社,2001.
[2] 纪光兰. 汽车电气设备构造与维修 [M]. 北京,机械工业出版社,2008.
[3] 于明进,于光明. 汽车电气设备构造与维修 [M]. 2版. 北京:高等教出版社,2002.
[4] 梁振华,陈新. 汽车电气设备构造与维修 [M]. 北京:人民邮电出版社,2013.
[5] 何泽刚. 新能源汽车认知与使用安全 [M]. 北京:机械工业出版社,2018.